体育哲学

—プロトレプティコス—

阿部悟郎 著

不昧堂出版

本書の無断複写は、著作権法上での例外を除き、禁じられています。
複写される場合は、そのつど事前に（社）出版者著作権管理機構の許諾
を得て下さい。

一般社団法人　出版者著作権管理機構　**JCOPY**

〒162-0828 東京都新宿区袋町 6 日本出版会館

電話:03-3513-6969　Fax:03-3513-6979　e-mail:info@jcopy.or.jp

ホームページアドレス：http://www.jcopy.or.jp/

はじめに

　この書籍の題名は「体育哲学」である。体育と哲学は、それぞれが有する用語の
イメージにより、なんとなく結びつかないかもしれない。哲学といえば、やはり人類史
にみる偉大なる賢者の数々を思い浮かべるだろう。たとえば、あのソクラテス
Sokrates やプラトン Platon、アリストテレス Aristoteles、そしてカント Kant, I
やヘーゲル Hegel, G. W. E. など。彼らは、人々が何となく知っているようでいて、本
当は知らなかった何かを正しく知るために、その根本や原理を問い、その精緻な思考
によって偉大な知を生み出してきた。正義とは何か、幸福とは何か、自由とは何か、
そして存在とは何か、などなど。われわれは、多くを知っているようで、本当は何に
ついてもあまり知っていないのかもしれない。

　それでは、われわれは体育について、どのくらい知っているだろうか。体育は、わ
れわれにとってなかば自動化された日常的な風景であるかもしれない。たとえば、小
学校や中学校・高等学校等において体育あるいは保健体育の授業が普通に行われ、
その「時」は普通に過ぎ去っていく。もっとも、この普通という表現は不適当である
だろう。もしかしたら、そこでの「時」は、体育教師にとっても、児童・生徒にとっ
ても、普通という表現では括りきれないかもしれない。

　改めて、体育の「時」に目を向けてみよう。体育の授業において、児童・生徒は
走ったり、跳んだり、ボールを投げたり、勝利に歓喜したり、惜敗に心から悔しがっ
たりもする。これも見慣れた風景であるだろう。それでは、学校という日常において、
この「時」はどのような意味を持っているのだろうか？

　さらに、これを体育授業から運動部活動やスポーツの指導にまで拡げてみると何が
みえてくるだろうか。放課後の運動部活動における一人一人の身体運動、クラブチー
ムでの競技トレーニング、学齢期前の幼児が体育指導者のもとでボールを追いかけ、河
川敷で野球少年少女たちが監督・コーチの指導のもとで守備練習に励み、近隣の公

園でスポーツ指導員のもとで高齢者たちがゲートボールに興じる。これもめずらしい風景ではない。しかし、運動部活動やスポーツの指導者にとって、そして彼ら一人一人にとって、この「時」はどのような意味を持つのであろうか？

　歴史を遡れば、われわれが体育と呼び得る事象は、学校制度が整い、それが教科として位置づけられる遥か前から存在した。遥か前からである。そして、体育は、悠久の人類史においてさまざまな意味を担ってきた。あるいは、こうも言うことができるだろう。人類は、その歴史において体育にさまざまな意味を見出してきた。

　それでは、人類が体育に見出した意味とは何であったのか。人類史において体育が担ってきた意味とは何であったのか。そして、つきつめてけば体育は何であり、そして何であり得るのか。体育を教える教師、あるいは体育を専門とする教師、さらには体育を専門としようとする若い学生諸君は、これらの問いについてどのように答えるだろうか。

　もし、これらの問いについて、原理的な深さを持って答えることができないとすれば、われわれは体育について、本当に「知っている」とは言えないようである（プラトン『国家』第7巻，533B-C）。もしかしたら、われわれは体育について、それぞれが私的なイメージや思いなしを持ってはいるが、実は本当に「知っている」とはいえないかもしれない。

　そうであるならば、われわれは体育を正しく知るために、改めてこれらの問いに立ち向かい、その根本や原理にまで遡って考えてみなくてはならない。実は、これらの問いは、われわれにとって、とても重要である。それだけに、即答は不要である。急ぐ必要はない。しばしの沈思黙考が許されてよい。それらについて丁寧に、そして思慮を尽くして誠実に考えてほしい。それが体育哲学なのである。

　そこで、本書においては、そのために踏まえておくべき中核的な内容を配置した。第1部「体育哲学とその基本的視野」では、体育への問いをめぐって、その有効性と、それを探求するための前提、さらには体育の名辞と概念などの大枠を取り扱った。第2部「体育教師と体育の対象としての人間」、第3部「体育教材とその主な源泉としてのスポーツ」、そして第4部「体育における目的の構成とその基点」では、体育の基本的な構成契機のそれぞれを取り扱った。第5部「体育哲学とその学問研究

の展開」では、体育哲学の学問研究に焦点を当てて、その学問的内実や実際の方法などを取り扱った。

　本書を手掛かりの一つとして、読者賢兄賢姉が体育についての思慮を深め、考え悩みつつもそれについての議論をさらに拡充していただければ、望外の喜びである。そして、その思慮こそが、体育それ自体に奥行きを与え、そして高めてくれるだろう。

　体育哲学は、常にそのための出発点であり、かつ常なる深い思慮と省察の道なのである。

　さて、この書籍「体育哲学」は、「体育哲学原論」の大幅な改訂によって上梓されたものである。この「体育哲学原論」は、大橋道雄先生（東京学芸大学名誉教授）と服部豊示先生（明治薬科大学名誉教授）、そして私との共著で発行された書籍である。お二方は、ながきにわたって日本の体育哲学界の指導者であられた。此度の上梓にあたっては、何よりも、お二方から賜った学恩に感謝申し上げなくてはならない。

　なお、その「体育哲学原論」について、少しだけ申し添えることをお許し願いたい。これは、あの東日本大震災をくぐりぬけて発行された書籍でもある。あの日、午後2時46分、実は、「体育哲学原論」の校正作業が終盤にさしかかったときに、あの大揺れに襲われた。研究室（前職：仙台大学体育学部）の書棚からは大量の書籍が勢いよく空中に飛び出した。そして、その書棚も大揺れによってあらぬ方向に押し出され、それが電気コードを切断して火花が飛んだ。終わりを覚悟した。ようやく長い大揺れがおさまり、静寂のみがそこにあった。

　なんとか校正原稿などを持ち出し、急ぎ屋外に避難、やがて安否確認。日没前に同僚の車両で大渋滞の幹線道路を遅々しつつも、ほんの少しずつ進む。そこに大津波や火災の情報が届く。絶句。深夜になんとか帰宅でき、家族全員の無事を確認してひとまず安堵。ただし、ライフラインは停止し、さまざまな規模の余震が続き、追い打ちをかけるようにラジオから津波被害の悲報や原子力発電事故の被害情報がひっきりなしに流れてくる。心がほんとうに痛かった。

　しかし、そんな中で、人の心は人によって救われるということを教えられた。実際、多くの人に救われた。そして、あのような状況での、人々の心優しく気高い振る舞いを多く目のあたりにした。その一つ一つが、心に静穏を与えてくれた。そこに救いが

あった。人を思いやる心の美しさ。無私の慈しみの崇高さ。そして、他者という存在のありがたさ。

　おそらく、人は信じるに値する。あの「体育哲学原論」には、そのような想いが込められていた。もちろん、此度の「体育哲学」も、それを引き継いでいるのはいうまでもない。それゆえに、体育は、人を、人間を大切にしたい。体育は、体力や運動技能もさることながら、やはり人をそして人間を大切にしたい。そして、体育は、あのような信じるに値する人あるいは人間に対する教育であることを、正しく弁えたい。これが、いわば本書「体育哲学」の通奏低音 basso continuo なのである。

　最後に、この「体育哲学」の発行にあたって、ご多用の中、ここまで導いてくださった不昧堂出版株式会社の宮脇陽一郎氏にお礼を申し上げなくてはならない。宮脇氏の体育・スポーツの文化・学問に対するメガロプシュキア megalopsychia、つまり魂の高さに心よりの敬意と感謝を表したい。

あの未曽有の震災・津波・原発被害を悲しみ、
被災された方々の安寧を、
そして復興の着実な進展を祈りつつ

平成30年　春
東海大学体育学部・大学院体育学研究科
教授　阿部　悟郎

序章 ―体育哲学の前奏 prelude―

ここは、体育哲学の扉である。そして、この扉は開かれている。それでは、この扉の内側はどうなっているのだろうか。そして、この扉の向こうはどうなっているのだろうか。体育哲学についての何らかのイメージがないと、やはり不安であるだろうか。ここでは、この体育哲学のイメージをつかむために、まずは体育哲学という用語それ自体に目を向けてみよう。

1. 体育哲学と philosophia

さて、体育哲学という用語であるが、これはもちろん日本語である。そして、この体育哲学を英語に訳すとすれば、やはり philosophy of physical education になるだろう。つまり、体育についての哲学である。そうであるならば、体育哲学を正しくイメージするためには、この哲学という用語の理解を避けて通ることができないだろう。そこで、さしあたり哲学という用語に触れてみよう。

そもそも、哲学という言葉は、やはり日本語である。ただし、この哲学という言葉は、江戸時代末期の洋学者、西周が用いた philosophy の翻訳語なのである[1]。そして、この philosophy の原語は、ご存知の通り、ギリシア語の philosophia ピロソピアである[2]。さらに、この philosophia は、philos ピロスと sophia ソピアの合成語である[3]。それでは、philos とは何であり、sophia とは何であるのか。

まず、philos とは、基本的には、「愛する」や「求める」を意味する語であるという。これは人々の心のありようとして、何らめずらしいものではない。そして、この philos、つまり「愛する」や「求める」は他動詞であるため、目的語を伴う。「野球を愛する」、「山を愛する」、「安らぎを求める」など、日常的によく耳にするだろう。そして、philosophia において、この philos の目的語こそが、sophia なのである。

そうであるならば、philosophia においては、この sophia こそが重要な意味を担うこととなるだろう。それでは、sophia とはいったい何であろうか。

2. 体育についての philosophia と sophia

さて、philosophia を理解するために、sophia に目を向けてみよう。まず、この sophia とは、基本的には、「知」あるいは「知ること」を意味する語であり、欧米文化圏では女性の名前にもちいられたり、ある国の首都名にもなっている。実は、これは古代ギリシアにおいては、とても大切にされていた言葉の一つであった[4]。それだけに、あの sophia についての説明には、諸々の形式がある。

ただ、ソクラテスやプラトンによって philosophia が説かれたときには、sophia は単なる「知」ではなく、全人格にかかわる重大な「知」として扱われていたようである[5]。それでは、この sophia とは、どのような「知」なのであろうか。

実は、古代ギリシアでは、この「知」を意味する言葉として、あの sophia 以外にも、たとえば episteme という言葉が存在したようである。この episteme とは、どちらかといえば、いわゆる知識、説明知等を意味し、たとえば水は水素と酸素から構成される化合物であるとか、三角形の内角の和は二直角であるといった形式の知である。それでは、あの sophia は、この episteme とどのように異なるのか。

現代に生きるわれわれも、多くの知識を持ち、そして膨大な量の知識にアクセスできる。そして、この知識の量は日進月歩でどんどん増大している。あたかも天にも届かせようとしたバベルの塔[6]のように、神へ挑むがごとくである。しかし、知識はそれだけで人間を幸福にしてくれるだろうか。バベルの塔にみる人間の不遜さは、やがて神の怒りを買ったではないか。

顧みれば、人類史において、多くの知識が悪用され、それが人々に不幸をもたらしてきた。大戦下でのジェノサイドの悪夢、化学兵器の悲劇、原子爆弾の災禍、最近では原子力発電事故による甚大な被害等は、それを雄弁に物語るだろう。人類は多くの知識をうみだし、そして所有している。しかし、それだけでは、人類は幸福にはならない。ヘラクレイトス Herakleitos は、次のように述べる；

博識は、さとりをもたらさず[7]。

序章 —体育哲学の前奏 prelude—　9

　それでは、何が必要なのだろうか。プラトンは、それを「善」あるいは「正義」であるとする。多くの知識を持っていたとしても、そこに「善」や「正義」を欠いていたら、それは何にもならない[8]。いや、それどころではない。ここで、プラトンの考えを引いておこう：

　　　　　　数々のよきものも、もしそこに正義が伴わなければ、
　　　　　かえって人間に不幸をもたらすような悪となることがある[9]。

　ここで、プラトンの著作「ゴルギアス」の一幕が想起させられる[10]。登場人物の一人であるポロスは、弁論術は、それを使用法によっては罪なき人をも罪人に仕立て上げることができるため、それこそが最上の知であると主張する。これをソクラテスがそのような知の悪用の愚かさを説くとともに、知は正義に従って善用されることによって、ようやく力を得ることを諭すのであった。たとえば、プラトンは次のような考えを表現している：

　　　　　よきものをして真によきものたらしめ、人間を幸福にするのは、sophia にほかならない[11]。

　まさに知の使用に「正しさ」や「よさ」を与える「知のありよう」こそが、あのsophia なのである[12]。ここに sophia の episteme に対する指導性[13] をみることができるだろう。それゆえに、あの sophia は、単なる知識ではなく、「智慧」や「叡智」、あるいは「智」を意味し、episteme よりも上位に位置する[14]。田中美知太郎は、次のように述べる：

　　　　　　　　よきものは、ただ sophia あるのみ。
　　　　　他はこれに用いられることによってよきものとなる[15]。

　それゆえに、sophia は、「善」、つまり物事の「正しさ」や「よさ」を明示するために、ものごとの表層にではなく、何よりもその根本や原理、あるいは本質に目を向

10

ける[16]。ものごとの本質についての認識こそが、sophia の名に値するのである[17]。ヘラクレイトスは、次のように述べる；

sophia とは、ものごとの真実を語り、ものごとの本質から発せられる言葉に傾聴し、
そしてそれにしたがって振る舞うことである[18]。

やはり、sophia は、単なる知識ではない。sophia は、episteme と根本的に異なった次元にある。アリストテレスは、sophia をあらゆる「知のありよう」において、ものごとの原理についての知と特定するとともに[19]、これを人間にとっての善を探求する理性 nous と結びつきながら[20]、幸福を生み出す「知のありよう」と説明する[21]。まさに sophia は、「人間にとって最も価値高き」[22]「知のありよう」なのである。

従って、sophia は、大略、それは物事の本質を見きわめ、正義に従って episteme を用い、これによって人間や世界、あるいは物事を高めていくような「知のありよう」を意味するのではないだろうか。

それでは、体育についての philosophia において求める sophia とはどのようなものであるのか。体育も、それが一つの人間を対象とした営みである以上、そこには多くの知識が関係する。たとえば、呼吸循環系の知識や筋肉構造の知識、投球動作の合理性に関わる知識、教材の指導法、あるいは運動種目の発祥と発展に関わる知識等々、それらは細部にわたっては膨大な量となるだろう。これをスポーツにまで拡げて考えるならば、その関連知識の量はもはや際限がない。日々進展する科学やテクノロジーは、利用可能な知識をほぼ無限に提供してくれる。体育は、可能的な意味において、それらのおおよそを所有しているといってよい。

しかし、体育においても、それらに正義がともなわなければ、どのような知識を用いたとしても、やはりそこに不幸をもたらすかもしれない。正義という表現が大げさであるならば、正しさではどうだろう。おそらくこれを、さらに善さ、あるいは美しさにまで拡げてもよい。しかし、どうだろう。われわれは、体育における正しさや善さ、そして美しさを知っているだろうか。佐藤臣彦は次のように述べる；

体育教師は、体育における「正なるもの」「善なるもの」「美なるもの」の真実を
すでにじゅうぶん「知」っているということでなければならないだろう[23]。

体育における「正なるもの」の真実、「善なるもの」の真実、そして「美なるもの」
の真実は、それ自体が大いなる難問である。しかし、それらはいずれのものも探求に
値する重要な問いである。ここに、体育における sophia の鍵があるかもしれない。
体育における「正なるもの」の真実、「善なるもの」の真実、そして「美なるもの」
の真実を探求する「知のありよう」、そして体育について、これら、すなわち正しさや
善さ、そして美しさとのかかわりで思考するような「知のありよう」こそが、体育哲
学において求める sophia であるだろう。

おそらく、そのような sophia こそが、体育を豊かに高め、児童・生徒に幸福をも
たらしてくれる。体育についてのそのような sophia を愛し、そして求める、そのよう
な探求的な態度こそが、体育についての philosophia であるといえよう。

3. 体育についての philosophia とその開かれた扉

これまで、体育哲学のイメージをつかむために、哲学という用語、特にその原語で
ある philosophia と、そこにおいて重要な意味を担う sophia を辿ってきた。ここで、
ようやく体育哲学に立ち戻ることができる。

これまでみてきた philosophia と sophia の論議を前提にするならば、体育哲学に
ついては、さしあたり次のように整理することができるだろう。すなわち、体育哲学
とは、体育についての philosophia、つまり体育の本質を見きわめ、正しさや善さ、
そして美しさに従って諸々の知識をもちいながら、体育を高めていくような「知のあり
よう」を求める、そのような探求的な営為を意味することとなる。

それゆえに、体育についての philosophia は、まずは体育の本質を見きわめること
から始めなくてはならない。体育とは何であり、そして何であり得るのか。そして、
これらの問いを根本に立ち戻って探求していくとき、これまで通俗的な憶見や私的な
思いなしによって見えなかった「本当の何か」がみえてくるかもしれない。少なくとも
鍛錬主義や規律訓練主義のもとでは見えてこなかった「本当の何か」が。

12

　まさに、体育についての philosophia は、この「本当の何か」を見ようとする。体育の本質あるいは真実といってもよい。プラトンやアリストテレスならば、次のように述べるだろうか；

体育についての philosophia とは、その理性をはたらかせて、
体育の真実をみようとすることである[24]。

　そして、そこにいたって、体育についてのもろもろの知識はようやく力となるだろう。体育における目の前の児童・生徒一人一人を幸福にしてくれる、そのような力に。ここで、あのフランシス・ベーコン Francis Bacon の言葉「知は力なり "scientia potentia est."」が想い起こされる。もっとも、体育についての philosophia において、episteme よりも、むしろ sophia に重きを置くならば、次のように表現することができるだろう[25]；

"sapientia potentia est."
智は力なり

　まさに、体育についての philosophia こそが、体育を真に善きものたらしめてくれるだろう。そして、それこそが体育の未来を確実に啓いてくれる。体育の未来には、おそらくより善きものが存在する。ここで、かつて朝の連続テレビドラマ「花子とアン」において、ブラックバーン校長が教え子の旅立ちに際して献じられた次の言葉が想起させられる；

The best things are never in the past, but in the future.

　従って、われわれは、体育の未来を信じて現在の思慮を尽くすしかないだろう。そのためにも、われわれは体育についての sophia を求めなくてはならない。つまり、体育についての philosophia である。

序章 ―体育哲学の前奏 prelude―　13

　体育についての philosophia へのいざない。体育哲学への導き。ここに、本書の副題「プロトレプティコス protreptikos」の意味するところがある[26]。

　ここは、体育哲学の扉である。そして、この扉はやはり開かれている。まずは一歩、そこに足を踏み入れてみよう。

【註および引用・参考文献】

（1）哲学事典，平凡社，p. 973. このあたりの事情は次の文献に詳しい。田中美知太郎（1977）哲学初歩，田中美知太郎全集，2，筑摩書房，pp. 167-173.　なお、以下の註において、多くの場合、複数文献が典拠となるため、正確を期すために、出現順にかかわらず文献情報を示してある。

（2）ちなみに、この philosophia という語を最初に用いたのは、あの Pythagoras ピタゴラスであるという。Leartius, D.：加来彰俊訳（1984）ギリシア哲学者列伝（上），岩波書店，p. 20.

（3）哲学事典，平凡社，p. 973.

（4）渡辺郁夫・立花幸司（2016）解説：ニコマコス倫理学，光文社，p. 451.

（5）アリストテレス：渡辺郁夫・立花幸司訳（2016）ニコマコス倫理学，光文社，p. 451. あわせて、哲学事典，p. 872.

（6）旧約聖書，創世記　11章

（7）Diels, H.（1951）Die Fragmente der Vorsokratiker, Weidmann, S. 160.

（8）プラトン：藤沢令夫訳（1979）国家（下），プラトン全集，11，岩波書店，p. 471. 505A-B
　　なお、プラトンは「正義は魂の徳 arete である」としている（国家，353E）

（9）プラトン：森他訳（1976）法律，プラトン全集，13，岩波書店，pp. 136-138. 660E-661D
　　あわせて、次の二つの文献も参照した。プラトン：式部久訳（1973）法律，プラトン著作集，2，勁草書房，p. 64. 660E-661D　プラトン：山本光雄訳（1975）法律，プラトン全集，9，角川書店，pp. 73-74. 660E-661D　なお、当該箇所は、田中美知太郎の訳による。田中美知太郎（1968）プロトレプティコス，田中美知太郎全集，5，筑摩書店，pp. 256-257.

（10）プラトン：加来彰俊訳（1974）ゴルギアス，プラトン全集，9，岩波書店，466B-468E
　　プラトン：：加来彰俊訳（1967）ゴルギアス，岩波書店，pp. 65-74.
　　文中では知としたが、厳密には技術である。技術も一つの知であるだろう。

（11）プラトン：田中美知太郎・藤沢令夫監修（1978）総索引，プラトン全集・別巻，岩波書店，p. 316.，なお、プラトンの次の言葉も有力な典拠となるだろう。「sophia が導くときは幸福を結果する。（「メノン，88C」）」あるいは「ひとり sophia のみが人間を幸福にし、そして幸せにするものなのだ。（「エウテュデモス，282C-D」）」くわえて、アリストテレスも次のように述べている。「sophia は人間を幸福にする。（ニコマコス倫理学，1144a）」

（12）プラトンは、知識の正しい使用について、sophia の重要性を説いている。（「エウテュデモス，278. E-282D」）」なお、アリストテレスの次の言葉も有力な典拠となるだろう。「sophia もまたひとつの徳 arete である。

14

　　　（「ニコマコス倫理学，11144a8-9」)」、あわせて、田中美知太郎（1969）学問論，筑摩書房，p. 37.
　　　ならびに田中美知太郎（1968）プロトレプティコス，田中美知太郎全集，5，筑摩書店，p. 244.

(13) 田中美知太郎（1968）プロトレプティコス，田中美知太郎全集，5，筑摩書店，p. 222.

(14) アリストテレスは、これを「最も棟梁的」と表現している。sophia は、ものごとの原因や原理を認識し
　　　て、善きものの実現のために episteme を用いる。アリストテレス：出隆（1968）形而上学，アリストテ
　　　レス全集，12，岩波書店，pp. 5-6.［981a28-982a2］，あるいは，p. 64.［996b9-b19］　あるいは、アリス
　　　トテレス：加藤信朗訳（1973）ニコマコス倫理学，アリストテレス全集，13，岩波書店，pp. 192-193
　　　［1140a17］

(15) 田中美知太郎（1968）プロトレプティコス，田中美知太郎全集，5，筑摩書店，p. 223.　あわせて、
　　　プラトン「プロタゴラス，345B，352C」、「ゴルギアス，467D」など

(16) アリストテレス：出隆（1968）形而上学，アリストテレス全集，12，岩波書店，p. 7. 981b30-982b あ
　　　わせて 1159a

(17) アリストテレス：出隆（1968）形而上学，アリストテレス全集，12，岩波書店，p. 64. 996. b9-10
　　　なお、アリストテレスは、「ニコマコス倫理学」においては、sophia を、より「原理そのものの把握
　　　（1141a17）」や「もっとも尊い事柄を対象とした、知性 nous と結びついた学問的知識（1141b）」、ある
　　　いは「冠がついて完全になった学問的知識（1141a20）」などの表現によって、その学問性を強調してい
　　　る。

(18) Diels, H.（1951）Die Fragmente der Vorsokratiker, Weidmann, S. 176.　厳密にいえば、ヘラク
　　　レイトスは sophia ではなく、sophie（イオニア方言）と表現しているようである。哲学事典，平凡社，
　　　p. 973.

(19) アリストテレス：出隆訳（1968）形而上学，アリストテレス全集，13，岩波書店，p. 356. 1159a19
　　　アリストテレス：加藤信朗訳（1973）ニコマコス倫理学，アリストテレス全集，13，岩波書店，p. 193.
　　　1141a 10-20　わせて、アリストテレス：渡辺郁夫・立花幸司（2016）ニコマコス倫理学，光文社，
　　　p. 52. 1141a10-20 ならびに、プラトン：向坂寛訳（1975）定義集，プラトン全集，15，岩波書店，
　　　p. 18. 414B

(20) アリストテレス：出隆訳（1968）形而上学，アリストテレス全集，13，岩波書店，p. 193. 1141a20
　　　あわせて、アリストテレス：渡辺郁夫・立花幸司（2016)ニコマコス倫理学，光文社，p. 55. 1141a20

(21) アリストテレス：出隆訳（1968）形而上学，アリストテレス全集，13，岩波書店，p. 204. 1141a
　　　あわせてアリストテレス：渡辺郁夫・立花幸司（2016）ニコマコス倫理学，光文社，p. 78. 1144a

(22) プラトン：尼ケ崎徳一訳（1975）エリュクシアス，プラトン全集，15，岩波書店，p. 119. 394A

(23) 佐藤臣彦（1993）身体教育を哲学する―体育哲学叙説―，北樹出版，p. 300.　体育者という表現は、
　　　プラトン「パイドロス 248C-E」に出現する gymnastikos の訳であるが、佐藤はこれを文中に括弧書きで
　　　体育教師と記してある。なお、佐藤の原文では、「美なるもの」「正なるもの」「善なるもの」の語順となっ
　　　ている。これは、プラトンの「国家」520C に出現する「美なるもの、正なるもの、善なるものについて、
　　　すでにその真実をみてとってしまっている。（藤沢令夫訳）」に対応する語順であるだろう。プラトン：藤
　　　沢令夫訳（1979）国家，岩波書店，p. 109. 520C　なお、田中美知太郎らの訳では「すでに真実にあ

序章 —体育哲学の前奏 prelude— 　15

　　るものを、美についても、正についても、善についても、見てしまっている」となっている。プラトン：
　　田中美知太郎他訳（1978）国家，プラトンⅡ，世界の名著，7，中央公論社，p. 252，520 C　加えて、
　　プラトン全集第 11 巻

(24)　プラトンは次のように述べている「哲学とは、真実をみること」国家，475 E．アリストテレスは、理性
　　の活動を観想 theoria として、理性のはたらきによって真理や本質を観ることとしている。これについ
　　ては、次の文献を参照。アリストテレス：加藤信郎（1973）ニコマコス倫理学，アリストテレス全集，
　　13，岩波書店，第 10 巻第 7 章，たとえば pp. 341-342，1177a　なお、この理性 nous は知性とも訳され
　　る。

(25)　ラテン語の表現において、sophia は sapientia に、episteme は scientia に対応する。哲学事典，
　　p. 872．

(26)　田中美知太郎（1968）プロトレプティコス，田中美知太郎全集，5，筑摩書房，pp. 206-281．

目　次

はじめに

序　章

第1部　体育哲学とその基本的視野

第1章　体育への問い

1．体育を問うということ ……………………………………………22
2．体育指導とその一般的イメージ ………………………………24
3．体育指導とその専門性 …………………………………………25
4．体育における専門性とその意義 － 経験から理論へ － …………27
5．よい体育の構成に向けて － 起点としての問い － ………………28

第2章　体育とは何か － 前提としての歴史認識 －

1．「体育とは何か」という問い ……………………………………31
2．体育という事象の概観 …………………………………………31
3．体育についての歴史認識と「体育とは何か」への架橋 …………38

第3章　体育とは何か － 体育の名辞と概念 －

1．体育という名辞 …………………………………………………40
2．「体育とは何か」という問いの要求 ……………………………41
3．体育の概念の諸形式 ……………………………………………42

4．体育の概念とその構成 ……………………………………………44

5．体育の概念と意味内容の再構成 ……………………………………45

第2部　体育教師と体育の対象としての人間

第4章　体育と体育教師 － 負の遺産からの脱却 －

1．体育と体育教師 ……………………………………………………48

2．体育教師のイメージ －いわゆる体操教師とその負の遺産 － …………48

3．体操教師から体育教師へ － 何が変わったのだろうか？ － ………51

4．体育教師 － 負の遺産からの脱却に向けて － ……………………55

第5章　専門職としての体育教師 － 代替不能な職能 －

1．体育教師とは？ ………………………………………………………57

2．専門職としての体育教師 ……………………………………………59

3．専門職と専門科学 ……………………………………………………62

第6章　体育教師とその科学的基盤 －専門科学としての体育学－

1　体育学の誕生と専門科学への発展 ……………………………00

2．専門科学としての体育学 ……………………………………………68

3．体育学とその専門科学としての発展に向けて ………………………71

第7章　体育教師とその哲学的基盤 － 体育哲学と体育の原理 －

1．体育哲学と体育の原理 ………………………………………………74

2．体育の原理とその機能 ………………………………………………76

3．体育の原理論の構成とその問題領域 ………………………………78

4．体育の原理とそれの探求に向けて …………………………………81

第8章　体育の対象としての人間－児童・生徒の人間存在－

1．体育学と人間学的問題設定の必然性 －体育学の課題としての人間理解－ ……83

2．体育学における人間学的探求と体育学的人間理解 ………………………85

3．体育学的人間理解の構成 －体育学におけるアルキメデスの点－ ………………91

第3部　体育教材とその主な源泉としてのスポーツ

第9章　身体運動文化とスポーツ

1．身体運動文化と、その一形式としてのスポーツ ………………………94

2．スポーツについての現代的概観 ………………………………………95

3．「スポーツとは何か」という問いへの接近 －スポーツの定義的特徴－ …………98

第10章　スポーツと遊戯性

1．遊戯への視線 ……………………………………………………………103

2．遊戯の本質論とその基点 ………………………………………………104

3．遊戯論の展開 ……………………………………………………………108

第11章　スポーツと競技性

1．スポーツにおける競争とコンテストの要素 …………………………112

2．競争における機会均等と秩序維持 ……………………………………113

3．競争における追求対象…………………………………………………115

4．スポーツにおける競争と卓越 …………………………………………117

第12章　スポーツと身体活動性

1．人間の身体とその可能性 ………………………………………………120

2．スポーツ的身体の有意味性 ……………………………………………122

３．スポーツ的身体性と身体の経験 ……………………………………123

４．スポーツ的身体性と世界の経験 ……………………………………124

５．スポーツ的身体性の再構成と世界の拡大 …………………………126

第13章　スポーツの概念と文化連動

１．スポーツ概念の構成 —連続体概念としてのスポーツ— ………………128

２．スポーツの文化運動と文化批判 ……………………………………129

３．現代の競技スポーツ —変質か、それとも必然的帰結か— ……………130

４．スポーツの高貴化のために —個々人の倫理的なスポーツ行為— ………134

第4部　体育における目的の構成とその基点

第14章　体育論の類型とその目的設定

１．身体の教育 ……………………………………………………………136

２．身体運動を通した教育 ………………………………………………140

３．身体運動（スポーツ）の教育 ………………………………………142

４．体育思想の発展 —体育の可能性に対する学的照射— ………………146

第15章　体育の存在意義とその教育としての追求対象

１．体育とそれに対する外在的要請 ……………………………………149

２．体育の現実性と体育学的アクチュアリティー ……………………151

３．体育の人間学的基点：体育における最大の配慮の対象 ………………153

４．体育の存在意義とその追求対象 ……………………………………154

第16章　体育の本質と人文主義 —有用性の論理を超えて—

１．体育と、有用性の論理という呪縛 …………………………………159

２．体育の本質 —体育学的人間形成、それ以外に何があるというのか？— …………161

20　目　次

　3．体育学的人間形成の構造 ……………………………………………162

　4．体育の人文主義とその教育としての気高さ …………………………164

　5．体育の人文主義と体育教師 ―その責任の重大さと聖なる慎み― …………165

第5部　体育哲学とその学問研究の展開

第17章　体育哲学と哲学的態度 ―行為としての体育哲学―

　1．体育哲学と体育を哲学すること philosophieren …………………………169

　2．体育哲学の起点 ………………………………………………………170

　3．体育哲学における哲学的態度とその要件 ……………………………172

　4．体育哲学における哲学的態度と哲学的教養の重要性 …………………173

第18章　体育哲学の構造と方法

　1．体育哲学とその構造 ―基軸と領域― …………………………………178

　2．体育哲学とその基本的な方法 …………………………………………180

　3．体育哲学とその方法的な拡がり ………………………………………181

　4．体育哲学の方法と、さらに不可欠なもの ……………………………183

第19章　体育哲学とその学問的足跡

　1．体育哲学と哲学的思索の類型 …………………………………………186

　2．体育哲学といわゆる四大哲学 …………………………………………186

　3．体育哲学とその思考活動における自戒 ―そこに潜む甘美な罠― …………194

第20章　体育哲学とその学問研究の実際
　―論文の作成と研究発表、そして議論―

　1．論文の作成方法とその実際 ……………………………………………198

　2．研究発表の方法とその実際 ……………………………………………215

３．体育哲学における学問研究と知的照度の高まり —明るさと喜び—……………220

終章　体育哲学の道 － 解は自らが探究するもの －

１．体育哲学の到達点とそこからの道 …………………………………………224

２．体育哲学の道 — 開かれた道 — ……………………………………………225

３．体育哲学とその謙虚さ — 畏敬 — …………………………………………226

４．体育哲学と、もうひとつの謙虚さ — 慎み — ……………………………228

索　引（231）

第1部　体育哲学とその基本的視野

第1章　体育への問い

1．体育を問うということ

　体育教師の専門は、厳密にいうならば、体育である。運動部活動の指導も大切ではあるが、日々の体育の授業こそが、体育教師の専門である。それでは、体育教師は、そして体育教師を志望する学生は、自分の専門である体育を、どれだけ精緻に理解しているのだろうか。児童・生徒は、学校において体育（あるいは保健体育）という名の授業を受け、そこでは走り、跳び、そしてボールを追う。人々は、それを体験的に知ってはいる。しかし、それを改めて問われると、体育の専門家でさえ、どう答えてよいのかわからない。ここから、次の問いが立ち現れてくる。

体育とは何か？[1]

　しかし、体育教師たち、とくに若い体育教師が、この「体育とは何か」という問いについて意識的に検討しようとすることはあまり多くないようである。中村敏雄は、その理由を次のように分析する[2]。

　第一に、体育教師の多忙さである。体育教師は日々の体育授業実践のみならず、学級指導、学校行事、校務分掌等、そして運動部活動の指導に追われることが多い。従って、このような「体育とは何か」といった問いと日常的な問題処理との距離が大きく感じられ、しかも容易に結論が得られそうにない問いと取り組んでいる心理的・時間的余裕がないのかもしれない。

第二に、体育教師の消極的な自己限定である。若い体育教師は、このような「体育とは何か」という問いについては、学者や研究者から教えられる立場にはあっても、自分がそれを研究したり、意見を述べたりする立場にはないと、若さを理由に自己限定していることが多い。そして、このような「体育とは何か」という問いは、学者、研究者、先輩教師が考えることであって、自分たちには似つかわしくない、と考えているのかもしれない。

　第三に、体育教師の自由裁量権の限界である。たとえ「体育とは何か」という問いについて一定の研究成果が得られたとしても、体育教師のおかれている現実は、自分の研究成果に基づいて自由に実践することができるような条件下にはない。従って、体育教師は、必ずしも研究と実践を統一しようとする意欲的で理想的な「生き方」ができる時代的、社会的状況下には置かれていないのかもしれない。

　第四に、体育教師の現実的切迫性の低さである。「体育とは何か」という問題は、とりあえず大学で学んだことで充分であって、改めてそれを問い直し、考察しなければならないほど、実践上の難問に直面することがめったにない。たとえそのようなことがあったとしても、それを解決しなければ、明日の体育授業を行えないというほど切迫してはいない。

　一般に、このような事情によって、若い体育教師たちが、改めて「体育とは何か」という問いについて積極的、自覚的に研究・考察しようとすることは多くないようである。

　しかし、よく考えてみると、この問いは、学者、研究者、先輩教師などよりも、むしろ若い体育教師や学生たちにとってこそ、ほんとうは切実で、現実的な課題ではないだろうか。これについての明確な見解がなければ、現実の体育実践そのものが曖昧で無責任な内容になってしまいかねない。

　たとえば、体育授業と運動部活動の指導とは、どのように違うのか？体育教師は、スポーツコーチなのか？「わざの切り売り屋」でよいのか？さらには、体育授業の評価において、五段階相対評価をしなくてはならない時、だれを ＜5＞ として、だれを ＜1＞ とするのか？その根拠は何なのか？これは、体育教師の日常的な問題でもあるだろう。中村敏雄は次のように問う；

24 第1部 体育哲学とその基本的視野

　ある体育実践が、子どもたちを「うまくする」「強くする」ことを主要な目標として
展開した場合、その評価・評定は、当然、「うまい子」「強い子」が五段階相対評価
で＜５＞となり、「へたな子」「弱い子」が＜１＞とならざるを得ない。このよう
な体育実践とは何であるのか？このような体育実践は、明らかに技能向上や体力向上を、
あるいは自由競争や弱肉強食の論理をからだを通して教えているといわざるを得ない。
果たして、体育はそのようなものであるのか？[2]

　このような疑問は、必然的に「体育とは何か」という問いに導かれていく。やはり
体育の何たるかを理解することなく、体育授業を行うことなど無謀であるだろう。日々
の体育授業を正当なものにしていくためには、若い体育教師や体育を専門とする学生
は、この問いを棚上げするわけにはいかない。中村敏雄は次のように述べる；

　　体育教師は、改めて「体育とは何か」を問い、かつ考究せざるを得ない状況にある。
　しかも、現代という時代と社会の中で、改めてこの問いを追求することの意味と重要性
　を考えるとき、それは伝統や慣習にとらわれることの少ない若い体育教師や学生たちに
　こそふさわしいといえる[2]。

2．体育指導とその一般的イメージ

　さて、「体育とは何か」という問いに取り組んでいくために、　まずは体育について
の一般的なイメージや印象を整理してみよう。学校において日常的に行われている体
育という授業、人々はそれをどのようにイメージしているだろうか。佐伯聰夫は、体
育授業の一般的イメージを次のようにまとめる[3]。

　　児童・生徒をきちんと整列させ、点呼をとり、画一的な準備運動を行わせ、活動の
　具体的指示を与える。多くの場合、学習のねらいやめあてさえ不明確なままである。一
　応の活動が展開されると、再び児童・生徒を集合させ、注意と指示を与える。活動は
　往々にして教師の号令や笛による合図で展開され、そのリズムに合わない者や、一生懸
　命やっていないとみなされる者に叱責がとぶ。時には罰が与えられる。自信のある教師は

活動を示範し、それを模倣させる。いわゆるきちんと行われている体育の授業の典型的な
タイプがここに見られる。

　この反対に、「サッカーでもやりなさい」と指示し、ボールを与え、児童・生徒に勝手
にやらせる授業も見うけられる。多忙な教師や運動に自信のない教師が行いがちな放任の
授業である。

　その他には、極端な例では、次のような授業も見うけられるだろう。まず、体育
の授業を体力づくりに費やすような授業、基礎技術の修得に重点を置くような授業、
課題の達成度や結果をとことん追求するような授業、何よりも鍛えることに主眼を置
くような授業、かと思えば、楽しさのみを追求するような授業、年間を通して単一の
種目しか行わない授業などである。

　実は、残念なことに、世間の一部では、「スポーツが上手ならば、体育なんて、だ
れでも教えられる」と思われているようである。世間は、体育のどこを見て、そのよ
うに思っているのであろうか。体育の何を見て、そのように思っているのだろうか。
もし、そうであるならば、体育に、わざわざ職業としての体育教師など必要あるまい。
「だれでも教えられる」ならば、そのへんのスポーツ好きの大人にきてもらったらどう
だろう。

3. 体育指導とその専門性

　「体育なんて、だれでも教えられる」本当にそうだろうか？ もう少しこの表現にこ
だわってみよう。実は、長い間、体育における身体運動は、発育・発達の刺激とし
て取り扱われてきた[4]。そのために、体育においては与えられた運動を量的に実施さ
せ、児童・生徒の発育・発達を促進させることが重視された。そこでは、児童・生
徒に適切な運動を指示し、号令によってきちんと行わせ、それを監督することが体育
教師の主な役割であった。従って、活動は義務的・受動的な性格を持ち、体育教師
の指導は強制的な色彩を強く帯びるものであった。

　さらに、「具体的な行動において、集団的な秩序を保持し、団体行動を適切にとれ
る資質を形成せよ」という体育への要求が、一層この傾向を助長したという。

26 第1部 体育哲学とその基本的視野

そうであるならば、体育は、児童・生徒を管理・監督し、統制できる能力さえあれば、「だれでも教えられる」かもしれない。児童・生徒に一定量の運動を「させる」だけならば、わざわざ体育教師など、この世に必要ない。

しかし、本当にそうであろうか。この世に体育教師が存在し続けている歴史的な事実は、この世が、あるいは人類の理性が体育教師の存在意義を認めているからである。しかしながら、もしかしたら世の体育教師の一部が、この存在意義を全うしてこなかったのかもしれない。だから「体育なんて、だれでも教えられる」とささやかれてきたのかもしれない。これを考えていくうえで、佐伯聰夫が指摘する次の点は重要であるだろう。

　　教育は、社会の再生産と発展、文化の発展、個人の発達と福祉、さらには人格の形
　成にかかわる根本機能を担う。体育も例外ではない。教師の指示のもとに、数十人の児
　童・生徒をその好き・嫌いに関わらず動かせる力は、制度化された専門性に付与された
　権力である。この権力の行使を正当化するものこそ、専門性を支える学識や理論であり、
　それに基づく指導の合理的な方法なのである。制度が保証するこの力を公権力という仕
　組みの力によって正当化するのではなく、その働きの内実によって示すことこそが重要な
　のである[5]。

ここで、権力という表現に着目しよう。誤解を恐れずに表現するならば、体育教師も権力を行使する立場にある。もっとも歴史を振り返れば、権力の不当な行使によって人々はことごとく苦しめられてきた。そして、権力者の腐敗や錯乱は、そのまま人類の不幸につながってきたではないか。体育も同じである。権力の不当な行使は、児童・生徒を不幸にする。従って、体育においても、権力は正当に行使されなくてはならない。実は、権力の正当な行使は、何よりも専門性に委ねられている。そして、この専門性の中核こそが、体育についての学識や理論、そして良識なのである。

従って、体育教師にも、確かな専門性が要請される。スポーツが上手ならば誰でもよい、というわけにはいかない。

第1章　体育への問い　27

4．体育における専門性とその意義 － 経験から理論へ －

　体育教師を志望する学生の多くは、それまでの修学過程において体育が得意で、運動部活動等の経験を持ち、スポーツ競技者等としての高度な能力を有しているだろう。それ自体は、まさに素晴らしいことである。しかし、このような、いわばスポーツ・エリートが、そのままの状態で体育の授業を行うことができるだろうか。彼らには輝かしいスポーツ経歴があり、そして身体運動についての豊富な経験と自信がある。その豊富な経験と自信に溢れる彼らは、はたしてその権力を正当に行使することができるだろうか。

　　　指導の対象になる児童・生徒は多様である。興味や関心、意欲や能力において、さ
　　らに学習のリズムやテンポにおいても、それぞれが個性的である。だから、体育教師の
　　経験にうまく適合する者にとっては適切な指導であっても、そうでない者にとっては有
　　効でない場合もある。経験は、それが理性によって洗練されないかぎり、個別的な性格
　　を強く持つからである[6]。

　スポーツ・エリートの豊富な経験は、おおよその場合、目の前の児童・生徒の全てに適合するはずがない。そして、そのようなスポーツ・エリートには、初心者が少しずつ上達していくプロセスが「見えない」ことが多い。もしかしたら、体育教師の経験に適合しない児童・生徒は、その体育の授業において、次第に不幸になっていくかもしれない。

　従って、体育教師の個人的な経験のみに、その専門性を委ねるわけにはいかない。実は、体育の専門性は、先にみたように、そのような経験を離れたところにある。現実に、小学校などにおいては、豊かな運動経験を持たない教師が、体育の指導に携わっていることも多い。実際、運動が不得意な教師もことのほか多い。

　ところが、運動が不得意な教師の授業が、必ずしも拙いわけではない。むしろ、そのような教師が工夫を重ねて創りだす体育の授業には、優れたものが多い。逆に、輝かしいスポーツ経歴を誇るスポーツ・エリート体育教師の授業には、浅慮で独善的なものが見受けられることがある。

28　第1部　体育哲学とその基本的視野

　こうした現状からも、体育の専門性の中核を、運動の経験とその熟達に置くこと
は困難なのである⁽⁷⁾。スポーツ競技経験は、必ずしも体育の授業の質を担保するもの
ではない。

　重ねて確認しよう。体育の専門性の中核は、学識や理論、そして良識である。そ
して、特にこの理論の要素は、とても重要である。体育に関する理論、それは広大な
知の領域にまたがっている。たとえば、それは人間の身体的発達の理論に留まらず、
人間形成論を根幹とした、身体運動の意味や価値、そしてそれの教育的な有意義性、
さらには指導理論までをも包括する。

　体育の専門性とは、このような広大な知の領域によって成り立つのである。体育教
師は、この意味においては、学者であることが要請されるだろう。

　従って、体育教師になるには、体育教師志望者の運動経験が、理論によって洗練
されていかなくてはならない。理論の、あるいは学問の洗礼を浴びることで、経験知
は個人的な狭さを乗り越えて理論的な広さを獲得し、一定の客観性を得ることとな
るだろう。それ故に、理論知・専門知との知的格闘は、体育教師になっていくうえ
で、とても重要なのである。

　ここで、改めて体育教師という仕事を考えてみたい。体育教師の専門とは何である
のだろうか。それは体育の授業である。運動部活動の指導ではなく、日々の体育の
授業である。体育教師の社会的責任は、この体育の授業にこそ存在するのである。
従って、体育教師は体育の授業を行うことで社会的責任を果たし、さらにはよい体
育の授業を行うことで社会に貢献する。よい体育の授業、ここにこそ体育の専門性
とその意義がある。

5．よい体育の構成に向けて　－起点としての問い－

　体育教師を志望する者、その多くは保健体育教員の養成課程に籍を置く学生であ
るだろう。彼らの何れの者も、一般的には小学校で6年間、中学校では3年間、そ
して高等学校で3年間、計12年間にわたって体育あるいは保健体育の授業を受けて
きただろう。この意味においては、彼らは長いこと体育を教わる立場にいたのである。

　ところが、彼らが教員養成課程を修めて、教員免許（教育職員免許状）を取得し、
首尾よく学校体育の現場に職を得ることができれば、今度は全く逆の立場となる。つ

まり、体育の授業を教わる立場ではなく、それを教える立場となるのである。教わる側から教える側へ、これはまさにラディカルな立場転換である。しかし困ったことに、新任教師は「練習なしの、いきなり本番」である。練習なしの状態で、権力の行使の場に立たされるのである。ただし、児童・生徒にとっては、熟練教師も、新任教師も、同等の「先生」なのである。当然、ミスは許されない。当然、若さや経験不足などは失敗の免罪符にはならない。彼らには、その社会的責任の大きさに見あうだけのよい体育を構成しなくてはならない。

　それでは、よい体育とは何であろうか。おそらく、体育教師が誠実であればあるほど、眼前の児童・生徒一人一人と向き合えばあうほど、大切にしようとすればするほど、よい体育を追求しようとするだろう。そして、ここから、次のような問いが立ち現われる。すなわち「体育はいかにあるべきか」

　この問いの形式、つまり「体育はいかにあるべきか」は、理念論的問題設定と呼ばれている。体育教師が、在職中にわたって誠実でありつづけるならば、おそらくはこの「体育はいかにあるべきか」という問いと、常に闘い続けることとなる。しかし、それを追求しようとするならば、何かの正当で妥当な基底が必要となる。この基底についての問いこそが、「体育」の本質についての問い、すなわち「体育とは何か」という問いなのである。そして、この問いの形式は、原理論的問題設定と呼ばれている。

　体育授業の「よさ」は、体育の本質との関わりにおいてのみ規定される。従って、よい体育授業の探求は、体育の本質についての知的理解の上にこそ可能となるのである。それゆえに体育教師は、この原理論的問題設定と無関係ではいられない。目の前の体育実践を正当でより充実したものにするためにも、そして将来の体育実践を「よりよい」ものへと発展させていくためにも、この問いを棚上げするわけにはいかない。体育教師の仕事は、あるいは体育教師への道は、本来、この問いと対峙することから始まるのである。

　従って、「体育とは何か」という問いは、どこかの研究誌上の問題でなく、まさに体育教師のアイデンティティと存在意義に直結する重大な問題なのである。そして、この問いこそが、よい体育を構成するうえでの絶対的な起点となるのである。

　それでは、この「体育とは何か」という問いに対する解はどのようにして導かれてくるのだろうか。実は、「体育とは何か」についての解は、それぞれが情緒的に、そ

30　第1部　体育哲学とその基本的視野

して全く無自覚に有している。しかし、それはあくまで情緒的で私的な思いなしであり、正当でかつ妥当である保証は全くどこにもない。体育の本質についての問いに対する解には、厳密な正当性と妥当性が要請される。

　従って、われわれは「体育とは何か」という問いに対する正当で妥当な解を探求していかなくてはならない。「体育とは何か」という問いは、情緒的で私的な思いなしの世界を遙かに超えて、まさに学問上の問題として、われわれに立ち迫ってくるのである。阿部忍は、次のように述べている；

　　　「体育とは何か」と問う場合、この「何か」と問うことが一体何を意味しているかということを深く考えてみる必要がある。…「何か」と問うことは、安易に解答を求めることであってはならない。それは深く疑いながら、しかもその疑いの各過程において自ら問いただして、統一的な自己の解答を追求していくものでなくてはならない。そして、ここに「何か」と問う真の意味があるのではないかと思う[8]。

　だからこそ、体育教師を志す者は、まずは何よりも「体育とは何か」という問いに向き合わなくてはならない。それと向き合い、自らの力で解を求めようとする意欲がないものは、体育教師を志すべきではない。絶対的な起点への挑戦を欠いてよい体育など構成し得ない。従って、われわれは自覚的にそして能動的に、この「体育とは何か」という体育の本質についての問いを追求しなくてはならない。

【引用及び参考文献等】
（1）ここで、「さくらももこ（1987）ちびまる子ちゃん，第1巻，集英社，p. 47.」記載の「おまけのページその3　体育の授業のこと」や「体育科教育 2019 年度第3号，大修館」記載の「巻頭エッセイ：頼むからそっとしておいてください（ヒャダイン）」を参照したうえで、この問いに向き合ってみよう。
（2）中村敏雄（1987）若い体育教師と学生への期待，体育原理講義，大修館
（3）佐伯聰夫（1987）体育科教育学の必要性，体育科教育学，ミネルヴァ書房，p. 7.
（4）佐伯聰夫，同上書，p. 8.
（5）佐伯聰夫，同上書，pp. 8-9.
（6）佐伯聰夫，同上書，p. 10.
（7）佐伯聰夫，同上書，p. 10.
（8）阿部忍（1976）体育哲学，逍遥書院，p. 20.

第2章 体育とは何か ― 前提としての歴史認識 ―

1．「体育とは何か」という問い

「体育とは何か」われわれはこの問いに取り組んでいくために、まずは、体育という事実性に目を向けてみよう。

一般的に、「ものごと」をめぐる事実性には、三つの位相が存在する[1]。「事物・事象」、「名辞」、そして「概念」がそれである。簡単に言えば、「事物・事象」とは、「ものごと」それ自体であり、「名辞」とは「ものごと」に対して与えられた名前である。そして、概念とは、「ものごと」の本質的な特徴についての抽象的な観念である。ただ、おおよその場合、「事物・事象」は「名辞」と「概念」に先行する。そこで、われわれは、まず、体育という「事象」に目を向けていく必要がある。

さて、体育という事象は、通時的に見れば、人類史における一つの歴史的構成態として、そして共時的に見れば、文化的差異の総体として映じてくる。とくに、この歴史的構成態という見方は、極めて重要である。なぜならば、現代の体育の原因は過去の体育に存するからである。現代において「体育とは何か」を問おうとするならば、その原因についての認識を欠くことができない。つまり、歴史認識の問題である。

そこで、ここでは体育の事象を、過去から現在を介して未来へと開かれている一つの歴史的構成態としてとらえ、その主要な局面を簡単に辿っていこう。体育という歴史的構成態には、どのような体育のありようが見られるのであろうか

2．体育という事象の概観

（1）体育の黎明と古代・中世の体育

まず、体育の黎明はどこに求められるのだろうか。体育は、おそらく人間の生存とともに古い[2]。原始時代では体育が教育の中で支配的に位置し、教育はほとんどが体育的な内容であったといわれている。そして、そこでは生存競争に対応するための身体能力の発達が重要な目的であった。ウィリアムス Williams, J.F. は、次のよう

32　第1部　体育哲学とその基本的視野

に述べている；

> 体育は、古くて基本的な教育である。最初の体育教師は親であった。親は子どもに槍を投げることや、木によじ登ること、小川を跳び越すことなど、未開の部族生活において若者が学ぶべきそれら全ての事柄を教えたのであった[3]。

　いわゆる原始時代においては、親が子どもに対して、そこで生存していくために身体能力を高め、そして有用な身体操作技術を教えたのである。制度としての体育ではなく、機能としての体育である。ここに、体育の黎明を見ることができるだろう。

　これに次いで、体育の歴史を辿る上で見逃せないのが古代ギリシアである。ギリシアにおいてポリス国家が形成されていくと、これによって教育や体育のありかたが変わっていく。

　周知のことではあるが、アテナイにおいては、理想国家の建設のため、ギリシアの理想、つまり美 Kalos にして善 Agathos なるカロカガティア Kalokagathia を追求する教育 Paideia が重視された。そして、この教育は、ムーシケー Mousike とギュムナスティケー Gymnastike から構成される。このムーシケーは心魂に対する教育であり、そしてギュムナスティケーが身体に対する教育である。この二つの教育によって、青少年をあのカロカガティアにまで高めようとしたのである。人々は、高められた心魂と高められた身体の調和にカロカガティアをみて、神への近さを称えたのである。プラトン Platon は次のように述べている；

> その心魂にもろもろの美しい品性を持つとともに、その身体にもそれらの調和するような美しさをあわせそなえているとしたら、見る目をもった人にとっては、およそこれほど美しく見えるものはないのではないか（藤沢令夫訳）[4]。

　ここに、体育の新たな展開をみることができるだろう。人間の生存のための身体訓練や身体運動技術の修得から、人間の理想を実現するための体育への展開である。そして、ここでは、教育にいわゆる体育が正当に位置づけられた[5] ということを見逃

すことができない。ガーディナー Gardiner, E. N. は次のように述べる；

> これらのすべてから受ける強い印象は、完全な調和、すなわち、何らの誇張がないということである。美しさが誇張されて柔弱に陥ることなく、さりとて力強さが粗暴に流れることもない。そこにはまた、運動や動作の優雅なくつろぎがあり、このことは文芸と体育が提携した教育が存在したことを物語っている（岸野雄三訳）[6]。

さて、古代ギリシアの末期から国家間の争いが多発するようになると、世のありようが一変し、やがて宗教時代へと直進していった。ここでは魂の救済の問題に追われ、身体についての考え方が変わっていく。フィロン Phihon は、次のように述べている；

> 人間の魂は堕落して肉体のなかに宿るに至りしものなり。されば、肉体はいわば霊魂の墓なり。肉体はすべての悪の源なり。…されば、われわれは肉体に属するすべてのものを速やかに離脱して、情欲に動かされざる清浄な生活に進まなければならない[7]。

身体が魂を閉じ込める墓場という考え方は、やがて身体蔑視をうみだしていく。このような身体蔑視の観念は、中世期を通して存続していった。これによって、あのギリシア的な体育思想は次第に活力を失っていったのである。もちろん、この時代にも騎士階級の武技的身体修練や、農民階級等の娯楽的な身体運動は存在したが、体育欠如と不振のうちに西洋中世が経過したのであった[8]。

（2）ルネッサンスと近世・近代の体育

西洋中世期を通じて存続された身体蔑視の観念は、やがてルネッサンス Renaissance を迎えてようやく見直されていく。これまでの長い間、まったく人々の関心事とならなかった身体への配慮も再生の機会が訪れる。また、多くの啓蒙思想家においてギリシア的な体育への顧慮がみられていく[9]。

たとえば、ロック Locke, J. は「教育論」の冒頭で「健全な身体に宿る健全な精神 A sound mind in a sound body」を人間の理想として掲げ[10]、ルソー Rousseau,

34 第1部 体育哲学とその基本的視野

J. J. は「エミール」において、運動を人間教育の不可欠な要素として特に重視し、次のように述べている；

あなたがたの生徒の理性を育成したいのなら、理性が支配するべき力を育成しなさい。彼の身体を絶えず鍛え、これを丈夫に、そして健康にすれば、彼を賢明な、そして理性的な人間にすることができる[11]。

さて、人間の身体に対するそのような理解が進みゆくうちに、体育が本格的に教育内容として導入されていく。1777 年にはバセドウ Basedow, J. B. （1723-90）が、ルソーの強い刺激によって、少年教育の中に体育（＝教育的身体運動 pädagogische Leibesübungen）を導入する。

やがて、グーツムーツ GutsMuths, J. C. F. （1759-1839）は、バセドウの体育思想を継承しながら、あのギリシア的な体育思想をいかした体育理論を提唱する。彼は、それを古代ギリシアのギムナスティケーにならってギムナスティーク Gymnastik と称した[12]。

このギムナスティークが掲げた目的は、身体的側面については体力と技能と美、人格的側面については明朗、克己、勇気、自信などであって、これは古代ギリシアにおいて、あのギムナスティケーに求められていたものであった[13]。彼は、このギムナスティークが身体のみならず精神をも高める効果を有し、人格形成のうえでも大きな価値を持つことを深く認識していたのであった[14]。これが、グーツムーツの市民体育論である。

（3）近代の体育と国民体育

さて、周知のことではあるが、ヨーロッパはやがて動乱の時期に入っていく。戦争等による国家間の支配関係の流動は、諸国のナショナリズムを高揚させていく。そして、このナショナリズムの高揚はやがて国防の問題と結びつき、体育もそれと無関係ではいられなくなる。

グーツムーツに学んだ多くの指導者は、そのような動向の中で、新たな体育理論を形成していく。ドイツではヤーン Jahn, F. L. （1778-1852）が、デンマークではナハ

テガル Nachtegall, F.（1777-1847）が、スウェーデンではリング Ling, P. H.（1776-1839）が、各国独自の国防色の強い体操中心の体育理論を提起した。これが、国民体育論である。

　たとえば、ヤーンは、ドイツの解放と再生という国家的時代的要求への対応から、国家主義的な身体鍛錬と意志の教育を結び付けた新たな体育を提唱し、それをツルネン Turnen と称した[15]。このツルネンは、それまでのギリシア的な市民体育論とは異なり、祖国防衛を担う国民づくり・集団づくりを目指したものであった[16]。

　まさに、あの市民体育論は、国防的な要請と関わりながら、国民体育論というかたちで学校体育に根をおろしていったのである。そして、この体操中心の国民体育論は19世紀を通して世界的に発展していった[17]。

　さて、現代の体育に大きな影響を与えた近代体育において、この国民体育論とともに見逃せないのが、イギリスにおけるパブリック・スクールで行われていたスポーツによる人格陶冶教育である。当時、イギリス上流階級の子弟の教育は、主にパブリック・スクールで行われていたが、それは中世以来の伝統に縛られ、すでに沈滞しきっていた。

　そこで、ラグビー校（1567年創設）の校長アーノルド博士 Arnold, T.（1795-1842）は、それまでの形式的で厳格な訓育主義を廃止し、生徒の自律的精神の自覚と自己統制を涵養するために、教育内容にスポーツを取り入れたのである[18]。そこでの成果は大いにあがり、沈滞しきっていたパブリック・スクールはにわかに活気を取りもどした。これによって、パブリック・スクールは自主自律の精神に満ちあふれ、規則を守り責任を重んずるイギリス紳士を次々と社会に送り出すことになった[19]。スポーツが子どもを紳士（淑女）に育ててくれる。これが、いわゆるアスレティシズム athleticism という考え方である。

　もっとも、これはパブリック・スクールという上流階級のエリート教育の事例であり、一般的には、大陸系の体操が行われていた[20]。ただ、この事例は、人格陶冶教育が観念的にではなく、スポーツを媒介としても成り立ち得ることを物語っているだろう[21]。

36　第1部　体育哲学とその基本的視野

（4）近代の体育とファシズム・ミリタリズム

　さて、近代体育の動向を、改めて先にみた国民体育論に戻してみたい。この頃の
ヨーロッパにおいては、国家間の衝突・抗争が増大し、それに伴い軍事的動乱が次
第に亢進していく。このような情勢にあって、あの国民体育は、当局の軍事的要請
やファシズムに絡めとられていく。

　イタリアでは身体鍛錬を通じてファシズム精神を注入しようとし、ドイツでは体育
をイデオロギー的強化の手段として利用し、身体鍛錬を重視しながら、軍隊的秩序
や基準をもった厳格な訓練が課せられた[22]。これが、ファシズム体育、あるいはミリ
タリズム体育である。

　　　体育とスポーツは私的な個人の楽しみのためではない。すなわち身体運動は国民生活
　　の実質的な一部であり、それは国家的教育制度の基本的要素である。体育とスポーツか
　　らすべての個人主義を取り除き、国家主義的に押し進めていかなければならない[23]。

　体育は戦争の手段となり、統制され、そして変質していった[24]。しかし、これはヨー
ロッパだけの事情ではない。当時の日本においても、それは全く一緒であった。1872
年（明治5年）の学制発布によって人間の身体にかかわる教科としての「体術」が
示されたが、まもなく「体操」に改称されながら、実質的な学校体育が始まっていく。
やがて富国強兵時代の軍事的要請から、「体操」に兵式体操が導入された。その後
の日清、日露戦争の勝利に高揚した軍事的自信を追い風として、兵式体操が「教練」
に改称され、軍事予備教育的な内容をもって、確固たる位置づけを占めていったので
ある[25]。

　昭和時代に入り、「教練」はますます重視され、戦争が激化すると「教練」のみが
行われるようになった[26]。さらに、欧米諸国にくらべて体格の劣る日本人の基礎的な
体力向上の問題は、軍事能力の向上のうえから特に重視され、1938年（昭和13年）
には、国民体力政策の一環として「体力章検定」が制定された。これは戦場での戦
技能力を想定した基礎運動能力をはかるものであった[27]。

　また、明治以来の「体操」は、1941年（昭和16年）の国民学校令によって

「体錬」へと変容した[28]。この「体錬」では、心身の鍛錬や皇国思想の育成が目標とされ、男女を問わず国防競技や武道が課せられた。

　もっとも、昭和 20 年の終戦とともに、「体錬」も「教練」も、学校教育から姿を消したのは言うまでもない。そして、日本が民主国家の形成を目指して再出発するなかで、「体育」が教科名称として揚げられていくこととなった。もちろん、それは、それまでのミリタリズム体育との訣別を意味し、さらには、それに対する猛省が込められていたのである。

（5）現代の体育

　近代の体育は、ファシズム体育・ミリタリズム体育はともかくとして、身体鍛錬のための体操が支配的であった。しかし、それらは一方においては「操り人形体操」、「人為的硬直運動」と批判された。

　やがて、米国に新たな動きが立ち起こる。それは、新体育運動 the new physical education movement である。この新体育運動は、国家中心の体育から、児童中心の体育への転換を示したものであった[29]。さらに、この新体育運動は、矯正運動や局所運動による身体鍛錬・発達にのみ集中し、総合的な教育を無視する傾向が強かった体操主義的体育を克服しようとする試みでもあった[30]。ヘザーリントン Hetherington, C.W. (1870-1942) は、教育の一般的な目的を①器官の教育、②随意運動の教育、③性格の教育、④知的教育としたうえで[00]、体育を次のように述べている；

　　　体育とは教育一般の一部分であり、その目的等は教育全体の目的から導かれなくてはならない[31]。

　これによって、体育はただの身体鍛錬から人間教育へと解放されていった。そして、この新体育運動は発展し、諸外国に大きな影響を与えていった。

　このような方向において、現代体育が始まっていったのである。つまり現代体育のはじまりは、それまでの形式的な国民体育の克服[32]と、身体的鍛錬から人間教育へ

38　第1部　体育哲学とその基本的視野

の解放であったといえよう。現在の体育は、この延長線上に位置するのである。

3. 体育についての歴史認識と「体育とは何か」への架橋

　体育という事象には、歴史的にみても、多様な姿がみられる。しかし、過去を欠いて現在は存在せず、時の流れを欠いて未来は存在しない。現代の体育は、未決状態の未来に開かれている。つまり、その針路はわれわれの手に委ねられている。

　いずれにせよ現代の体育は、人類の歴史において体育がファシズムやミリタリズムによって利用されたことに対する批判と反省から出発する必要がある[33]。ファシズムやミリタリズムに絡めとられた体育の歴史を直視しよう。現代が近代の克服によって存在するならば、現代の体育を構成していくうえで、このような歴史認識を欠くことができない。そのうえで、われわれは次の問いに立ち向かう必要があるだろう。

　体育はだれのためのものなのか？人間の身体はだれのためのものなのか？人々の体力は、そして健康は何のためのものなのか？人類の歴史が、それをわれわれに問うているのである。

【引用及び参考文献】

（1）佐藤臣彦（1993）身体教育を哲学する－体育哲学叙説－，北樹出版，p. 15.

（2）Van Dalen, D. B. et al. : 加藤橘夫訳（1967）世界の体育史，ベースボールマガジン社，p. 19.

（3）Williams, J. F.（1964）The principles of physical education, W. B. Saunders, p. 3.

（4）プラトン：藤沢令夫訳（1979）国家（上），岩波書店，p. 220. 「402-D」

（5）水野忠文（1985）体育教育の原理，東京大学出版会，p. 17.

（6）Gardiner, E. N. : 岸野雄三訳（1981）ギリシアの運動競技，プレスギムナスチカ，p. 76.

（7）波多野精一（1966）西洋哲学史要，角川文庫，p. 87. このフィロンとは「アレキサンドリアのフィロン」を指す。

（8）水野忠文，前掲書，（5），pp. 27-29.

（9）水野忠文，同上書，pp. 29-31.

（10）Locke, J.（1699）Some thoughts concerning education, Printed for A. and J. Churchill, p. 1.

（11）ルソー：樋口謹一訳（1980）エミール，ルソー全集，第6巻，白水社，p. 143.

（12）水野忠文他（1986）体育史概説，杏林書院，p. 135.

（13）成田十次郎（1983）市民体育論の確立－グーツムーツー，体育・スポーツ人物思想史，不昧堂，pp. 127-128.

第2章　体育とは何か ― 前提としての歴史認識 ―　39

(14) 内山治樹 (1995) ドイツ語圏における体育概念，体育の概念，不昧堂，p. 44.

(15) 内山治樹，同上書，p. 44.

(16) 山本徳郎 (1988) 国民体育の理論・実践と伝播，スポーツと教育の歴史，不昧堂，p. 35.

(17) 水野忠文，前掲書，(5)，p. 31.

(18) 水野忠文他，前掲書，(12)，p. 165.

(19) 水野忠文，前掲書，(5)，p. 35.

(20) 成田十次郎 (1984) 近代体育の成立と展開，体育史講義，大修館，p. 90.

(21) 水野忠文，前掲書，(5)，p. 36.

(22) 木村吉次 (1986) 現代における世界体育の展開，体育史概説，杏林書院，p. 191.

(23) Roucek, J. S. (1933) The subjugation of German physical education to German fascism, School and Society, 38 : 281.

(24) 成田十次郎 (1988) 近代社会のスポーツと戦争，スポーツと教育の歴史，不昧堂，p. 104.

(25) 室星隆吾 (1988) 学校体操教授要目の制定と影響，スポーツと教育の歴史，不昧堂，p. 60.

(26) 大場一義 (1988) 森有礼と兵式体操，スポーツと教育の歴史，不昧堂，p. 58.

(27) 室星隆吾 (1988) 体力章検定の実施，スポーツと教育の歴史，不昧堂，p. 112.

(28) 成田十次郎，前掲書，(24)，p. 103.

(29) 岸野雄三 (1999) 現代体育の源流とスポーツの国際動向，体育史講義，大修館，p. 114.

(30) 杉本政繁 (1988) アメリカの新体育の成立と展開，スポーツと教育の歴史，不昧堂，p. 81.

(31) Hetherington, C. W. (1910) Fundamental education, American physical education review, 15 : 630.

(32) Hetherington, C. W. (1926) School program in physical education, World book Company, p. 21.

(33) 岸野雄三，前掲書，(29)，p. 108.

40　第1部　体育哲学とその基本的視野

第3章　体育とは何か ― 体育の名辞と概念 ―

「体育とは何か？」先に見たように、この問題に取り組んでいくためには、体育の事実性、すなわち体育の「事象」と「名辞」、そして「概念」に目を向けていかなくてはならない。先においては、体育の「事象」を把握するために、体育の歴史を概観した。ここでは、体育の「名辞」と「概念」について検討していく。

1．体育という名辞

まず、名辞とは「ものごと」に対する名前であった。先にみたように、体育と呼び得る事象に与えられた名辞は、歴史的に見ても多様に存在した。例えば、それは古代ギリシアに見られた Gymnastike や、市民体育論に見られた Gymnastik、国民体育論に見られた Turnen 等、さらには日本の歴史において見られた体術や体操、教練、体錬、そして体育である。

ここでは、体育という名辞について触れておきたい。いまや日本語としてすっかり定着している「体育」という名辞は、当初はいわゆる三育思想を源泉とした、ある近代欧米語の訳出において工夫された翻訳語であった[1]。この「体育」という用語がはじめて姿を現すのは、明治9年3月10日「文部省雑誌」第6巻であり、それは近藤鎮三が用いた翻訳語であるという。その後、「身教」や「体教」「育体」など訳語の工夫が試みられるが、結果的には、わりあい短期間のうちに「体育」という表記に収斂していく。

そして、この用語の定着に決定的な役割を果たしたのが、明治11年10月に設立された文部省直轄の「体操伝習所」であった。翌11月に制定された「体操伝習所規則」では全てが「体育」と表記され、これを契機として文部省の公文書等において「体育」という表記が一貫して使用されていく。ここに日本における「体育」の、用語としての確定をみることができる[1]。

もっとも、日本において、「体育」が教科名称として用いられるようになったのは戦後のことである。終戦後、それまでの旧弊を断ち切り、あらたな理念のもとでの再

第3章 体育とは何か ― 体育の名辞と概念 ― 41

出発を期して、「体育」という名称が選択されたのであった[2]。

われわれは、この名辞に込められた思いや願い、そして決意を正しく受け取る必要がある。「体育」とはそのような名辞なのである。

さて、「体育とは何か」という問いに立ち戻ろう。実は名辞は、やはり命名の問題であって、それに対応する「ものごと」との結びつきに必然性はない[3]。ネコは英語圏ではcat、ドイツ語圏ではKatze、フランス語圏ではchat、スペイン語圏ではgatoだそうである。やはり、それは文化圏、言語圏、歴史的時間性によっても相違する。ここで、あの「ロミオとジュリエット」の有名な台詞[4]を想い起こしてほしい。

That which we call a rose , by any other word would smell as sweet.
バラと呼ばれているあのお花が、別の名前で呼ばれても、あの甘い薫りに変わりはないはずよ。

従って、「体育とは何か」という問いに向き合うとき、「体育」という名辞の出自を踏まえつつも、バラをバラたらしめる「あの甘い薫り」、つまり「体育」の本質的特徴に目を向けてみなくてはならない。

ここから、体育の概念の問題が立ち現れてくる。

2.「体育とは何か」という問いの要求

あらためて、「体育とは何か」という問いに立ち戻ってみたい。そもそも「体育とは何か」という問いは、人々が経験的に有している常識的な観念を求めているのではない。もちろん、この問いは常識的な観念と全く無関係ではあり得ない。しかし、常識的な観念は断片的で、一面的で、かつ混乱しており、それらをいくら集積したとしても、残念なことにそれは理論的要求を満たさない。

実は、カッシーラー Cassirer, E. は、このような問いの形式を「概念の同一的で不変的な意味についての問い die Frage nach dem identischen und in sich beharrenden Sinn des Begriffs」[5]と表現する。これによるならば、「体育とは何か」という問いは、「体育」の「概念の同一的で不変的な意味」についての問いに他ならない。これがまさに学問的概念なのである[6]。この学問的概念とは、常識的な観

42　第1部　体育哲学とその基本的視野

念の混乱した意味内容に整理を与え得る、全面的で系統的な本質的意味である。

　従って、「体育とは何か」という問いは、体育の学問的概念、つまり体育の本質的意味を要求しているのである。これまで歴史的に積み重ねられてきた体育という事実の一つ一つ、日々、日常的に行われている体育という事実の一つ一つに通底する本質的意味、そしてこれから有意義に開かれていくだろう体育のまだみぬ事実の一つ一つに通底すべき本質的意味、ここに問いの探求点が存在する。

　従って、「体育とは何か」という問いによって、われわれは、ようやく「体育」に対して人々がそれぞれに有している恣意的な、あるいは常識的な観念に整理を与え、「体育」の本質へと立ち迫っていくことができるのである。

3．体育の概念の諸形式

　「体育とは何か」という問いは、体育の本質的意味についての問いであった。そして、これについては、これまで多くの研究者によって多様な知見が提起されている。ここでは、そのいくつかをみてみよう。

①キャシィディ Cassidy, R.

　体育とは、基本運動 basic movement の形式における諸経験によってもたらされる、個人の変化の総体である[7]。

②ニクソン Nixon, E.W.

　体育は、教育の全過程のうちで、活発な筋肉活動とそれに関連する反応、あるいはそれによってもたらされる個人の改善や行動変容にかかわる領域として規定される[8]。

③ブックワルター Bookwalter, K.W. とヴァンダーズワッグ VanderZwaag, H.J.

　体育は、教育の統合領域である。そこではスポーツやリズム運動、体操、あるいはそれらに関係する活動が、学習者に適用されることによって、個人の身体的、精神的、社会的な発達や調整に関係していく[9]。

④バロワ Barrow, H.M.

　体育は、人間運動 human movement についての、あるいは人間運動を通した教育であり、そこでは多くの教育目的が、スポーツやゲーム、体操、ダンス、運動といった大筋活動を手段として達成されていく[10]。

⑤ガウルホーファー Gaulhofer, K. とシュトライヒャー Streicher, M.

　体育とは、学校における、ただの体操や身体運動などではなく、それぞれが教育的に基礎付けられ、方向付けられた身体の運動である。そこでは、身体を出発点として、全体としての人間を形成していくことが目的となる[11]。

⑥シュミット Schmidt, F. A.

　体育は、全教育のうちで重要な部分をなす。そこでは、学校の生徒に対して遊戯および自由な運動の領域を確立し、身体的、精神的な訓練を促し、スポーツ的な達成に生起するよろこびを目覚めさせることとなる[12]。

　これらを踏まえるならば、体育とは、おおよそ「教育の一分野」[13] として捉えられている。そして、それらの表現から、体育には、少なくとも目指すべき目的と、それに到達するための手段あるいは媒体が存在することが示唆されている。この媒体とは、人間の身体それ自体や身体運動、あるいは身体活動ということになるだろう。オーバートイフェル Oberteuffer, D. は、次のように説明する；

　（Physical education という用語に使われている）この physical という語は、それを通して教育が行われるところの媒体 medium を意味するのである[14]。

　従って、体育は教育の一形式であり、その目的を達成するための媒体として、身体や身体運動を用いるのである。このような表現はとてもシンプルではあるが、その本質を正しく捉えている。そして、そのような見解はいくつかの研究者によって提起されている。

⑦グルーペ Grupe, O.

　体育とは、身体 Leib を手がかりとした人間形成である[15]。

⑧シュミット Schmitz, J. N.

　体育とは、人間の全面的形成のためのつとめ Streben における、身体に対する教育的な作用である[16]。

44　第1部　体育哲学とその基本的視野

⑨永井康宏

　体育とは、人間による身体運動を通した人間形成の作用である[17]。

⑩前川峯雄

　体育とは、身体活動または身体運動を通して行われる教育である[18]。

　これらの表現は、体育の概念形式として一定の妥当性がある。これらを踏まえたう
えで、ここでは、前川に従い、暫定的に、次のような表現に整理しておきたい。

体育とは、身体運動を通した教育である。

Physical education is the education through the physical movements.

4．体育の概念とその構成

　「体育とは、身体運動を通した教育である。」これが、「体育とは何か」という原
理論的問題設定に対する暫定的な解である。ここで問題となってくるのが、体育概
念の構造である。そこで佐藤臣彦は、それを概念論的方法によって次のように整理す
る[19]。

　すなわち、体育とは、目的・目標に方向付けられた教育という機能 Funktion /
function であり、それは働きかけるもの＜作用項＞と働きかけられるもの＜被作用
項＞、そしてその作用を媒介するもの＜媒介項＞から構成される。この場合、それら
をごく単純に考えるならば、＜作用項＞はいわゆる体育教師、＜被作用項＞は児童・
生徒、そして＜媒介項＞は、体育教材、たとえば身体運動、あるいは身体運動文化、
さらにはスポーツ等となるだろう。

　従って、体育は、目的・目標を条件とした、＜作用項＞＜被作用項＞＜媒介項＞
を独立変数とする機能概念として、次のような関数形式で定義されていく。

$$PE = f\ (a,\ b,\ c,\ |\ P)$$

（PE：体育，a：作用項，b：被作用項，c：媒介項，P：目的・目標，|：条件）

第3章　体育とは何か ― 体育の名辞と概念 ―　45

　この関数論的定義が、「体育とは何か」という問いに対する最高抽象度の解である。「体育とは何か」という原理論的問題設定に対する解の探求は、ここから始めなくてはならない。

5. 体育の概念と意味内容の再構成

　さて、ここで改めて体育という名辞にもどってみたい。われわれは日常生活において体育といえば、おそらく運動場や体育館で身体運動を行っている児童・生徒の姿や、何かのスポーツ種目を思い浮かべるのではないだろうか。おそらく、そこでは「体育＝スポーツ」の図式が無自覚に共有されている。

　しかし、体育は、先にみたように教育の一分野であり、スポーツは、実は遊戯や運動競技の系列に属する文化であり、そのルーツが異なる[20]。概念論からすれば、体育は機能概念 Funktionbegriff であるが、スポーツは実体概念 Substanzbegriff であり、そのカテゴリーが全く相違する[21]。さらにスポーツは、体育という機能概念の構成においては独立変数に位置し、目的・目標を達成するための媒介項である。体育とスポーツは、同値ではない。

「体育 ≠ スポーツ」

　それにもかかわらず、体育とスポーツは、専門家においてすら混同されがちである。これが、カテゴリーミステイク category mistake[22] である。体育は、単なる身体運動ではない。そして、体育は単なるスポーツ活動ではない。さらには、体育は、その目的・目標に応じて、さまざまなものが媒介項たる教材となり得るのであり、原理的には、スポーツなどやらなくてもかまわないのである[23]。「体育とは何か」という問いに対する解の探求は、このカテゴリーミステイクから自分を解放することから始めなくてはならない。

　そのうえで、先にみた体育概念の関数論的定義は、最高抽象度の概念ではあるが、それ自体は純粋な形式理論であって、意味内容が注ぎ込まれる器であるに過ぎない。従って、体育概念の内実は、その関数論的定義におけるそれぞれの独立変数と目的

46　第1部　体育哲学とその基本的視野

条件に意味内容を付与することによって構成される。

　たとえば、体育教師をどのように捉えるのか、児童・生徒をどのように認識するのか、そして教材をどのように規定するのか、さらには目的をどのように構成するのか、これらの問題の一つ一つが体育概念の意味内容を実質的に基礎付けていくのである。

　従って、「体育とは何か」という原理論的問題設定においては、第一の問題は体育教師論に、第二の問題は児童・生徒論、ひいては人間理解の問題に、そして第三の問題は教材論、ひいては身体運動文化論に、さらに第四の問題はいうまでもなく体育目的・目標論に拡がりを持つ。これらの問題を精緻に解き明しながら、体育の概念は実質的に構成されていくのである。

　体育概念は、あの最高抽象度の関数論的定義を基点としつつ、より正当な形式に向けて、常に再構成されなくてはならない。

【引用及び参考文献】

（1）佐藤臣彦（1993）身体教育を哲学する－体育哲学叙説－，北樹出版，pp. 44-52.

（2）佐藤臣彦，同上書，p. 51.

（3）佐藤臣彦，同上書，p. 15.

（4）Shakespeare, W. : 平井正穂訳（1991）ロミオとジュリエット，世界の文学，2，集英社，p. 44. 同作品邦訳文献として、たとえば、中野好夫訳（1994）ロミオとジュリエット，新潮文庫，p. 64. あるいは中野好夫訳（1964）ロミオとジュリエット，世界古典文学全集，シェイクスピアⅠ，筑摩書房，p. 26. などを参照した。

（5）Cassirer, E. （1923）Die Sprache, Philosophie der symbolischen Formen, Bruno Cassirer Verlag, S. 61.

（6）大坪重明（1973）教養の哲学，理想社，p. 66.

（7）Cassidy, R. （1954）Curriculum development in physical education, Harper & Brothers, p. 133.

（8）Nixon, J. E. / Flanagan, L. （1966）An introduction to physical education, W. B. Saunders, pp. 44-45.

（9）Bookwalter, K. W. / VanderZwaag, H. J. （1969）Foundations and principles of physical educaion, W. B. Saunders, p. 5.

（10）Barrow, H. M. （1983）Principles of physical education, Lea & Febiger, p. 23.

（11）Gaulhofer, K. u. Streicher, M. （1930）Natürliches Turnen, Gesammelte Aufsätze, Deutscher Verlag für Jugend und Volk, S. 90.

第3章 体育とは何か ―体育の名辞と概念― 47

(12) Vgl. Bernet, H. (1962) Terminologie der Leibeserziehung, Beiträge zur Lehre und Forschung der Leibeserziehung, Karl Hofmann, S. 86.

(13) 前川峯雄 (1981) 体育原理, 大修館, p. 54.

(14) Oberteuffer, D. (1951) Physical education, Harper & Row, pp. 2-3.

(15) Grupe, O. (1959) Leibesübung und Erziehung, Lambertus, S. 43.

(16) Schmitz, J. N. (1970) Grundstruktur des didaktischen Feldes, Karl Hofmann, S. 12.

(17) 永井康宏 (1983) 体育原論, 不昧堂, p. 152.

(18) 前川峯雄 (1981) 体育原理, 大修館, p. 56.

(19) 佐藤臣彦, 前掲書, (1), pp. 215-218.

(20) 樋口聡 (2005) 身体教育の思想, 勁草書房, p. 5.

(21) 佐藤臣彦, 前掲書, (1), p. 221.

(22) Ryle, G. (1949) The concept of mind, Hutchinson & Co., p. 16.

(23) 樋口聡, 前掲書, (20), p. 6.

第2部　体育教師と体育の対象としての人間

第4章　体育と体育教師 － 負の遺産からの脱却 －

　まず、体育の関数論的定義を想い起こしてほしい。その定義における独立変数の一つが作用項、つまり体育教師であった。ここでは、その体育教師に目を向けていきたい。

1．体育と体育教師

　世の中には、数多くの体育教師が存在する。素晴らしい体育教師も大勢いるだろう。「教育は人にあり」とは、よくいわれる言葉である。その意味するところは、まさに教育を最終的に規定するものが、名もない一人一人の教師であり、それ以外の何ものでもない、ということである[1]。

　もちろん、体育も同様である。「体育は人にあり」である。体育関連政策や体育関連行政、そして体育学理論も、体育を規定する重要な条件ではある。しかし、それらがいかに重要であっても、実際には、体育教師のはたらきを媒介にしてでなければ、すべてが児童・生徒に到達することができない。この単純な事実の中に、体育教師に課せられた役割と責任の重大さがある。そして、ここに体育教師の問題が、体育を成立させる基底的条件の一つとして問われなければならない理由がある[2]。

　それでは、体育教師とはどのような存在なのであろうか？

2．体育教師のイメージ － いわゆる体操教師とその負の遺産 －

　まず、体育教師はいつ頃から存在したのだろうか。すでにみたように、最初の体育教師は、親であった。しかし、ここで取り上げなくてはならないのは、職業としての体育教師である。実は、この職業としての体育教師は、古代ギリシアの頃には存在し

ていたようである。あのプラトンの著作にも、体育教師が登場する。それはあのギュムナスティケーを教える体育教師ギュムナスティコス gymnastikos である[3]。

　しかし、現代的な意味において考えるならば、体育教師とは、まず学校制度が前提となるだろう。それでは、体育教師とは何であるのか？一般的には、学校の教師（教諭）とは、学校という公的機関において児童・生徒の教育に責任を持つ教師のことを指す。これに基づくならば、体育教師とは、学校において児童・生徒の体育教育に責任を持つ教師を指すこととなる。

　そこで、体育教師という呼び方からみてみよう。学校には多くの教師が存在する。国語教師、数学教師、音楽教師、そして体育教師等、それらは各々の専門の教科を担当する教師である。体育教師も体育（保健体育）という教科を担当する教師である。

　しかし、この体育教師という表現には、どういうわけか特有のイメージが付いてまわる。吉田は次のように述べている：

　　　私のところに、新卒の体育教師を求めに来られる学校長の中に「号令をかけられる先生を…」と要望される方がある。つまり全校生を校庭に集め全員を叱咤するような生きのよい先生が欲しいというわけである。これに対して私は「そんな全校生に響くような大声を張りあげて指揮する先生は、この頃はもういませんよ。大声を必要とする場合は、拡声器を利用すればよいのですから…。」と答えるのであるが、体育教師に対するこのような残像は、まだ多くの学校教育関係者の頭の中に残存していると思う。…（中略）…一般教育者の頭の中に映る前時代的な体育教師の（このような）残像は、なかなか消えそうにない。従って、このような残像を単に古い残像というだけで、むげに看過することはできない[4]。

　それでは、体育教師についての、この「残像」とは何であるのだろうか。ここにみられる学校長の体育教師に対する役割期待についての違和感もさることながら、この「残像」には、あまり良いイメージが感じられない。そこで、まずは体育教師に付随するこの「残像」に迫ってみたい。

　体育が教科として位置づけられたのは明治5年の学制に遡り、やがてそれは「体操

50　第2部　体育教師と体育の対象としての人間

科」として位置づけられていく。日本において体育教師は、学校で「体操」という教科を担当する「体操教師」として生まれたのである。それでは、この体操教師は、どのような存在であったのだろうか。

　　…退役軍人が体操の先生になっておられました。体操の先生は、出身が軍人であるという事情もあって、学校の中でも一種の治外法権のようなもので、仲間はずれでもあるし、また一面では、威張っているところがあって、特殊な存在であることが、われわれ子どもにもわかりました[5]。

　　母校ヒロシマ時代の一体操教師に、学生たちが「低能」とあだ名を奉った先生がおられました[6]。

　　一口に言えば、その古い精神によって自分が教え込まれたと同じように、先生はあくまでも生徒を厳格に、規律的に、軍隊式にたたき上げるつもりだった[7]。

　　わすれられない一つに、「"気をつけ"の足の角度は何度か」と問われ、「兵式操典」に確か60度とでていたと皆が思い、「60度」と応えると、「馬鹿！」と怒鳴られサーベルでなぐられ、違うかと思って50度と答えた者は、さらにこっぴどくなぐられ、結局、級全員がなぐられた末、「約60度である」といわれた時の口惜しさは、サーベルがかなり曲がっていた光景とともに鮮やかな残映となっている[8]。

　これらの引用にみられる体操教師のイメージは、とても暗くそして怖い。これ以外にも、戦前の学校を舞台とした小説等に登場する体操教師もあまりかわらない。実は、体操教師の場合、知識偏重の明治近代化教育以来、体操が、一貫して傍流教科に位置づけられていたことや、それを担当する大量の体操教師が、軍隊を最大の供給源として、きわめて無雑作に造出されたこともあって、その社会的評価は、教師一般の中でも低くみられていたようである[9]。

　井上は、体操が教科の一つとして学校に取り入れられた当時、生徒は体操教師を、「思想程度の低い教師として尊敬せず、教師と生徒の間にはなんら温情もみられず、

第4章　体育と体育教師 － 負の遺産からの脱却 －　51

ただ看視と処罰とが両者をつないでいたに過ぎない」と述べた上で、体操教師に共通する特性として、次の三点をあげている[10]。

① 学問に造詣がなく、一般的な教養に欠けており、生徒の尊敬を欠いた。
② 一般的に生徒に対する温情が見られず、生徒によって偏した愛情を示した。
③ 厳格であり、それが規則づめの形式主義に陥った。

　体操教師について語る場合、たいていがこのように、特有の権威主義的な性格や、知性の欠落を問題として指摘する[11]。これらが、体育教師に付随する「前時代的」な「残像」の一端であるだろう。
　しかし、この「残像」が消え去ることなく残存しているとすれば、これは明らかに体育教師の負の遺産であるだろう。残念ながら、体育教師は、今もなお、このような負の遺産に付されていることを自覚するべきであろう。

3．体操教師から体育教師へ － 何が変わったのだろうか？ －

　大戦が終わり、日本は民主国家の形成を目指しながら、それまでの軍国主義的・国家主義的な色彩を排除し、新たな学校教育がはじまっていった。そのような中で、昭和22年（1947）に「体育」を教科名として掲げ、日本の体育は再出発する。ここで、形式的には、体操教師は跡形もなく消え去り、体育教師が出現することとなる。もちろん、そこに軍隊などはない。体育教師の供給源は大学となっていった。従って、体操教師と体育教師とは、その根本において大いに異なる。少なくとも、かつての体操教師に特有の権威主義的な性格、そして知性の欠落などについては、すっかり解消されているはずである。
　それでは、体育教師のイメージはどのように変化したのだろうか？前田幹夫は、体育教師像を次のようにまとめる[12]。まず、体育教師のプラス・イメージには、「子どもとの結びつきの強さ」、「ともに行動する活動的で明朗なイメージ」、「健康ではつらつとしたイメージ」があげられる。
　その一方で、体育教師のマイナス・イメージには、「理論に欠け、命令的、威圧的

52　第2部　体育教師と体育の対象としての人間

で恐ろしい感じの風紀取り締まりの中心」、「技術中心で、技術ばかりを追求」、「適
当にやって時間がくれば終わりという感じで、教師としての責任を負っていない」、
「体育の授業よりもクラブ活動の指導に熱心」、「できる子どもを中心に授業を進める」
等、散々である。このイメージからみる限り、体育教師の負の遺産は解消されていな
い。近藤義忠は次のように述べる；

　　（体操教師の）そのような暗いイメージが、いかに戦前であっても、体操教師の全て
　に妥当したとは思えないが、それがわが国の伝統的な体育教師のステレオタイプとなって、
　今日でもなお生き続けているのは確かである[13]。

　歴史的な事実が問題であるというよりは、それが「生き続けている」ところに問題
がある。体育教師には、古い「体操教師」の体質が残存している[14]。体操教師的体
質は過去の遺物ではなく、体育教師の現実的問題として捉えられるのである。
　さらに困ったことに、体操教師にみられた権威主義的な性格や知性の欠落は、依
然として体育教師に残存しながら、なおかつそこには新たな否定的要素が付加されて
いる。それは、端的にいえば、授業に対する姿勢である。少なくとも、いわゆる体操
教師は、授業に対してはまじめで熱心であった。しかし、体育教師は、授業に対して、
必ずしも前向きであるとは言い難い。負の遺産は、否定的要素が加味されながら残っ
ている。それらは、なぜ解消されないのか。近藤義忠は次のように述べる；

　　体育教師の生活体系や役割期待の一部に、こんにちすでに超克されているはずの、前
　近代的な権威主義や精神主義が残像として残り、その背景には、むしろそれを培養し、
　再生産させようとする何らかの社会的意志の存在がうかがえる[15]。

　これは何によるのであろうか。もしかしたら、これは体育教師の供給源、つまり大
学の教員養成課程と、ある意味では（なぜか）表裏関係にある大学運動部活動に原
因があるのではないだろうか。そもそもこの運動部活動は、本来、スポーツ等の身体
運動文化の文化追求の場である。しかし、舛本直文は次のように述べる；

第4章　体育と体育教師 － 負の遺産からの脱却 －　53

　部活の精神文化的側面として、封建的な運営方針に従うことによって形成される精神主義があげられる。上級生をトップとした年功序列主義、フェアプレイを推奨するのではなく、見えないところでの反則を容認する勝利至上主義、個性発揮よりもチーム優先の集団主義、チームの方針に反すれば体罰容認のしごき主義 … このような、まるで「スポーツ道」的な価値観が、部活の精神文化的側面を形作っている[16]。

　かつての軍国主義的なメンタリティは、形を変えて運動部活動に生き続けているようにも見受けられる。体育教師を志す学生の多くが、大学の運動部活動に所属し、それぞれの競技を追求する。それ自体は喜ばしいことであるだろう。しかし、そこは必ずしも社会と整合した民主的な世界であるとは限らない。理不尽な学年間格差や支配関係、非生産的で内向的なきまりや、逸脱行動に対する無感覚、粗暴な振る舞いに対する無思慮な寛容、そして学問・教養の軽視など、本来は、民主的な世に残存する亡霊に過ぎない。

　愚か者は次のように言うだろう。それはわが部の伝統である、と。しかし、それは伝統の名に値するものではない。それは、ただの忌まわしき因習である。

　それでは、不幸にしてこのような亡霊に遭遇してしまったらどうするのか。願わくば、このような亡霊を打ち消すような英断を期待したいところではある。しかし、人はそんなに強くはない。多くの学生がその理不尽さを感じたとしても、競技の続行のためにそれを受忍しているかもしれない。久保正秋は、そのような状況下での行動選択において、思考停止という悲劇に触れ、次のように述べている。

　　どうして運動部に「因習」が伝わるのだろうか。その伝承の原理として「価値判断の欠如」と「形式主義への転落」があげられる。つまり、「何も考えないで伝え、受け継ぐ」というものである。「チームの伝統だから」、「先輩たちもやってきたのだから」というように「伝える」と「受け継ぐ」の間に「価値判断」がなされないのである[17]。

　そのような亡霊に取り憑かれたまま思考停止を余儀なくされ、主体的な価値判断を圧殺しながら四年間を過ごせば、稚拙な体育教師がつくられていくのも無理はない。

54　第2部　体育教師と体育の対象としての人間

舛本直文は、個人的な談話として小林則子[18] の次のような指摘を紹介している；

　　　スポーツは本来は頭を使って判断し、自己選択・決定する自立的なものである。しか
　　し日本の部活にみられる封建的体制は、ものを考えないスポーツバカをつくってきた[19]。

　高等教育機関である大学、とりわけ体育教員の養成課程を有する大学は、猛省し
なくてはならない。運動部活動は、スポーツの文化追求の場ではあっても、非民主的
メンタリティを再生産し続ける場ではない。

　さらには、運動部活動に加えて、大学に蔓延する、ある種のムードにも問題がある
かもしれない。そこに所属する学生は、運動部活動さえ頑張っていれば、おおよその
ことは何とかなると思っていないか。そのような愚昧な運動部活動至上主義、それを
大学が譲歩的に容認してはいないか。

　大学は、基本的には学問の場である。それをどの程度、弁えているだろうか。大学
運動部で競技に邁進することは、高次な文化追求行為として賞賛されるべきではある。
しかし、愚昧な運動部活動至上主義のもとでは、真の文化追求者は育たない。その
悲劇は、最終的にその個人にのしかかってくる。トーマス Thomas, C. は、次のよう
に述べる；

　　　卓越と教育の名において、そしてヒーローを求める欲求において、しばしば「競技バ
　　カたち athletic brats」のみがとり残されていく。彼らは、特にその温情主義的な競
　　技スポーツの温床 paternal athletic nest の快適な領域から離れたときには、自分
　　自身を知ることもおぼつかないばかりか、自分自身を大切にすることすらできそうにな
　　い[20]。

　大学という場における運動部活動至上主義の浅薄さとそこから生み出される悲劇
は、とうの昔から露呈している。それは、多くの学生を、最終的には、スポーツの文
化追求者ではなく、底の浅いスポーツ・スノッブに仕立て上げてきたのである。かの
アリストテレス Aristoteles は、いわゆる競技者の競技追求における、一面的な鍛

第4章　体育と体育教師 － 負の遺産からの脱却 －　55

錬の代償として招来する人格性や教養の欠落を嘆き、次のように述べている；

> 　ある国は、身体の形状や成長を損なってまで、彼らのうちに競技家的体質を作りこん
> でいるが、…これらの困難な鍛錬を子どもたちに行わせて、必要なことに関して無教育
> なものにする人々は、彼らを、実のところは、賤しいものに仕上げているのである。…ひ
> どい労苦が、（人格的な）成長を妨げる。…若い時に鍛錬を受ける者は、そのひどい鍛
> 錬によって（人格的な）力が奪われるからである[21]。

　運動部活動至上主義的な甘えは、おそらく人間を堕落させる。そして、鍛錬によっ
て獲得された競技能力にみあった人間性を育てなければ、その不均衡がやがて不幸を
招くだろう。これでは、いつまでたっても負の遺産から脱却できはしない。

4．体育教師 － 負の遺産からの脱却に向けて －

　これまで体育教師に付随する負の遺産と、その現代的な再生産システムをみてきた。
粗暴で、権威主義的で、無教養な、さらには無責任な体育教師など不要である。だ
からこそ、体育教師を志望するものは、大学運動部にはびこる亡霊と自分を流す甘
えのムード、この二つには充分に留意されたい。体育は、いいかげんに負の遺産から
脱却しなくてはならない。

　「体育は人にあり」体育を最終的に規定するものが、名もないひとりひとりの体育
教師である。そうであるならば、われわれは「よい体育教師」であらねばならない。
学校現場で、「よい体育教師」でありつづけること。そのような名もない、それでも
「よい体育教師」の微細な、されど誠実な努力の積み重ねこそが、やがて体育を負の
遺産から脱却させてくれるであろう。

　このことを踏まえた上で、「よい体育教師とは何であるのか」についてゆっくりと考
えてみよう。負の遺産からの脱却は、ここから始まるのである。

【引用及び参考文献】

（1）近藤義忠（1975）体育教師の歴史．成田十次郎他編．保健体育科教育の教師論．日本体育社．
　　p. 18.

56　第2部　体育教師と体育の対象としての人間

（2）近藤義忠，同上書，pp. 18-19.

（3）佐藤臣彦（1993）身体教育を哲学する，北樹書店，pp. 299-300.

　　　　なお，佐藤が当該書籍で述べるように，その時代の体育教師は，智者 sophistes の一つとして捉えられていたようである。そのためか，体育教師には，全九席次のうち，哲学者，統治者，政治家に次ぐ第四番目の順位が与えられている。これは，必然の女神アドラステェイアの掟に従って，真実を知る程度によって与えられた序列であるという。これについては，次の文献を参照されたい。

　・プラトン：藤沢令夫訳（1988）プロタゴラス，岩波書店，pp. 30-31.「316-D-E」

　・プラトン：藤沢令夫訳（1986）パイドロス，プラトン全集，5，岩波書店，pp. 188-186.「248-C-D」

　　　　あわせて、次に示す佐藤の示唆は重要であるだろう。すなわち、体育教師は、「体育における『美なるもの』『正なるもの』『善なるもの』の真実をすでに充分＜知＞っているということでなければならないだろう（p. 300.）。」

（4）吉田清（1965）体育教師と研修，体育科教育，13-9：17.

（5）中村三夫（1973）私の受けた体育教育，新体育，43-7：516.

（6）小原国芳（1975）体育への提言，松井三雄編，教育・体育・スポーツ，杏林書院，p. 34.

（7）藤森成吉（1985）ある体操教師の死，初期プロレタリア文学集（二），新日本出版，p. 403.

（8）吉田健一（1956）体育・スポーツへの提言，道和書院，p. 1.

（9）近藤義忠，前掲書，(1)，pp. 26-27.

（10）井上一男（1959）体育（体操）教師像の変遷について，体育学研究，6-1：257.

（11）近藤義忠，前掲書，(1)，p. 25.

（12）前田幹夫（1975）新しい体育教師像を求めて，成田十次郎他編，保健体育科教育の教師論，日本体育社，p. 74.

（13）近藤義忠，前掲書，(1)，p. 24.

（14）前田幹夫，前掲書，(12)，p. 73.

（15）近藤義忠，前掲書，(1)，p. 28.

（16）舛本直文（2001）学校運動部論，杉本厚夫編，体育教育を学ぶ人のために，世界思想社，p. 277.

（17）久保正秋（2010）体育・スポーツの哲学的見方，東海大学出版会，p. 249.

（18）小林則子とは、ヨット単独帆走による太平洋の横断を達成したヨット「リブ号」の艦長である。

（19）舛本直文，前掲書，(16)，p. 276.

（20）Thomas, C. E. and Ermler, K. L.（1988）Institutional obligations in the athletic retirement process, Quest, 40-2：139.

（21）アリストテレス：山本光雄訳（1969）政治学，アリストテレス全集，15，岩波書店，pp. 332-333. 1338b10-b30

第5章 専門職としての体育教師 −代替不能な職能−

1．体育教師とは？

　体育教師とは何であるのか？先に見たように、体育教師とは、学校において児童・生徒の体育教育に責任を持つ教師である。そこで、この「学校において」という表現に着目してほしい。

　そもそも人々には、基本的人権の一つとして教育権が保障されている。この人々の教育権の保障は国家の責任であるが、この保障は具体的には学校制度によって実現されることとなる。この人々の教育権の保障としての学校制度の最前線にいるのが教師であり、体育教師である。体育教師は、人々の権利に対する保障という役割から、私人ではなく公人なのである。そして、そこには大きな責任と、その責任を担い得るだけの質の高さが要請される。従って、それは誰でもよいというわけにはいかない。

　そこで、国家は教師の養成制度を整え、その質を保つためにさまざまな方策を講じている。これを制度的に見るならば[1]、体育教師（保健体育教員）は大学の教員養成課程において養成されるが、とくにその能力を公的に証明するために教育職員免許法の規定がある。そしてこの規定の定めるところの教育職員免許取得（予定）者を対象として、都道府県等の地方公共団体、あるいは私立学校で教員採用試験を行い、適格者を選定する。また、学校に教職を得た後も、国や教育委員会、および学校で、教師の資質向上のためにさまざまな研修を行っている。体育教師についても、全く同様である。

　それでは、改めて体育教師とは何であるかを考えてみたい。一般に、教師論には三つの類型がある[2]。第一の類型は、聖職者論である。これは、教師の仕事は天から与えられた神聖な職務であるとする考え方である。もともと教師が牧師や僧侶と未分化だった時代が長く続いたことから、このような考え方が生まれた。それに、教師は人間の成長・発達にかかわるため、それは天や神になりかわって行われる仕事だと考えられた。さらには、教師の仕事が単純な機械的・技術的なものではなく、人格的なものと考えられてきたからである。

58　第2部　体育教師と体育の対象としての人間

　第二の類型は、労働者論である。これは、教師も教育という仕事にたずさわる賃金労働者であるとする考え方である。これは学校制度が整い、教師が大量化するなかで生まれてきた考え方である。また、これは教師に自己犠牲を強いる聖職者論に反発し、労働者階級の一環として自己解放を求める運動でもあった。

　第三の類型は、専門職者論である。ユネスコは、「教員の地位に関する勧告（1966）」において、①教育を受ける権利が基本的人権の一つであること、②すべての者に適正な教育を与えることが国家の責任であること、③教育の進歩における教員の不可欠な役割とその重要性等を認識したうえで、第6項において次のように規定した。

　　教育の仕事は専門職（profession）としてみなされるべきである。この職業は厳しい、
　　継続的な研究を経て獲得され、維持される専門的知識および特別な技術を教員に要求
　　する公共的業務の一種である。

　さて、この専門職という概念は、語源的には神の託宣（profess）を享けたという意味を持ち、かつては牧師、大学教授、医者、弁護士などに適用されていた[3]。そして、このユネスコの勧告以降、学校の教師も専門職として規定されたのである。これに従うならば、体育教師も、専門職として捉えられることとなる。

　おそらく人格高潔な体育教師は、多く存在した。それは、まさに聖職の名に値する体育教師であるだろう。ただし、体育教師は、学校という公的な場において尊い一人一人の人間を扱うかたわら、月々の給与によって実生活を成り立たせている労働者であることも否めない。

　しかし、その一方において、この勧告は、学校における全ての体育教師に対して専門職であることを要請しているとみるべきであろう。体育教師に対しても同様である。それは、スポーツの専門家（specialist）や、スポーツ的職人（craftsman）とは大いに異なる。確かに体育教師、あるいは体育教師を志す学生は、その多くのものが高度なスポーツ競技活動を行っており、個々人のスポーツパフォーマンスは職人と賞賛されるほど卓越したものもあるだろう。しかし、それはスポーツの専門家や職人であっても、やはり専門職とは呼べない。この相違こそが、体育教師に自覚されなくてはな

らないのである。

体育教師に対しても、専門職であることが要請されている。少なくとも、それは世の中に存在する全ての体育教師に対する、世界の要請なのである。

2．専門職としての体育教師

ここでは、体育教師を、改めて専門職という観点から問い直してみたい。それでは、専門職とは何であるのか。リーバーマン Lieberman, M. によれば、専門職は次のような特徴を有する[4]。

①明確性、不可欠性、独自性

　専門職は、職能の範囲が明確で、社会的に不可欠で重要な機能を果たす独自な仕事である。

②高度な知的技術を行使

　専門職は、高度な知的技術を行使する。

③長期の専門教育

　専門職は、長期の専門的な準備期間を必要とする。

④広範な自律

　専門職は、自らの最善の判断によって職能を遂行する自由があり、この意味において個人としても集団としても自律する。

⑤直接責任

　専門職は、広範囲に自律するが、それは同時に大いなる責任を伴う。自律の範囲における職務遂行の結果については、常に直接責任が発生する。

⑥非営利

　専門職は、経済的利益の追求ではなく、社会に対する貢献や奉仕である。

⑦包括的な自治組織

　専門職は、自治組織を構成し、職務遂行の水準を向上させ、専門職集団の社会的立場の向上をめざす。

⑧倫理綱領

　専門職は、職務遂行における具体的行為についての基準が倫理綱領として規定されている。専門職の倫理綱領は、職域の具体的事例の動態に対して継続的に整備されていく。

60　第2部　体育教師と体育の対象としての人間

　それでは、体育教師は、専門職として、それらの特徴がどの程度適合するのであろうか。

　まずは、体育教師が専門職であるならば、その職能の範囲が明確で、その機能は社会的に不可欠であることが求められる。体育教師の職能を限定的に教科体育の授業であるとすれば、それは学校教育の総体において明確な範囲を特定することができ、さらには教科の確固たる一領域であることによって、形式上、社会的な不可欠性が承認されるだろう。無論、これについては体育の本質論の検討から、学校教育における不可欠性が精緻に論証される必要があるが、ここでは形式論に留め置きたい。

　さらには、体育教師は、体育の具体的な場面等においては、児童・生徒の発達段階を把握し、目的や目標に応じて教材を適切に構成し、さらにはそれぞれの習熟度を勘案しながら指導を合理的に行うこととなる。これは、とても高度な知的技術といえるだろう。

　それゆえに、体育教師の養成においても、相応に長期間にわたる専門教育が必要とされる。医者も弁護士も、体育教師も、それぞれの分野の特有の専門教育を受けて、それぞれの分野の知識や技能を修得していることが「資格（あるいは免許）」として証明されなければならない。この「資格」ゆえに、その分野の仕事に独占的に従事できるのである。そして、この「資格」ゆえに、人々はその専門的業務に信頼を寄せるのである。体育系大学・学部の卒業生の多くは、中学校・高等学校の体育教師としての「資格（免許）」を取得し、学校現場で教育職についてきた[5]。この意味において、体育教師は、体育についての有資格者といえるだろう。

　もっとも、この有資格者という表現は、一定の責任意識を喚起するだろう。世間が医師免許保持者に対して一定レベルの医療能力を期待するように、体育教師も有資格者であることによって、世間はその授業能力に信頼を寄せるだろう。体育教師もそのような信頼に応えることができる授業能力を常に維持しなくてはならない。「資格」はゴールではなく、スタートなのである。

　さて、体育教師においても、その職能の遂行にあたっては広範な自律が許されるが、その自律の範囲で起こった出来事に対しては直接責任が発生する。ここで考えてほしい。体育教師は、児童・生徒の生命に最も近いところで仕事を行うため、ミスは許

第 5 章 専門職としての体育教師 −代替不能な職能−　　61

されない。体育における事故や傷害の発生は、その児童・生徒の一生の問題に直結することもある。場合によっては、この直接責任をもって体育教師を辞したところで、何の解決にもならないかもしれない。体育教師は、この直接責任という表現について、充分に考える必要があるだろう。

　さらに、当然のことながら 体育教師が行う授業は、営利を目的としてはいない。もちろん、就労上、体育教師にも一定の収入は保証されているが、体育教師の一つ一つの指導行為は、つきつめていけば社会に対する貢献であること以外のなにものでもない。体育教師は、体育の授業における目の前の児童・生徒に対する指導を通して、社会の進歩や発展に寄与しているのである。

　このように考えてくるならば、体育教師も一定の範囲で、専門職の諸特徴に適合するように思われる。

　ただし、高橋健夫によれば[6]、実は、わが国の教育専門職の場合、特に先の条件の中での「自律」という点が問題にされてきた。「力なくして専門職なし」といわれるように、専門職として自律するためには、外部からの統制や干渉に対抗する力が必要になる。振り返ってみれば、かつて教育、そして体育は軍事的要請に絡めとられ、多くの児童・生徒を不幸にしてきた。われわれは、教育にかかわる専門職として、目の前の一人一人を不当な統制や干渉から守らなくてはならない。そのためにも、教育にかかわる専門職には自律するための力を得るために団結が必要となる。

　ただし、その団結を規定するのは共通な「独自の使命感と文化」である。それは私利私欲と全く次元を異にする崇高なものである。ただ群れるだけでなく、「独自の使命感」ゆえに力をあわせることで、ようやく体育は専門職としての基盤を得ることとなるだろう。ここに専門職の重要な特徴の一つがある。

　それでは、体育教師の共通な「独自の使命感と文化」とは、どのようなものであるのだろうか。児童・生徒を身体運動を通して、よき人間へと高めていくことや、あるいは身体運動文化の文化としての「よさ＝価値」についての確信と信頼であろうか。これについても、少しお考えいただきたい。

　さて この自律の問題に加えて、体育教師の倫理綱領について触れておきたい。医師には医師の倫理綱領が存在する。弁護士にも、「弁護士職務基本規定」に基本倫

62　第2部　体育教師と体育の対象としての人間

理が定められている。厳密に言えば、この倫理綱領は、それぞれの専門職域で明文
化されているだろう。ここで、体育教師の倫理綱領を教師一般の綱領に通底する倫
理綱領との関わりから述べるならば、基本的には次の五点があげられるだろう[7]。

　　①平等と人間尊重
　　②真理・真実に忠実であること
　　③イデオロギー・宗教を持ち込まない
　　④不断の努力・向上
　　⑤不当な支配に屈しない

　ここで注意していただきたいのが、不断の努力・向上である。体育教師の努力とは
何であるのか。それは、教育者として「よい授業」を追求する努力である。それでは、
体育授業の「よさ」とは何なのか。これは難しい問題ではあるだろう。しかしながら、
これを自らの頭脳で思考し、それを追求していくことこそ、専門職者としての体育教
師に要請される姿勢である。「よさ」の追求、それを欠いて社会に対する貢献など成
し得ないのである。

　　　　　　　　　　　進みつつある教師のみ、人を教える権利あり。
　　　　　　　　　　　（ディースターヴェーク Diesterweg, F. A. W.）

　このような前提の上で、体育教師は専門職として成立するだろう。体育教師は、
専門職なのである。

3．専門職と専門科学

　さて、体育教師は専門職として捉えられるが、ここで改めて次の条件を想起して欲
しい。専門職の重要な特徴の一つに、「長期の専門教育」という項目があった。その
成員として承認されるためには、長期の専門的な準備期間を経なければならない。こ
の準備期間とは、専門職者になるための、その特有の分野の知識を習得するための

期間である。そして、この特有の分野こそが、専門科学にほかならない。専門職は、その専門科学を習得しなくてはならないのである。

　例えば、医者は、医学という特有の分野の専門的知識を用いて、疾病を治し、予防するのであり、弁護士は、法学という特有の分野の専門的知識を基礎にして社会正義の実現に寄与しようとする。体育教師にとって、この専門科学とは、体育学に他ならない。そして、それこそがその職域を専門職たらしめるとともに、その社会的承認をも規定するのである。高橋は次のように述べる；

　すべての専門職は、専門科学と密接につながっているのであり、したがって基礎となる専門科学における知識の質と量が、その専門職の社会的ステイタスを決定しているといっても過言ではない[8]。

　　そこで、専門職と専門科学との関係についてみておきたい。シンガー Singer, R. N. は、全ての専門職がその専門科学と直接的に連動していることを述べたうえで、その関係を図に示しながら、次のように述べる。

　　確かに専門職は、専門科学と関連するが、それらの機能は異なる。専門科学の機能とは、人々に対して知的環境を提供することであり、そこでは特有の対象が記述されたり分析されたりする。従って、専門科学とは、研究対象それ自体に関心が集中する。それが人類にとって善であるのか悪であるのかといった価値判断にはかかわらないため、いうなればその機能は、価値自由 value-free なのである。専門科学は、図に示した太線の上部に位置し、「それは何であるのか」、あるいは「それの本質は何であるのか」を問うのである。

　　これに対して、専門職の機能とは、人類に対する奉仕である。それゆえに、ある知識あるいは技術を用いて行った実践が、どのようにしたら人類の状況 condition を適切に改善できるかを検討するのである。従って、専門職とは価値負荷 value-laden なのである。専門職は、図に示した太線の下部に位置し、その機能とは、「何を行うのか」を問うのである[9]。

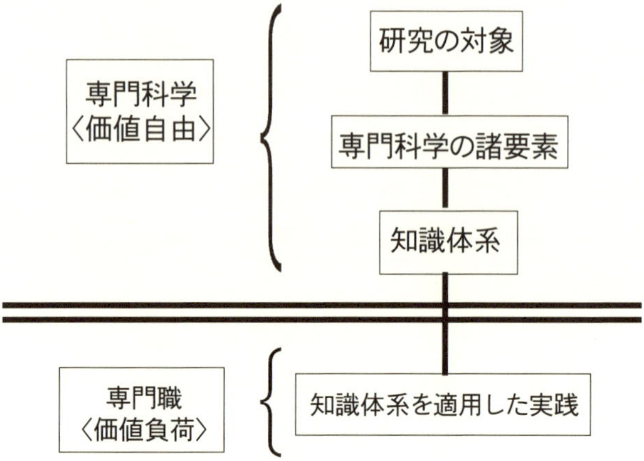

64　第２部　体育教師と体育の対象としての人間

```
                        ┌─────────────┐
                        │  研究の対象  │
          ┌             └─────────────┘
専門科学   ╎             ┌─────────────────┐
〈価値自由〉╎             │ 専門科学の諸要素 │
          └             └─────────────────┘
                        ┌─────────────┐
                        │  知識体系   │
                        └─────────────┘
═══════════════════════════════════════════
                        ┌───────────────────────┐
専門職     ┌─────────── │ 知識体系を適用した実践 │
〈価値負荷〉            └───────────────────────┘
```

図 5-1　専門職としての体育教師

　これによるならば、体育教師も専門職として、児童・生徒一人一人の生の向上の
ために、専門科学に立脚しながら「よい体育授業を行う」といってよい。そうである
ならば、体育教師も、体育学を背負いながら目の前の児童・生徒に対して「よい体
育授業を行う」ことを通して、人類に奉仕するのである。ここに、体育教師の代替
不能な職能が存在する。

　そうであるならば、体育教師についても専門科学の高さをもった体育教師であるこ
とが要請されることとなる。つまり、それは体育学の高さを持った体育教師である。
それをシーデントップ Seidentop, D. は、physical educator と呼ぶ[10]。専門職と
しての体育教師の主眼点は、まさにこの physical educator というあり方にあると
いっても過言ではない。

　体育は専門職の一分野として、この先も存在意義を保持していこうとするならば、
体育学の高さが要請される。体育教師は、ただの授業者やスポーツコーチ、あるいは
スポーツ技術指導者ではなく、専門職として「よい体育授業」を通じて、人類に奉
仕していく立場にあることを失念してはならない。

　そのためには、体育教師は、その在任期間を通じて、常に physical educator
であろうとする努力が必要であるだろう。それは決して楽なことではない。しかし、

体育教師は、physical educator として「よい体育授業」をとことん探求し続けて
いかなくてはならない。それこそが体育教師の、専門職としての不可欠な証なのであ
る。

【引用及び参考文献】

（1）前川峯雄（1984）体育原理，大修館，p. 132.

（2）横須賀薫（1976）教師および教員養成，現代教育学の基礎知識，有斐閣，p. 476.

（3）久保健（2006）教師教育，スポーツ科学事典，平凡社，p. 214.

（4）Lieberman, M.（1956）Education as a profession, prentice-Hall, pp. 1-6.

（5）高橋健夫（1987）体育と体育学，体育原理講義，大修館，p. 29.

（6）高橋健夫，同上書，pp. 30-31.

（7）中森孜郎（1976）教師の倫理，中内敏夫他編，現代教育学の基礎知識，2：473.

（8）高橋健夫，前掲書，（5），p. 31.

（9）Singer, R. N.（1976）Physical education：Foundation，Holt，Rinehart and Winston，pp. 20-21.

（10）Siedentop, D.（1977）Physical education，Wm. C. Brown Company，p. 54.

第6章　体育教師とその科学的基盤
－専門科学としての体育学－

　体育教師が専門職であるならば、そこには何よりも専門科学の高さが要求される。体育教師の専門科学とは体育学に他ならない。ここでは、専門科学としての体育学に目を向けていきたい。

1．体育学の誕生と専門科学への発展

　体育学が学問として成立したのは、いつのことなのだろうか。無論、身体運動やその効用についての研究等は古代ギリシアの頃には存在していた。そこでは、特に人間の身体に対する知的関心から、養生法や栄養法、あるいは職業競技者に対する練習方法などの知識も存在していたという。

　しかしながら、厳密な意味において、体育学の成立は学問の悠久の歴史からすれば、そんなに古いことではない。ここでは、体育学の誕生と成立の過程を簡単に辿っておきたい[1]。

　まず、欧米において体育学が成立するまでには、次のような歴史的段階を経ている。第一に、「教育論にあらわれた体育論」の時代である。この時代に、教育者や思想家あるいは哲学者たちの教育論のなかに、体育に関する論説や見解が提起されていく。ここでは、近世・近代の啓蒙思想家たちの体育論を想起されたい。

　第二に、「体操家による体育論」の時代である。この時代には、いわゆる体操家らによって多くの体操論が提起されていく。ここで、先に見たヨーロッパの近代、とりわけ市民体育論や国民体育論の勃興を想起されたい。

　第三に、「医学者による体育の科学的研究」の時代である。この時代は、医学的興味から、体育あるいは身体運動の研究がなされ、ここでようやく体育学が科学の吟味をうけることとなる。ここでは、体操や運動の効果などに知的関心が向けられていた。

　そして第四に、「体育研究者による体育研究」の時代である。第三の時代によって科学的研究に目覚めた体育研究者が世の中に出現する。彼らによって、体育あるい

第6章 体育教師とその科学的基盤 －専門科学としての体育学－ 67

は身体運動についての科学的研究が行われはじめた。さらに、それは教育分野との結びつきの中で、特に体育教育についての知的関心がどんどん拡がっていった。そして、教師養成機関が発達するにつれて体育の研究領域が発展しはじめ、やがて大学に体育学科が誕生する。これは、まさに体育が学問として承認された証である。

　ここから、体育学は自律した学問分野へと発展していく。1890 年には、ギューリック Gulick, L. H. が、既に次のように述べている；

　　大学教育を受け、哲学的な思考を有し、広大な目的と熱心な心を持つ人たちがこの
　　分野に入ってくるようになれば、この体育学という専門分野が本質的に広大な哲学的・
　　科学的分野であることが明らかにされるであろう[2]。

　しかし、体育学が形式上、承認されたとしても、その学問的実質は不完全であった。そして、この体育学の不完全性はそのまま体育教師養成プログラムに反映されたのである。当時の体育教師養成プログラムは全くお粗末なものであり、技術中心で科学性・合理性に欠けるもので埋め尽くされていた[3]。さらに、この体育教師養成プログラムは、その専攻生たちに、将来、彼らが学校で教える事柄をそのまま教育内容として準備している唯一の領域であった[4]。ところが、他の教科の専攻生は、学校の生徒たちに教える内容を遙かに超えた高度な学問に取り組んでいたのである[5]。大学という場で、体育教師養成プログラムにおいてのみ、現場経験を積んだ熟練教師によって、私的な指導方法や通俗的な知識あるいは神話まがいの信念が一方的に教えられていたのである。

　人々は疑いなくそれに幻滅を感じていた[6]。もうたくさんだ。体育学をいいかげんになんとかしなくてはならない。そこで、ラリック Rarick, G. L は、次のように警鐘を発したのである。

　　　　　　　Physical education needs to come of age. [7]

　このラリックの警鐘は、多くの体育関係者の不安を表現したものであった[8]。やが

68　第2部　体育教師と体育の対象としての人間

てスプートニック・ショックを契機に、教育の科学化運動がおこり、それをうけてその教育を支える諸々の学問の正当性が問われた。体育学も同様の批判に晒されたのである。そして、そこにおいて、その学問的貧困さが露呈し、特に大学の体育教員養成プログラムにおいてはその科学性が限りなく疑われた。

　これを契機として、体育学の内部にある動きが立ち起こる。体育学を一つの専門科学 physical education as an academic discipline として再構成するという考え方が提起されたのである。これが、体育学の専門科学化運動である。そして、それは、ほぼ普遍的な承認を獲得していった。ヘンリー Henry, F. M. は、次のように述べる；

　　体育についての専門科学が、それまで存在していなかったとすれば、それはつくりあげ
　られていく必要があるだろう[9]。

体育学の専門科学化運動は、このようにして始まっていったのである。

2．専門科学としての体育学

　体育学は、あの 専門科学化運動によって、専門科学としての体裁を整えていくこととなる。それでは、体育学は専門科学として真に成立し得るのだろうか。一般に、専門科学の要件は、シンガー Singer, R. N. に従って、次のように示される[10]。

　①固有の対象
　　　専門科学は、焦点となる固有の対象を有している。専門科学分野は、この固有の対象に研究の努力を傾注する。さらに、その対象とは、研究に従事する人々に対して努力を要請するに値するだけの意義深い価値がなくてはならない。
　②概念の構造
　　　専門科学は、概念の構造を必要とする。専門科学分野は、その対象にみられる諸現象について定義を行い、研究しようとする対象の構成要素や作用、相互作用等について精確な概念として確定する。
　③確定し、共有された研究方法

第6章　体育教師とその科学的基盤　−専門科学としての体育学−　69

専門科学は、特有の研究方法を必要とする。専門科学分野は、それぞれの対象を研究する場合に適用され得る方法を確定し、そしてそれを共有する。

④知識の体系性

専門科学は、知識体系を必要とする。特有の研究方法によって導かれた学問的知識は、無秩序に山積されることなく、その相互連関によって体系化されていく。

それでは、体育学は、これらの要件に適合するだろうか？ここでは、この四つの要件に照らして、体育学を吟味していきたい。

（1）体育学の対象

専門科学の第一の要件は、固有の対象である。体育学の場合、対象はいうまでもなく体育である。しかしながら、その対象を体育それ自体に限定するのは現実的ではない。体育についての学問的探求は、身体運動あるいはスポーツ、さらには身体運動文化等についての精緻な理解を要請する。

従って、体育学の対象は、体育を中核としつつ、そこに人間の身体運動、さらにはスポーツ等の身体運動文化をも含めることが必要となってくる。

ここでは、体育学の固有の対象を「体育と人間の運動 physical education and human movement」としておく[11]。

（2）体育学の概念構造

専門科学の第二の要件は、概念の構造である。体育やそこに見られる人間の運動は単なる物理現象ではなく、人間の現象である。そして、それは多くの要素やそれらのダイナミクスから構成される。体育学は、それらについての概念を明確に構成し、学術専門用語として規定する。

たとえば、身体の構成部位についての専門用語や身体運動における生理的現象についての諸概念などが思い起こされるだろう。

それらの全てが、必ずしも体育学独自のものではないかも知れないが、体育学はそれらを用いて研究を進めているのである。

70　第 2 部　体育教師と体育の対象としての人間

（3）体育学の研究方法

　専門科学の第三の要件は、研究方法である。体育学は学問の悠久の伝統からすれ
ば、歴史の新しいヤング・サイエンスであるため、この研究方法の大部分は、他の専
門科学（親科学）のそれに依存してきた。それは、主に①哲学的方法、②歴史学的
方法、③社会学的方法、④心理学的方法、⑤物理学的方法、⑥生理学的方法等で
ある[12]。

　体育学においても、設定された問題の性質によって、おおよそこれらから適切な方
法が選ばれる。これらの方法は、それが問題設定の性質に適合していれば、妥当な解
へと導いてくれるだろう。

　従って、方法という観点からすれば、体育学は応用科学という性格を有する。

（4）体育学の知識体系

　専門科学の第四の要件は、知識体系についてである。これまでみてきたように、体
育学は、問題設定の性質に適合した研究方法によって、多くの知識をうみだしてき
た。そして、これらの知識はその関連性によってまとまりを形成する。このまとまり
は、副次的専門科学 sub-discipline と呼ばれている。つまり、体育学はそのよう
な副次的専門科学の秩序立った知識体系として構成されていく。

　さて、体育学の個別研究は、基本的には、この副次的専門科学の枠内において遂
行される。体育学における副次的専門科学は、先に見た研究方法に対応しながら、
主に次の六領域として示される[13]。

　①体育哲学：体育（あるいは体育に関わる身体運動・スポーツ）という事象を哲学的態度と
　　方法によって研究する学問分野であり、体育の概念を論理的に構成する「体育の原理論」
　　の構築と体育の理論的・実践的現状を批判する「体育批判」を二大課題とする。そこに
　　は、体育思想やスポーツ哲学、スポーツ思想、スポーツ倫理学への拡がりを含み、いずれ
　　においても、論理構成の厳密性や妥当性が要請される。
　②体育史：体育（あるいは身体運動・スポーツ）という事象を歴史学的方法によって、史実
　　的に解釈する学問である。

③体育社会学：体育（あるいはスポーツ）という事象を社会機能として捉え、それを規定し変化させる要因を実証的に解明しようとする学問である。

④体育心理学：体育（あるいは身体運動・スポーツ）における運動行動や心理的問題等を分析し、そこに一定の因果関係や法則を求めようとする学問である。

⑤バイオメカニクス：身体運動の構造や機能を物理学的観点から解明する学問である。

⑥運動生理学：身体運動を生命現象との関連で捉え、その仕組を解明する学問である。

　これらの六領域は、体育学における副次的専門科学の最大公約数といえる。これに加えるとすれば、⑦スポーツ人類学、⑧体育経営管理学、⑨保健衛生学、⑩保健体育科教育法等であるだろう。

　従って、知識体系という観点からすれば、体育学は総合科学という性格を有する。これらが体育教師の専門職者としての背負うべき学問的バックグランドである。

　ところで、体育学においても設定された問題によっては、必ずしもそれらの副次的専門科学の枠内で完結しないことがある。その場合、これらの副次的専門科学の協力を得て研究が進められる。そのため体育学は横断科学 cross-discipline という性格をも有する[14]。

　さて、体育学があれらの副次的専門科学の体系によって構成されるが、それぞれの副次的専門科学は真理を探求するなかで自己目的的に分化の方向を辿っていく。しかしながら、専門科学の内的なダイナミクスは、この方向のみならず、統合の方向も存在する。つまり、分化を辿る副次的専門科学が、改めて統合されていくことで、専門科学としての機能が保全されるのである。

　体育学の、この専門科学としての分化と統合という方向は、相補的な関係といってよい。体育学は、この分化と統合の動的な平衡によって発展を遂げていく。

3．体育学とその専門科学としての発展に向けて

　これまで、体育学を専門科学という視点からみてきた。体育学は、厳密な意味においては、専門科学として完全に確立しているというよりは、むしろ pre-discipline の段階にあると言えよう[14]。しかしながら、体育学は、人間に研究の努

72　第2部　体育教師と体育の対象としての人間

力を要請するに値するだけの意義深い価値があり、それは究めつくし難い問題領域であることは疑いない。そして、それは他の専門科学によって簡単に代替し得るものではない。ラリックは次のように述べる；

　　体育は、その領域に他の専門科学が関与しない知識体系を有していることは明白である[15]。

　従って、体育学は、この pre-discipline の段階を超えて、discipline としてのさらなる確立に向けて発展していかなくてはならない。そのためには、ハーグ Hagg, H. によって提起された次の四点は、体育学の専門科学としての発展や確立に対して重要な役割を果たすだろう[16]。

　　①専門誌や論叢、著作の増大
　　②国際会議やシンポジウムの開催
　　③組織としての確立や独立
　　④大学院の拡充

　特に、④についていえば、体育学関連の大学院の拡充によって、体育学を専攻する若い学徒を学問的に鍛錬する場が増え、修士号や博士号を取得して大学等で研究職につくものが多くなっている。もちろん、大学院は、研究職養成のためだけに存在するわけではない。体育関連専門職の高度化に伴い、それに対応し得る専門的職能の向上も重要な役割の一つである。

　しかし、ここでは敢えて学問の継承・発展という観点から、大学院の意義を考えて欲しい。そもそも人間は、個体の生物的寿命を超えることができないが、知の探求は、先人の知的成果を継承しながらも、そこを起点としつつ、それをさらに発展させていく道なのである。従って、体育学の発展には、後進の育成を欠くことができない。大学院は、有能な専門職的人材の育成を目指すとしても、やはりその中核は学問研究にある。大学院生は学者なのである。

　この意味においても、多くの学生に体育学の学問的世界にとび込み、その発展の

第6章　体育教師とその科学的基盤 －専門科学としての体育学－　73

一翼を担って欲しい。体育学の発展は、何よりも後進の若い学徒にかかっている。そして、体育学の専門科学としての発展は、体育の専門職としての発展に直結する。体育学の発展なくして、その職能の向上はありえないのである。

【引用及び参考文献】

（1）日本体育学会編（1957）体育学研究法，杏林書院，pp. 1-9.

（2）Gulick, L. H.（1890）Physical education : A new profession, Proceedings of the American Association for the Advancement of physical education, reprint in Bucher, C. A.（ed. 1962）The making of American physical education, Meredith Publishing Cpmpany, p. 149.

（3）Siedentop, D.（1977）Physical education-introductory analysis, Wm. C. Brown Company, p. 70.

（4）Henry, F. M.（1964）Physical education, JOPPER, 35 : 32.

（5）Siedentop, D. op. cit.,（3）, pp. 53-54.

（6）Siedentop, D., ibid, p. 70.

（7）Rarick, G. L.（1966）The domain of physical education, Brooks, G. A.（Ed.）Perspectives on the academic discipline of physical education, Human Kinetics, p. 19.

（8）Siedentop, D., op. cit.,（3）, pp. 70-71.

（9）Henry, F. M., op. cit.,（4）, p. 33.

（10）Singer, R. N.（1976）Physical education : Foundation, Holt, Rinehart and Winston, p. 18.

（11）高橋健夫（1987）体育と体育学，体育原理講義，大修館，p. 27.

（12）これについては次の文献を参照されたい。

Siedentop, D. op. cit.,（3）, p. 57.

Osterhoudt, R. G.（1978）The body of knowledge, Sport pedagogy, University Park Press, p. 29-30.

Ziegler, E. F.（1979）Ein Modell für die optimale fachliche Entwicklung in einem Bereich mit dem Namen "X", Willimczik, K.（Hrsg.）Wissenschaftstheoretische Beiträge zur Sportwissenschaft, Karl Hoffmann, S. 197. 等、

それぞれの論議に最大公約数を見いだすとすれば、上掲の六領域に整理されることであろう。

（13）それぞれの領域についての説明は、平凡社の「スポーツ科学事典（2006）」によった。ここでは、その一々を省略する。

（14）高橋健夫，前掲書，（11），p. 28.

（15）Rarick, G. L. op. cit.,（7），p. 18.

（16）Hagg, H.（1978）Sport pedagogy, University Park Press, p. ix.（in Forword）　なお、Hagg, H. は、これについて7点を記しているが、内容の類似性を踏まえて四点に整理して示した。

74 第2部 体育教師と体育の対象としての人間

第7章 体育教師とその哲学的基盤
―体育哲学と体育の原理―

体育教師が専門職であろうとするならば、そこには体育学の高さが要請される。先には、体育教師の専門科学である体育学を見てきた。この体育学は、いくつかの副次的専門科学によって構成される総合科学であった。その副次的専門科学の一つが、体育哲学である。ここでは、この体育哲学それ自体に目を向けてみよう。

1. 体育哲学と体育の原理

体育学の総体において、副次的専門科学は、それぞれが特有な機能や役割を有するのはいうまでもない。それでは、体育哲学にはどのような機能や役割があるのだろうか。

簡単に言えば、体育哲学とは、体育という事象を哲学的態度と方法によって研究する学問分野であり、実は、体育の原理論の構築が主要な役割なのである[1]。そこで、「体育の原理論」という表現について考えてみよう。

まず、「体育の原理論」の「原理」とは何であろうか。原理とは、Principle に対応する日本語である。この原理という用語は、実生活においては、あまり使われないかもしれない。あえてその使用例を探すならば、たとえばテコの原理や日本国憲法の三大原理あたりであろうか。この耳慣れない原理という用語について、少しだけ立ち入ってみたい。

さて、この原理は、一般的には認識原理と実在原理にわけられる。つまり、認識原理は、思惟や認識の確実な出発点を意味し、実在原理は事物・事象の存在や生起の本源を意味する[2]。それでは、体育の原理は、どちらをイメージしたらよいだろうか。ウェブスター Webster, R. W. は、次のように述べている；

　この Principle という用語は、語源的にみるならば、ラテン語の principium に由来する。この principium は、始原 begining、最初のもの primary、究極のもの ultimate、あるいは本来のもの original を意味する。それゆえに、この用語が哲学とのかかわりの中

で用いられるときは、何かの本質を意味することとなる。… われわれが論じようとするこの principle という用語は、不変 uniform 的で、かつ普遍 universal 的なものであるため、それは行為や方法を導くうえで大いに役に立つだろう。われわれがこの principle という用語の原初的な意味を踏まえて、それを体育の哲学に関連させるならば、次のような基本的な見解に到達する。Principle とは、すくなくとも、それは行為や方法を導くうえでの指針を提示し得る根源的な真理である[3]。

　まさに、体育の原理とは、体育の本質であり、体育の根源的な真理といえよう。体育における具体的な指導行為や方法は、ここから導かれてくる。従って、体育の原理とは、体育についての認識原理を意味し、体育についての「思惟や認識の確実な出発点」である。すなわち、体育の原理は、体育がそれによって成り立つところの根拠、体育の体育たる根拠、さらには正しい体育のあり方を導くための根拠といえよう。

　ところが、川村英男は、体育の現状をかんがみて、次のように警告する[4]。日常生活のみならず、体育においても、われわれの周囲は、なんら信頼すべき根拠を持つことなく、あるいは単に慣習によって、あるいは疑わしい伝承によって処理されている事柄がたくさんある。「われわれは科学の時代に住んでいるが、それにもかかわらず迷信やおかしな慣習の中に生活している」のである。もちろん慣習や伝承、あるいは経験のなかには、われわれの日常生活や専門的な仕事をしていくうえで尊ぶべきものも多い。しかし、あらゆる面において科学的な処理が進んでいる今日、とくに専門的な仕事においては、独断的な判断や疑わしい慣習を無批判に受け入れることは、時に誤りを犯しかねず、はなはだ危険である。そのうえで、川村は次のように述べる；

　　理論や原理を不要のようにみる人々は、地図を持たないドライバーである。すなわち、車を走らせることは知っていても、どこを通ってどこに行くかも知らないドライバーなのである。道路の状況もわからず、全行程のどこにいるのか、その位置も知らず、目の前の道を走ることは無謀に等しい。この地図にあたるものが、原理である[5]。

76　第2部　体育教師と体育の対象としての人間

　さらに、ウィリアムス Williams, J. F. は、体育と原理の関係について、次のように述べている；

> In the light of varied and highly diverse programs of physical education,
> it is apparent that guides are needed.
> Such guides for any profession are the principles of the profession
> to which all its members can refer;
> they are a compass at all times, a light to the inexperienced,
> an assurance to those in doubt[6].

　体育は、人間の生存や生命に直接かかわりを持つがゆえに、そのために選択される身体運動、そしてその指導については、正しい指針、つまり原理が必要なことは改めていうまでもない。原理を持たないものは、正しい教育者でも、指導者でもない[7]。そして、これが専門職としての体育を規定するのである。ウェブスターは次のように述べる；

> 　ある職域が専門職 profession と呼ばれるためには、それが高い水準の健全な原理 high standard and sound principles に基づいていなければならない。これこそが、専門職としての品位 dignity や真価 worthiness、そして敬意 respectability を獲得しえる唯一の道なのである[8]。

　体育が、専門職であるかぎり、そして専門職であろうとするかぎり高い水準の健全な原理を持たなくてはならない。そのような原理の探求こそが、体育哲学の役割なのである。

2．体育の原理とその機能

　体育の原理とは、体育の本質であり、体育の根源的な真理であった。ここで改めて、体育の原理の機能に目を向けてみたい。実は、体育の原理の機能は、主に次の

第7章　体育教師とその哲学的基盤−体育哲学と体育の原理−　77

三点に集約される⁽⁹⁾。それは、先に見たように、基本的には認識原理としての機能、
そしてそれが体育実践に対して根拠を与える実践原理としての機能、さらにはそれが
体育学に対して秩序を付与する統合原理としての機能である。その各々を、個別に
みていきたい。

（1）認識原理としての機能

　体育の原理は、体育の本質であり、そして体育の根源的な真理であるため、そ
れは体育についての思惟や認識の確実な出発点となる。体育についての思考の全て
がここから立ち起こり、そしてここに立ちかえってくる。

　また、体育は、単なる身体運動ではなく、そこには確かで正当な目的が存在す
る。体育の原理は、体育の目的の構成に対して確かな基礎を与え、方向を示して
くれる。それでは、体育は、何をめざすのか。たとえば、社会が要請する「人間像」
は時代や社会状況によって異なる。体育の目的は、そのような流動的で可変的な
「人間像」に基づいて規定するべきでない。

　それでは、体育の目的は何に基づいて構成されるべきなのであろうか。体育は、
つきつめていけば人間が人間に対して行う営みの一つである。したがって、体育の
目的を構成していくうえでは、人間それ自体についての適正で妥当な知的理解、
つまり人間理解が重要な基点となる。人間とは何か？人間とはいかなる存在である
のか？これについての認識を欠いた目的は、根無し草のようなものである。

　体育の目的は、本来、これを踏まえて構成されていく。これは、体育の原理の、
認識原理としての機能である。

（2）実践原理としての機能

　日々の体育の指導実践は、正当な目的に向かって構成されていく。それは体育
教師の思いつきや気まぐれであってはならず、ひとつひとつの指導実践には目的を
達成するために設定された具体的な目標が存在する。そして、その目標を達成する
ために、指導内容や指導方法が構成されていく。

　体育の原理は、常に体育の指導実践に対して基準を提供し、指導実践現場のダ

78 第2部 体育教師と体育の対象としての人間

イナミクスにおいて、向かうべき方向性を照らし出していく。これは、体育の原理の、実践原理としての機能である。

（3）統合原理としての機能

　体育学は、比較的新しい学問ではあるが、時代の進展とともにどんどん発展し、その副次的専門科学も次第に多くなり、さらには研究課題の細分化と尖鋭化によりそれぞれが特有に分化している。しかし、これらの細分化された最先端の研究成果は、そのままでは体育実践に適用できないため、体育の原理に照らして意味づけられ、批判され、そして統合される必要がある。

　これによって、その研究成果は体育学の体系に位置づけられ、やがて体育の指導実践へと生かされていく。このような個々の研究成果に対する意味づけや批判は、体育の原理の、まさに統合原理としての機能である。

3．体育の原理論の構成とその問題領域

さて、体育哲学の主要な課題は、体育の原理論の構築にある。それではこの体育の原理論とはどのようなものであるのだろうか。この原理論とは、ユークリッドEukleides の『幾何学原論 Stoicheia』に典型例をみることができ、少数の根本命題から出発して、純粋に演繹的な展開がなされた体系的理論をいう[10]。佐藤は、次のように述べる；

　　体育の原理論をより厳密に捉えるならば、「体育とは何か」という問いに対し、基本
　概念を基点としつつ論理的に展開する方法論によって構成された体系的理論ということ
　になる[11]。

体育の原理論とは、端的に言えば、体育の本質論を中核としつつ、関連の問題領域を包摂しながら、純粋理論性から実践性への拡がりを有する一つの体系を構成する。

　ここでは、体育の原理論の基本的な構成を提示したい。そこには、主に次の七つ

第7章　体育教師とその哲学的基盤－体育哲学と体育の原理－　79

の問題領域が体系的に存在する[12]。

（1）体育本質論

　これは、「体育とは何か」という原理論的問題設定を主題的に探求する領域である。体育の本質は経験の集積から導かれることは困難であり、やはり理性的な推論によって導かれなくてはならない。「体育とはなにか」という問いに「概念の同一的で不変的な意味」のレベルで答えていくことが要請される。

（2）体育対象論

　体育は、基本的には、指導を行うものと、指導を受けるものとの関係において成り立つ。体育において適正な指導を試みようとするならば、指導を受けるもの、すなわち体育の対象を明らかにすることが必要となってくる。体育の対象は、モノではなく、児童・生徒、つまりは人間である。

　それでは、人間とは何であろうか。体育は、その対象の特性に応じた適切な指導をおこなわなければ、目的が達成されないばかりか、その生命や人格さえも脅かしかねない。体育においても、その対象である人間についての学的理解は重要な問題である。

（3）体育可能論

　これは、体育の教育としての可能性を探求する領域である。体育は、一人一人の身体のみならず、その全人格をもひきうける重大な教育的営為である。そして、それは身体運動文化、あるいは身体運動を媒介として行われる。この身体運動文化あるいは身体運動に秘められた教育的可能性については、現在、研究の途上にある論争的課題である。

　おそらく体育は、健康や体力、運動技能の向上等を超えて、遥かに豊かな可能性を有している。ところが、それに無頓着なのが、案外、体育関係者であったりする。

80　第2部　体育教師と体育の対象としての人間

（4）体育目標論

　体育の目標は、究極的な目的を達成するために設定されていく。目標設定においては、一定の体系性が重要であり、大きな目標に到達する道筋として下位の目標が構成されていくこととなる。そして、それは対象の特性に即応して調整されなくてはならない。

（5）体育内容論

　体育においては、設定された目標を達成するために、それに適した内容が選定され、教材として構成されなくてはならない。体育においては、身体運動文化やスポーツを用いることが多い。

　ただし、ここで重要なことは、それの目標に対する有意義性である[13]。全ての身体運動文化やスポーツが、そのまま目標に対して有意義であるわけではない。身体運動文化やスポーツは、その目標に対する有意義性の吟味を経て、ようやく体育の教材化の手続きに入っていく。

（6）体育方法論

　体育においては、設定された目標を達成するために選定された内容を、児童・生徒に指導する。それでは、どのように指導すれば、その目標を合理的に達成することができるだろうか。体育においても、古くからさまざまな指導方法がとられてきた。この指導方法を誤れば、おそらく児童・生徒は、その目標を達成することができない。児童・生徒のためにも、指導方法は適切でなければならない。この指導方法の原理を探求するのがこの領域である。

（7）体育評価論

　体育においては、設定された目標に応じて内容を選び、それをある方法によって児童・生徒に指導する。そして、指導の結果として「できる」、「できない」が生じてくる。客観的成果は、とても冷酷である。しかし、このような冷酷な二分法で、彼らの学習成果を評価できるのであろうか。

第7章　体育教師とその哲学的基盤－体育哲学と体育の原理－　81

　評価は、基本的には、設定された目標とその学習成果あるいは学習による能力の変容の関係からなされる。体育は、かつての体力章検定のような一定の規格を保証するものではない。そもそも体育は身体運動能力の向上に尽きるものではないだろう。従って、体育においては、ことにこの評価について慎重であるべきである。

　また、この評価は、本来は、体育教師の指導過程に対する反省材料としていかされるべきである。児童・生徒の学習成果の程度は、体育教師の授業構成や指導方法等の妥当性や適切性の程度を物語っている。評価は、決して児童・生徒の選別のためだけにあるわけではない。体育を専門とするものは、この点を失念してはならない。

　これまで体育の原理論の、基本的な問題領域をみてきた。これらの問題領域は、体育本質論を起点としつつ、その論理的抽象性の程度に従って、理論性から実践性への拡がりを有しながら、その体系を構成することとなる。そして、その方向性は、理論性が一方的に実践性を規定するような一方通行ではなく、実践性から理論性へ向かう方向性も存在する。体育の原理論も、体育本質論を中核としながらも、総体としては一つの動的な連関なのである。

4．体育の原理とそれの探求に向けて

　体育の原理論は、なによりも「体育とは何か」という原理論的問題設定に対する解に起点があることはいうまでもない。従って、体育哲学が体育の原理論を構築するためには、この「体育とは何か」という原理論的問題設定と誠実に取り組まなくてはならない。しかし、それが体育の本質であり、体育の根源的な真理についての問いである以上、安直な解に身を委ねることは許されない。なぜならば、それが体育という限定においてであるにせよ、真理への道であるからに他ならない。それでは、人々はどのようにして真理に近づき得るのだろうか。

　体育の根源的な真理についても、おそらくその全体を知ることは困難である。しかし、それぞれの立脚点から、知的に接近していくことはできる。その道が正当であるならば、やがて体育の根源的な真理についての、部分的ではあるにせよ、優れた認識

82 第2部 体育教師と体育の対象としての人間

を得ることができるはずである[14]。そして、それぞれの優れた認識を批判的に精査しながら、体育の根源的な真理が見えてくるのではないだろうか。かのクセノパネスXenophanes は次のように述べる；

　　　　まことに神々は、すべてのことを最初から人間どもに明かしはしなかった。
　　　　人間は探求しつつ、時とともによりよきものを発見していくのだ[15]。

　従って、さしあたり体育の原理論の構築は、体育の根源的な真理の究明に向けて、それぞれの立脚点から探求していくことから始めなくてはならない。

　それでは、そのような探求はいかにして為されていくのであろうか。まさに、それは哲学的態度と方法の問題である。この哲学的態度と哲学的方法については改めて別の章で扱うこととしたい。

【引用及び参考文献】

（1）佐藤臣彦（1993）身体教育を哲学する，北樹出版，p. 13.

（2）哲学事典，平凡社，p. 458.

（3）Webster, R. W.（1965）Philosophy of physical education, WM. C. Brown Co., p. 148.

（4）川村英男（1973）体育原理，杏林書院，p. 8.

（5）川村英男（1985）改訂体育原理，杏林書院，p. 20.

（6）Williams, J. F.（1964）The principles of physical education, W. B. Company, pp. 15-16.

（7）川村英男（1985）改訂体育原理，杏林書院，p. 20.

（8）Webster, R. W., op. cit.,（3），p. 149.

（9）川村英男，前掲書，（4），p. 9.

（10）佐藤臣彦，前掲書，（1），p. 12.

（11）佐藤臣彦（2006）体育哲学，日本体育学会編，スポーツ科学事典，平凡社，p. 604.

（12）前川峯雄（1981）体育原理，大修館，pp. 4-7.

（13）Spranger. E.（1933）Umrisse der philosophische Padagogik, GS, 2, S. 24.

（14）James. W.（1904）Talks to teachers, Henry Holt and Company, p. 264.

（15）Diels, H.：内山勝利他訳（1996）ソクラテス以前哲学者断片集，第1分冊，岩波書店，pp. 275-276. 断片 18

第8章　体育の対象としての人間
―児童・生徒の人間存在―

まず、体育の関数論的定義を想い起こしてほしい。この定義の構成要素の一つが被作用項、より具体的には児童・生徒であった。ここでは、この児童・生徒を適正に理解するために、人間という存在にまで遡って検討していきたい。

1. 体育学と人間学的問題設定の必然性
―体育学の課題としての人間理解―

体育において児童・生徒は、例えば走ったり、跳んだり、楽しそうにボールを投げたり、さまざまな姿をみせてくれる。それでは、体育において、そのような児童・生徒とはどのような存在であるのだろうか。これを探っていくために、最も重要な大前提を確認しよう。川村英男の言葉である；

体育の対象は人間である[1]。

このことは、全くもって当たり前のことであるが、案外、見失いがちである。体育の授業においては、時々、スポーツの技術体系に執心したり、その身体運動の出来栄えや完成度に目を奪われ、その児童・生徒の人間存在が見えていないこともあるだろう。体育の対象は、スポーツやその出来栄えではなく、現実に存在する目の前の児童・生徒一人一人、つまりは人間それ自体なのである。

それゆえに、体育を精緻に理解しようとするならば、体育の対象である人間を適正に理解しなくてはならない。川村英男は、次のように述べる；

体育を理解するためには、まず「人間とは何か」についての理解が必要であろう。しかし、われわれ人間が自分自身を認識することは実際には極めて困難なことである。それにもかかわらずこの困難な仕事を回避しえないのは、体育の真の意味を捉えるうえで、人間についての認識なしには不可能だからである。…そこで、改めて「人間とは何か」

84 第2部 体育教師と体育の対象としての人間

ということを考えてみる必要がある。そもそもこの問題は、われわれ人間にとって最も大きな関心事であって、古来、哲学の重要な主題であった。おそらくこれは、われわれ人間の永遠の課題であるとともに、体育学にとってもまた永遠の課題であるといえよう[1]。

さて、この「人間とは何か」という問い、これは人間の本質についての問いであり、一般に人間学的問題設定 anthropologische Fragestellung と呼ばれている。そして、それについての探求によって導かれた解は、人間理解 Menschenverständnis と呼ばれている。実は、体育の本質論は、この人間理解と原理的な関係がある[2]。フリットナー Flitner, W. ならば、次のように表現するだろう。

　　体育についての省察と人間理解は、全く結び付いている[3]。それゆえに、体育学は、
　　人間を理解することによって、体育を明晰に把握し得るようになる[4]。

従って、体育の真の意味を捉えるうえで、この人間理解が不可欠となる。この人間理解こそが、体育の本質を精緻に論じていくうえで、とても重要となるのである。そこで、改めて考えてみたい。「人間とは何か？」
たとえば、旧約聖書に次のような表現を見いだすことができる。

　　神はまた言われた「われわれのかたちにかたどって人をつくろう」…神は自分のかたち
　　に人を創造された[5]。

この聖言は、神の似姿 Bild としての人間理解である。これはながいこと西欧キリスト教文化圏の人間学的思想の基点であった。しかし、これが人間理解の全てではない。「人間とは何か？」それは、哲学においても伝統的な問題の一つである[6]。実は、多くの哲学者がそれについて取り組み、多様な知見を提起してきた。そこには、たとえば、次のような形式がみられる。

第8章　体育の対象としての人間 ―児童・生徒の人間存在― 85

○「人間は理性的動物である（ソクラテス）」
○「人間は社会的動物である（アリストテレス）」
○「人間は考える葦である（パスカル）」
○「人間は欠陥動物である（ゲーレン）」
○「人間とは自らつくりあげるところ以外の、何ものでもない（サルトル）」[7]
○ 他にも、「ホモ・ログエンス」、「ホモ・ルーデンス」、「人間機械論」等々。

　さて、哲学における人間学的知見のこのような多様性は、人間理解という課題の困難性をあらわしている。人間は永遠に問いに付され、その本質を究めつくすことが難しい。従って、体育学が、人間理解をもとめて無分別に哲学の大樹林に分け入るならば、人間についての不連続で不統一な知見の山積に埋没し、迷い続けることであろう[8]。
　しかしながら、体育の本質論が人間理解と原理的な関係を有するがゆえに、それが困難な課題であるとしても、この問いを放棄することはできない。体育学における人間理解、すなわち体育学的人間理解の問題は、まぎれもなく体育学の重要な課題なのである。体育学は改めてこの人間学的問題設定を、自覚的に提起しなくてはならない。

2．体育学における人間学的探求と体育学的人間理解

　体育学が人間学的問題設定を自覚的に提起し、体育学的人間理解の究明に努めようとするならば、まずは体育における児童・生徒一人一人の具体的な生に立ち戻ってみる必要があるだろう。体育において彼らは、例えば走り、跳び、息を切らしながらボールを追いかけ、ゲームに没頭し、勝利に心から歓喜する。体育においても彼ら一人一人の生は実に多様である。そして、それらはどれもが体育学的人間理解において有意味である。
　そこで、体育学はそのような一人一人の生の多様性を、統一性において整序するために、フリットナー[9]に従い、次の四つの視点を設定した。

86 第2部 体育教師と体育の対象としての人間

○第一の視点：生物的視点

○第二の視点：文化的視点

○第三の視点：精神的視点

○第四の視点：人格・実存的視点

　体育学的人間理解の探求は、まずこの四つの視点から、体育における彼らの生の諸現象を照射することから開始されるのである。

（1）体育学的人間理解と人間存在の生物的次元

　体育学的人間理解の第一の視点は、生物的視点である。これによって、人間存在の生物的次元が照射される。

　そもそも人間は、まずもって生物的な規定性から逃れることができない。体育においても一人一人は、何よりもまず生物という生命体であることに他ならない。従って、体育における彼らの生は、まずは生物学的合目的性、つまり生命維持・促進から捉えられていく[10]。

　たとえば、彼ら一人一人の生理的諸機能の発達や形態的な成長、生命体としての防衛機構の向上、ホメオスタシス、さらにはランニング中の発汗や心拍数の上昇と呼吸数の増加、トレーニングによる超回復など、これらはまさに人間存在の生物的次元に位置づけられる生の諸形式といえよう。

　この人間存在の生物的次元は、体育学的人間理解において、基底的な位置づけを担うことであろう。

（2）体育学的人間理解と人間存在の文化的次元

　体育学的人間理解の第二の視点は、文化的視点である。これによって、人間存在の文化的次元が照射される。

　人間は誰しもが所与の文化の中に生まれ、その文化の具体的な形式を受容し、それを内面化し、それらによって生を実質的に営んでいる[11]。この文化の受容と内面化には、特に教育における文化伝達という機能が大きく介在することはいうまでもない。

われわれの日常的な言語活動や直立二足歩行さえも、この文化伝達が介在している。

　体育においても児童・生徒は、いわゆる身体運動文化へと導かれ、それを受容し、そして内面化することによって、自らの生に身体運動文化を実現していく。体育においてみられる一人一人の身体運動、たとえば野球の投球やテニスのラケットスイングも、まさに文化的次元の生に他ならない。

　また、体育においてみられる一人一人の身体も、往々にして生理的に説明され得るにせよ、それはむしろ文化によって身体的行為能力へと形式化されていることを失念してはならない[12]。それは生理的身体ではなく、もはや文化的身体である。たとえば、走る、跳ぶ、投げるといった身体運動や、日常的な立居振舞からお辞儀等の諸々の身体技法[13]、あるいは細かい身体所作に至るまで、所与の文化によって形式化されたものである。

　人間は、このようにして文化の諸形式を受容・内面化し、その人間存在にそれらを累積していくことによって自らの生を効率化し、さらにはその可能性を拡充し続けていく。

　従って、体育における彼らのスポーツ的な身体運動現象や身体運動技能等は、決して生物的次元ではなく、人間存在の文化的次元において論じられる。それ故に、体育における一人一人の具体的な生、たとえば走ったり、跳んだり、ボールを投げたり、といった身体運動の一つ一つは、生物的次元ではなく、むしろ文化的次元において把握されなくではならない。

　体育において、人間存在のこのような文化的次元は、指導対象や教授対象として大きな意味を持つ。従って、体育学的人間理解において、この人間存在の文化的次元を適正に位置づけていくことが求められよう。

（3）体育学的人間理解と人間存在の精神的次元

　体育学的人間理解の第三の視点は、精神的視点である。これによって、人間存在の精神的次元が照射される。先にあげた生物的視点と文化的視点は、人間存在を、いわば外側から眺める視点であったが、この精神的視点とは、人間存在をいわば内側から眺める視点である。

88　第2部　体育教師と体育の対象としての人間

　一般に、精神とは、心理や情動といった神経生理的なものではなく、内的な自我の能動的で理念的な働きといえる(14)。もちろん、この精神の働きは多様であるが、人間は、これによって外界の事物や事象、現象、あるいは他者や自分の生き方に価値や意味を見出し、そしてそれを享受することができる。つまり、人間はこれによってようやく価値や意味とかかわり、その生を創造的に営んでいくことができるのである。

　たとえば、人間は音程の配列に調和美を見出すことでバッハ Bach, J. S. やモーツアルト Mozart, W. A. の楽曲を味わい、筆致の複合に何らかの意味を認めることでボッティチェリ Botticelli, S. やフェルメール Vermeer, J. の絵画を愉しんできた。そればかりではない。人間は、その生命の危険を冒してまでもアイガー北壁に挑み、その使命感のみによって未開地医療に生涯を捧げ、あの収容所の悲劇的状況においてさえも受刑の身代わりを申し出、その獄中においても死に慄然とする囚人達を励ましもする。

　このような生は、生物的な生や文化的な生には回収され得ない、まさに精神的な生 geistige Leben(15)、すなわち価値＝意味探求的な生のありかたである。これこそが、人間存在の精神的次元であるだろう。

　それでは、体育における彼らの精神的次元の生とはどのようなものであろうか。ごく単純化して図式的に表現すれば、次のようになるだろう。

　体育においても彼らは生物的次元、あるいは文化的次元のみならず、その精神的次元においても生を営んでいるのは言うまでもない。そして、体育の具体的状況においてこの精神的次元が活性化されれば、その生が外界や対象の中に価値や意味を模索しながら理念的に突き進んでいくだろう。

　たとえば、体育において、彼らはスポーツの文化形式と出会う。そこで、彼らがそこに価値や意味を感知することができれば、その素晴らしさに「心が動かされる」ことがあるだろう。そして、その時、彼らはその価値や意味を、独自の価値感受性と内的現実に即して翻訳的に受容し(16)、これによってその精神的次元がみたされ、内的充実や幸福を享受する。これは、価値体験 Werterlebnis と呼ばれている、とても重大な出来事である(17)。

　従って、体育において彼らは、たとえばスポーツを生物的に行っているというより

第8章 体育の対象としての人間 —児童・生徒の人間存在— 89

は、むしろ精神的に、つまり価値＝意味探求的に行っているといえる。野球を心から楽しんだり、バレーボールを行うことで充たされたり、それらはまさに精神的な生の有意味な瞬間なのである。体育においても彼らは一人一人が、その精神的次元において価値や意味に開かれているのである。

　さて、ここで人間存在の精神的次元を把握するために、この価値体験にもう少し目を向けておく必要があるだろう。この価値体験は、たとえばスポーツに秘められた特有の価値や意味によって一人一人を内的充実や幸福に動かしていくが、そればかりではない。実は、一人一人は、この価値体験によってその特有の価値や意味を自らの精神的次元に受け入れていくのである。これによって、人間の精神的次元には特有の内的価値世界が構成されていく。

　そして、この内的価値世界はそのような価値体験を重ねながら、より高次なものへと再構成されていく。まさに、この高まりゆく内的価値世界こそが、「私」という存在の中で育つその人の独自のよさであり、これこそが真の「自己Selbst」である。そして、それは「私」という存在の本質であり、さらにはその時々の人格的可能性となる。つまりこれは、一人一人の人間存在に秘められた本来的実存　eigentliche Existenz とも表現されている[18]。

　従って、体育における数多くの価値体験は、人間の本質を豊かに耕し、その人格的可能性を価値形成的に高めてくれる。つまり、体育において彼らがバスケットボールを、バレーボールを、そしてラグビーフットボールを心から楽しみ、その精神的次元が有意味に充たされていくならば、これによってその本質が豊かに高まりゆくのである。

　この次元を見過ごすならば、体育は人間の本来的な生の現象を見誤るだろう[20]。体育学は、体育が教育であることの真意において、人間存在のこの次元を重視しなくてならない。従って、体育学的人間理解において、人間存在のこの精神的次元をその中核に位置づけていくことが求められよう。

（4）体育学的人間理解と人間存在の人格・実存的次元

　体育学的人間理解の第四の視点は、人格・実存的視点である。これによって人間存在の人格・実存的次元が照射される。

90 第2部 体育教師と体育の対象としての人間

この人格・実存的次元とは、あの精神的次元において耕され、そして高められた特有の人格的可能性が、その人間存在に具体的な形式で実現されていく次元である。

体育においても、彼らの精神的次元は、その人間存在の本質ではあるが、あくまでも無形の人格的可能性であるに過ぎず、それがそのまま具体的な人間存在そのものではない。この具体的な人間存在とは、ある状況において、その生物的次元と文化的次元のありように制約されながら、その人格的可能性が具体的な形式で実現された現存在 Dasein である[21]。それは、まさに具体的状況における人格的な行為や振る舞いといってもよいだろう。実は、体育における彼らの現存在は、その具体的状況において、あの人格的可能性を源泉として立ち現れていく。これが、存在形成 Daseingestaltung である。

しかしながら、現実世界は全くの無菌状態ではないため、その具体的な状況にあっては、その存在形成において人格的可能性と現存在が同値であることは難しい。一人一人はその本質に独自の豊かさを秘めていたとしても、体育の具体的状況がもたらす数々の制約や圧迫によって、その豊かさが疎外されたり、歪められたりすることもある。従って、体育の具体的状況においても、その人格的可能性の豊かさを実現するためには、自らを制約し、圧迫する具体的状況を乗り越えなければならない。体育においても、彼らの存在形成は、具体的状況とのある種の戦いに喩えられていく。

かりに、この戦いがうまくいかなければ、その人格的可能性の豊かさが疎外され、その人間存在に歪曲した虚偽の形式で実現されることとなる。たとえば、ゲーム場面でのアンフェアなプレイやその人間性が疑われるような低劣な行為等、そのような低次元の振る舞いは、おそらく彼自身の豊かさが具体的状況によって歪められた虚偽の姿であるだろう。その真の豊かさは、残念なことに、そのような拙い現存在に埋没している。

ところが、この戦いがうまくいけば、その人格的可能性の豊かさがその人間存在に具体的な形式で実現されていく。その具体的状況において、彼らは、価値や意味の人格態として現実世界に立つのである。この時、体育の具体的状況において、彼らは自らの本質の豊かさに相応しい振る舞いをするだろう。ここにおいて、ようやく人格の達成をみることができる[22]。そしてわれわれは、そこにフェアネスやエレガンス、

第8章　体育の対象としての人間 —児童・生徒の人間存在— 91

優美さ、高潔等をみるかもしれない。これが人格的実存 persönlichen Existenz である[23]。

体育においても、一人一人が具体的状況の制約や圧迫に屈することなく、その本質の豊かさに相応しい人格の達成が期待される。体育においても、それが教育である限り、最も重要なことは、その人格に実現された価値の高さであり、生き方や振る舞いの美しさである。聖人君子の振る舞いではなく、その人なりの豊かさの実現でよい。

やはり、人間は、その豊かさに応じて美しくあるべきである。体育においても、それが教育であることの真意において、身体運動やスポーツの具体的状況においても、一人一人がその豊かさに応じて気高く振舞うことを教え、自らを低めるような存在形成を戒めなくてはならない。

従って、体育の教育としての究極的な追求対象は、ここに、すなわち人間存在の人格・実存的次元に存在する。実は、この次元は、これまでの三つの次元を前提としつつ、それらを統合する次元でもある。体育学的人間理解においても、人間存在のこの人格・実存的次元を最高位に位置づけていくことが求められよう。

3．体育学的人間理解の構成 —体育学におけるアルキメデスの点—

これまで、体育学的人間理解を、あの四つの視点から試みてきた。体育学的人間理解は、それぞれの視点から照射された人間存在の四つの次元、すなわち生物的次元、文化的次元、精神的次元、そして人格・実存的次元から構成されることとなる。体育学的人間理解においても、人間存在のそれぞれの次元は有意味であり、そして正当である。

ただし、体育学が彼ら一人一人の生の多様性を統一的に把握するためには、それぞれに等価な重要性を認めたうえで、それぞれが有機的な相互補完を保ちつつ、重層的に捉えるほうが有効である[24]。

従って、体育学的人間理解は、人間存在の全体において生物的次元を基底層に、順に文化的次元、精神的次元、最上位層に人格・実存的次元を位置づけることによって構成される重層的な円錐構造を示す。この人間存在の四階層から構成される円錐構造が、体育学的人間理解の観念模型である。

図 9-1　体育学的人間理解

　体育学は、この体育学的人間理解を基点とすることによってのみ、体育の真の意味を捉えることができるだろう。まさに体育学的人間理解は、体育の本質論を規定する人間学的原理である。体育学における全ての認識がここから構成され、あらゆる体育学的問題はここに立ち還り、検討に付されていく。
　体育学は、ここをアルキメデスの点としなくてはならない。

【引用及び参考文献】
（1）川村英男（1966）体育原理，杏林書院，p.75.
（2）Gerner, B.（1974）Einführung in die Pädagogische Anthropologie, Wissenschaftliche Buchgesellschaft, S.18.
（3）Flitner, W.（1950）Allgemeine Pädagogik, Ernst Klett, S.13.
（4）Flitner, W.（1933）Systematische Pädagogik, Ferdinand Hirt, S.28.
（5）旧約聖書「創世記」第一章 26.
（6）哲学事典，平凡社，p.1065.
（7）Sartre, J.P.（1968）実存主義とは何か，人文書院，p.17.
（8）Cassirer, E.：宮城音弥訳（1982）人間－この象徴を操るもの－，岩波書店，p.30.
（9）Flitner, W., a.a.O.,（3）, S.28-54.
（10）Flitner, W., ditto, S.32.
（11）Flitner, W., ditto, S.54.
（12）Gehlen, A.（1985）人間－その本性および世界における位置－，法政大学出版局，p.152.
（13）Mauss, M.：有地亨訳（1974）社会学と人類学，弘文堂，p.122.

第8章　体育の対象としての人間 ―児童・生徒の人間存在―　93

　　身体技法 techniqes du corps とは、モース Mauss, M.（1872-1950）の用語法であり、「それぞれ
　　の社会で伝統的な態様でその身体を用いる仕方」を意味する。

(14) 哲学事典，平凡社，p. 804.　あるいは哲学辞典，尚学社，p. 279.

(15) Spranger, E.（1922）Lebensformen, Max Niemeyer, S. 14.

(16) Flitner, W., a. a. O.,（3）, S. 45.

(17) Spranger, E., a. a. O.,（15）, S. 21-22.

(18) Spranger, E., ditto, S. 53.

(19) Flitner, W., a. a. O.,（3）, S. 53.

(20) Flitner, W., ditto, S. 47.

(21) Flitner, W., ditto, S. 47.

(22) Spranger, E.（1954）Gedanken zur Daseingestaltung, R. Piper & co. S. 19.

(23) Flitner, W., a. a. O.,（3）, S. 49.

(24) Flitner, W., ditto, S. 64.

(25) Flitner, W., ditto, S. 49.

(26) Flitner, W., ditto, S. 64.

(27) Flitner, W.（1954）Die vier Quellen des Volksschulgedankens, Ernst Klett, S. 110.

```
┌─────────────────────────────────────────┐
│        第3部 体育教材と                   │
│     その主な源泉としてのスポーツ          │
└─────────────────────────────────────────┘
```

まず、体育の関数論的定義を想い起こしてほしい。この定義の構成要素の一つが媒介項、より具体的には体育教材であった。この体育教材の源流は、基本的には、身体運動文化あるいはスポーツである。体育は、おおよそこの身体運動文化あるいはスポーツをその目的や目標に対する有意義性の吟味を経て教材化する。

従って、体育教材を適正に論じていくためには、この身体運動文化あるいはスポーツに関する一定の理解が要請される。ここでは、この身体運動文化とその一形式であるスポーツに目を向けていこう。

```
┌─────────────────────────────────────────┐
│     第9章   身体運動文化とスポーツ        │
└─────────────────────────────────────────┘
```

1. 身体運動文化と、その一形式としてのスポーツ

さて身体運動文化は、文化一般において、いわゆる身体文化の特定的な一領域である。そもそも文化とは、人間が創造した価値実現の歴史的総体であり、そこには音楽、絵画、文学、建築等、多くの分野がある。これについて人々は、たとえば、音楽ならば バッハ Bach, J. S. の「フーガ Fugue ト短調」やショパン Chopin, F. F. の「ポロネーズ polonez 第6番」など、絵画ならば ラファエロ Raffaello, S. の「アテナイの学堂 Scuola di Atene」やミレー Millet、J. F. の「落穂拾い Des glaneuses」など、文学ならば ゲーテ Goethe, J. W. の「ファウスト Faust」やシェークスピア Shakespeare, W. の「ハムレット Hamlet」など、そして、建築ならば「アルハンブラ宮殿 la Alhambra」や「ピサの斜塔 toree de Pisa」などを思い浮かべるだろう。あの身体文化は、そのような広大な文化の一領域である。

また、この身体文化自体も実に広い領域である。そこには、ミケランジェロ Michelangelo の彫像等に代表されるような身体芸術領域、おじぎや握手といった日

常的な所作に代表されるような身体技法領域[1]、宝飾の埋め込み等の身体変工領域[2]、美容的変工領域、芸能や呪術等の領域、そして人々の身体運動にかかわる領域が存在する。これが、身体運動文化である[3]。

　それでは、人間の身体運動文化とはどのようなものであるのか。実は、この身体運動文化には、おおむね次の四つの領域がある[4]。

①基礎的運動領域：立つ、歩く等の日常活動の基礎をなす身体運動文化。
②符号的運動領域：身振り、手振り、立居振舞等によって意味や情報を発信あるいは伝達する身体運動文化。
③作業的運動領域：楽器演奏や道具の操作等によって価値や意味を創造する技術改良的な身体運動文化。
④象徴的運動領域：スポーツやダンス等、人間の身体に内在する可能性の実現に本質がある自己目的的かつ技術改良的な身体運動文化。

　従って、この身体運動文化は、スポーツやダンス、野外活動、身体的遊びのみならず、立つ、座る、歩く、走る、跳ぶ、投げるといった日常的動作、さらにはレクリエーション、武芸、武道、舞踊、芸術、祭りなどの身体運動を中核とする活動、あるいは演劇や演奏、ボディランゲージ等をも文化として総括する概念である[5]。

　体育がそのような身体運動文化を媒介項に用いるという点で、体育教師は、その教育的意義と教育的可能性を精緻に把握しなくてはならない。その為にも、体育教師は専門職として、身体運動文化についての一定の理解を獲得しておく必要がある。とりわけ、ここでは身体運動文化の中でも、体育において教材として用いられることが多いスポーツに目を向けてみよう。

2．スポーツについての現代的概観

　「スポーツとは何か？」これはスポーツの本質についての問いであるが、これに対峙する前段階として、とりあえずスポーツについての大まかな認識を整理しておきたい。

96　第3部　体育教材とその主な源泉としてのスポーツ

（1）人間とスポーツ

　スポーツは最もポピュラーな文化の一つである。人々は、いたるところでスポーツを
楽しみ、スポーツを観戦し、スポーツの話題に興じる。それでは、スポーツは人々に
何をもたらしてくれるのだろうか。ロイ Loy, J. R. 等によれば、人々は、スポーツに
おいて次のような経験が可能であるという[6]；

　①美的経験 an aesthetic experience
　　身体の動きにおいて優美さや崇高さ、そして調和美などを経験
　②苦行経験 an ascetic experience
　　長期の鍛錬等にみられる苦しさやつらさ、そして厳しさなどを経験
　③カタルシス経験 a cathartic experience
　　抑圧やがまんからの解放による気晴らしなどを経験
　④戦闘経験 a combative experience
　　敵、標的、獲物に対する戦いを経験
　⑤環境経験 a environment experience
　　山や水、氷、雪のような諸要素とその克服を経験
　⑥運だめし経験 a fortuitous experience
　　運に身を委ね、結果としての幸運や不運を経験
　⑦健康経験 a healthful experience
　　自分の健康を享受する経験
　⑧身体接触経験 an experience of physical contact
　　他者との身体接触を経験
　⑨技能的パフォーマンス経験 the experience of skilled performance
　　パフォーマンスにおける習熟や熟達を経験
　⑩社会的経験 a social experience
　　他者と会ったり、他者との交流において楽しさを経験
　⑪戦略的経験 a strategic experience
　　戦術や戦略の実証とその効果を経験
　⑫めまい経験 a vertiginous experence
　　高速や目まぐるしい動きの変化やスリルを経験

第9章　身体運動文化とスポーツ　97

　スポーツは人々に多様な経験を提供してくれる。そして、それぞれが、その生の瞬間を豊かにしてくれるだろう。われわれは、スポーツの文化としての可能性を正しく知らなくてはならない。

　そこで、われわれがスポーツの可能性を知るためには、このスポーツの本質を模索する必要があるだろう。

（2）スポーツの分類

　ここでは、スポーツの本質を模索するための第一段階として、スポーツを類型化してみたい。これによって、スポーツの形式上の特徴が見えてくるだろう。

　まず、人々は何をスポーツと呼んでいるのだろうか。スポーツも人類が創造した価値形象の一形式であり、歴史的な過程において人類によって継承・発展され、現在に至っている。無論、歴史的な過程において消失したものもあるが、現存するスポーツは人類の価値吟味に耐え残ったものであり、かつそこから新たに生まれ出でたスポーツもある。今日では、スポーツはまさに多種多様であるだろう。

　そこで、そのようなスポーツを整理するために、マッキントッシュ MacIntosh, P. は、スポーツを次の四つに分類した[7]。

　①競技スポーツ competitive sport
　　対戦相手と、特定の身体運動技能の優越性を競う形式のスポーツ
　②闘技スポーツ combat sport
　　対戦相手に対して、身体や剣・竹刀等との直接的な接触を通して、特定の身体運動技能の優越性を競う形式のスポーツ。
　③克服スポーツ conquest sport
　　対象が自然的物理的環境などであり、それを自分の力で克服することを目的とする挑戦的な要素の強いスポーツ
　④表現運動 expressive activity
　　ある理念や価値あるいは意味等を、身体の動作を使って表現する身体運動

　このマッキントッシュの分類は、スポーツを整理するうえで有効である。ただ、現代のスポーツ状況はさらに多岐に拡がりつつある。人々は高度に発達した社会におい

98　第3部 体育教材とその主な源泉としてのスポーツ

て、その楽しみ方や参加目的も多様になってきている。このように考えるならば、1975年にヨーロッパ評議会のスポーツ閣僚会議において採択された「ヨーロッパ・スポーツ・フォア・オール憲章「The Sport for all charter」を踏まえ、このマッキントッシュの分類に、少なくとも次の二つの形式を追加するのが適当であるだろう。

　⑤野外活動 outdoor activiity
　　克服スポーツに近いが、挑戦を志向しないで、自然との調和・和合を楽しもうとする活動。
　⑥調整的活動 conditioning activity
　　心身の調子の調整や改善のために行う活動。

　これまでスポーツを大まかに六つに分類してきた。スポーツについての各々の分類形式は、それぞれに特有の価値や意味が存在する。そしてそれぞれが代替不能である。われわれは、それらの全てを等価的に承認したうえで、スポーツの文化的な特徴をさらに探っていく必要があるだろう。

3. 「スポーツとは何か」という問いへの接近 ―スポーツの定義的特徴―

　これまで、スポーツの分類をみてきた。スポーツと一口に言っても、それは多様である。われわれは、このスポーツをどのように規定していけばよいのであろうか。そこで、いよいよ「スポーツとは何か」という問いに接近してみよう。

　まず、「スポーツとは何か」という問いは、スポーツの本質についての問いである。そこで、スポーツの本質を精緻に把握するために、まずはスポーツの語源からみておきたい。

　まず、スポーツの語源は、ラテン語 deportare に由来する[8]。この語の構成からすれば、「de」は、「(何々から) 離れる away」、「portare」は「(何々を)運ぶ carry」を意味する。従って、その原意は、「持ち運ぶ」、「移す」などであった。それでは、何をどこからどこへ「持ち運ぶ」のか。実は、それは、自分を仕事や労働といったまじめな日常的空間から非日常的空間に「持ち運ぶ」のである。

　さらに、この deportare は、古代仏語に流入し、やがて desport に変化する。この語は、たとえば、「仕事から離れること to carry away from work」、「労働をやめ

ること to cease from labour」、さらには「おもしろく遊ぶこと to amuse onself」
をも意味したようである。

　そして、それが中世英語に流入すると、やがてその動詞 disporte へと変化し、や
がて16〜17世紀には、それが名詞化した disport や sport が使われるようになった。
ディーム Diem, C. は次のように述べる；

　　　この sport という語は、英語を通じて世界にひろまったのであるが、本来、英国で生
　　まれたものでなく、フランス語からの借用語であって、おそらく11世紀に…ノルマン人
　　とともにドーヴァー海峡を渡ったものであろう。この語は元来、英国では disport ある
　　いは desport といわれた。おそらく17世紀以後、たびたび用いられているうちに前綴り
　　がすり減ってしまったものであろう[9]。

　したがって、スポーツという語は、deportare に暗示されているように、まじめな
こと（仕事）から人々を持ち去り、日常を離れて、何かに没頭することで気晴らしし
たり、遊び戯れることを意味した。われわれは、この語源的な理解に基づきながら、
スポーツをより精緻に把握する必要がある。

　それでは、スポーツについての概念はこれまでどのように規定されてきたのであろう
か。先に見たように、スポーツが語源的に遊びや気晴らしを意味していたことを踏ま
えるならば、そこには多くの事象や現象が包括されるだろう。例えば、マッキントッ
シュは、次のように述べる；

　　　スポーツは多くの点で、人間の生活に関係している。あまりに多すぎて、その概念を
　　定義したり、スポーツを規定していくことが困難となっている。…フランス語の語源から
　　すれば、人生の悲しみや深刻さからの気晴らしをスポーツと呼ぶ。それは山へ登ることか
　　ら、恋をすること、自動車レースから悪ふざけまでを網羅するのである。名辞としてのス
　　ポーツは、男性や女性、ゲーム、娯楽、動物を追いかけることや狩猟、闘争、冗談、
　　あるいはまた植物学上の変種までをも指しているのである[10]。

　スポーツの意味範囲がこのように広汎であるため、その概念規定はおそらく難しい。
しかし、スポーツのこのような多義性あるいは用途の広汎性にもかかわらず、これま

100 第3部 体育教材とその主な源泉としてのスポーツ

で、多くの研究者がスポーツの概念を規定してきた。ここでは、ジレ Gillet, B. の概念規定をみておきたい。

　　一つの運動をスポーツとして認めるために、われわれは三つの要素、すなわち遊戯、
　闘争、激しい肉体活動を要求する。その結果、われわれはスポーツという言葉からいっ
　そう制約された、しかしながら同時にいっそう高尚な観念を得るに至るのである。…今
　あげた三つの条件は、われわれが見いだそうと努めたスポーツの観念に適合する定義のう
　ちに必然的に入れるべきものである[11]。

　これは、一般に、ジレの定義と呼ばれているものであり、世界的に承認された共通理解となっている[12]。ただ、ここでの第二の要素つまり「闘争」については一考を要する。これは現代のスポーツを表現する言葉としては少し過激である。そこで、これを勝敗を競う、あるいは技能の優劣を競うという意味に置き換えたうえで、「競技性」という表現に改めていこう。

　加えて、第三の要素、つまり「激しい肉体活動」についても、慎重を要するだろう。スポーツの原意に立ちかえるならば、知的な戦略を競い合う遊びをスポーツと呼ぶこともあり、産業革命以前のイギリスでは、チェスやカードゲームもスポーツの一つとして捉えられていた。ジレは、この広大なスポーツ概念から、いわゆるスポーツを特定するために、あの「激しい肉体活動」という表現を選択したのである。

　ところが、この肉体活動の「激しさ」は、必ずしも現代スポーツの十分条件 Sufficient condition として有効ではない。ラグビーフットボールやバスケットボールのように激しく走りまわるスポーツもあれば、アーチェリーや弓道のように身体の揺れを抑え、心拍すら安静時程度に静めようとするスポーツもある。

　従って、この「激しさ」、または身体活動の物理的な量では、スポーツを規定することができない。実は、スポーツを規定する要素として、身体活動の「激しさ」よりも、より本質的な特徴がある。ヴィドマー Widmer, K. は次のように述べる；

　　スポーツ活動の基本的特徴は、実存としての身体性にあること、それとともに運動す
　る現象にあることを特に強調したい。スポーツは身体性の表現である[13]。

第9章　身体運動文化とスポーツ　101

　スポーツは、このような身体性によって単なる肉体的労作から区別されるだろう。人々は、バスケットボールにおいてボールをコントロールし、雪原においてスキーを操作し、野球においてバットをスイングする。それは、日常的な動作と全く異質な文化的営為、つまり特有の価値や意味を創造する身体性である。

　そして、この身体性は、そのスポーツにおいてのみ有意味であり得る。バスケットボールのドリブルは、剣道においては全く意味をなさない。ショートストップの華麗な守備の動きは、水泳競技においては全く意味をなさない。しかし、ドリブルもショートストップの動きも、バスケットボールや野球においては、極めて重要な意味を創造する。スポーツのこのような身体性は、その活動の「激しさ」よりも重要な要素となる。

　従って、スポーツにおけるこのような身体性を、運動する身体、ここではそれを少し大きく、身体活動性として捉えなおしたい。この身体活動性は、スポーツの明白な特徴なのである[14]。

　これによって、ここでは、ジレの定義の基本的な構成に依拠しながら、スポーツの本質を規定する定義的特徴を、遊戯性、競技性、身体活動性として捉え直して検討を進めていく。この三つの定義的特徴は、スポーツ概念を規定するうえで、必要最小限の要件であるだろう。

【引用及び参考文献】

（1）　Mauss, M. ．有地亨訳(1973) 社会学と人類学，第 2 巻，弘文堂，p. 121.
　　　身体技法とは、「それぞれの社会で、伝統的な態様でその身体を用いる仕方」を意味する。
（2）　吉岡郁夫（1989）身体の文化人類学，雄山閣，p. 5.
　　　身体変工とは、「生きている身体の一定の部分に長期的ないしは不可逆的な変更を意図的につくる習俗」を意味する。
（3）　佐藤臣彦（1993）身体教育を哲学する，北樹出版，p. 276.
（4）　佐藤臣彦，同上書，pp. 247-251.
（5）　小林日出至郎（2006）運動文化，スポーツ科学事典，p. 79.
（6）　Loy, J. R. （1976) Attitudes toward agonistic activities as a function of selected social identities, Quest, 26 : 89-90.
（7）　MacIntosh, P. C. （1963) Sport in society, C. A. Watts & Co., pp. 126-128.
（8）　水野忠文（1987）スポーツとは何か，スポーツの科学的原理，大修館，p. 62.
（9）　Diem, C. : 福岡孝行訳（1966）スポーツの本質と基礎，法政大学出版局，p. 1.

102　第3部　体育教材とその主な源泉としてのスポーツ

(10) MacIntosh, P. C., op. cit., (7), pp. 10-11.

(11) Gillet, B. : 近藤等訳（1952）スポーツの歴史，白水社，pp. 17-18.

(12) 西村秀樹（2006）プレイ・スポーツ・楽しみ，スポーツ科学事典，平凡社，p. 765.

(13) Widmer, K. : 蜂屋慶訳（1980）スポーツ教育学，東洋館出版，p. 14.

(14) 服部豊示（1989）スポーツの本質，現代スポーツの様相，学術図書，p. 29.

第 10 章　スポーツと遊戯性

　スポーツの定義的特徴の一つは遊戯性である。スポーツにとってこの遊戯性は不可欠な要素である。ここでは、スポーツを適正に理解するために、この遊戯性に目を向けていこう。

1．遊戯への視線

　遊戯は、人類が文化生活を始める以前から存在していた[1]。少なくとも古代においては、遊戯が人間の行動の一つの基本的形式であり、遊戯自体が生活の中心であった[2]。その後、啓蒙主義時代の教育学において、遊戯を教育的に利用しようという発想がうまれてきた[3]。

　しかし、このような教育学的な視野の外においては、遊戯への視線は必ずしも肯定的なものではなかった。遊戯は、やはり「まじめでない non-serious」活動と考えられ、やがて道徳的退廃 moral degradation につながる罪深い sinful 行動として捉えられていく[4]。

　このような否定的遊戯観が広がっていくなかで、やがて遊戯概念のルネッサンスが19 世紀に起こる。ドイツの美学者シラー Schiller, J.C.F. は、次のように述べている：

　　　人間は、言葉の完全な意味において、人間であるときにのみ遊戯する。そして人間は
　　遊戯しているときにのみ、全き人間 ganz Mensch なのである[5]。

　遊戯の概念は、シラーによって完全に再生していった。このあたりから遊戯についての論議が再び発展し始めていく。もっとも、この遊戯についての議論の発展過程には、機能論的な展開[6]と本質論的な展開をみることができる。ここでは、遊戯の本質論に目を向けていきたい。

104 第3部 体育教材とその主な源泉としてのスポーツ

2. 遊戯の本質論とその基点

ここでは、遊戯それ自体についての理論的探求を辿っていくこととする。一般に、遊戯の本質についての理論的先駆者として承認されているのは、ホイジンガ Huizinga, J. とカイヨワ Caillois, R. である[7]。スポーツの第一の定義的特徴である遊戯性を把握しようとするならば、この二人の遊戯論を正しく踏まえておく必要があるだろう。

(1) ホイジンガの遊戯論

ホイジンガは、1938 年に著作「Homo Ludens」を出版する。遊戯の本質についての研究は、彼によって成熟期に到達したのである[8]。また彼のこの著書は、遊戯に関する最も包括的な書として[9]、さらには、これによって遊戯研究に学問的水準と知性のきらめき glimpses of wisdom が与えられたと評価されている[10]。まさに、これがスポーツ研究における遊戯論の基点となっているのである。

それでは、ホイジンガの遊戯論に立ち入ってみよう。彼はこの著作において、遊戯が人間存在の一形態であることに着目し、それを「遊戯する人間 Homo Ludens」と表現した[11]。そして、彼は、これまでの遊戯の機能論にみられる手段的価値論に一定の意味を認めた上で、その不充分さを遊戯の本質論という形式で克服しようとした。彼は、次のような問いを立てる；

いったい遊戯のおもしろさというのは何だろう？なぜ、子どもはその楽しさによって大笑いするのか。なぜ、遊び手は興奮して、それにのめり込んでしまうのか。運動競技が何千という大観衆を狂乱させるのはなぜなのだ？[12]

ホイジンガは、この問い後に、遊戯の本質を「おもしろさ aardigheit」であると述べる[13]。この「おもしろさ」は、遊戯の迫力であり、「人を夢中にさせる力」であり、どんな分析も論理的解釈も受けつけないという。ここから彼は、遊戯の本質に迫っていくこととなる。

第 10 章　スポーツと遊戯性　105

さて、ホイジンガは、この「おもしろさ」を生起させる遊戯の形式的特徴として、次の要素をあげる[14]。

①自由性：命令された遊びはもはや遊びではない。それは、押しつけられた遊びの写しにすぎない。人が遊ぶのは、そこに「おもしろさ」があるからであり、まさにその点にこそ彼らの自由がある。

②非日常性：遊びは「日常の」あるいは「本来の」生ではない。遊びは、日常生活から一時的に、ある活動領域へと踏み出してゆく。しかも、それは日常とは「違う」という意識を伴っている。遊びは日常の利害関係を離れており、日常生活の掟や慣習はもはや何の効力ももっていない。われわれは、遊びの世界において「別の存在」になっており、「違った行為」をしている。

③限定性：遊びは、定められた時間、空間の限界内で行われ、そのなかで完結する。

④規則性：遊びには固有の秩序と、見通しが不確実であることによる特有の緊張があり、固有の規則がそれを守っている。それは、日常生活から離れたこの一時的な世界のなかで適用され、その中で効力を発揮する種々の取り決めである。これによって遊びの世界は聖なる空間として保持されている。遊びの規則は絶対的な拘束力を持ち、これを疑うことは許されない。

　　ところが、この規則が犯されるやいなや、この遊びの世界はたちまち崩壊し、遊びは終わる。遊びにおいて規則を守らない人は「遊びの破壊者 Spielverderber」である。遊びの維持には、公明正大 Fairness という概念が密接に結びついている。人は「誇らかに」遊ばなくてはならない。

　これまで、ホイジンガの遊戯論を概観してきた。彼は、遊戯の研究を通じて、一つの人間理解に到達している。つまり 人間は、「遊戯する人間」という存在形式において、肉体的存在の限界を突き破っており、かつ単なる理性的存在以上のものとなっている[15]。彼は次のように述べる；

　　遊戯というものは、純生物学的なもしくは純粋に肉体的な活動の限界を超えている。すなわち、それは一つの意味豊かな機能なのである。遊戯においては、生命維持のための直接的な衝動を超えて、その生の活動において意味を得るのである。どんな遊戯にも、

106 第3部 体育教材とその主な源泉としてのスポーツ

　何らかの意味がある。けれどもわれわれが遊戯に本質を与える主働因を精神と呼べば、
　それは言い過ぎになるが、それを本能と呼んだら、何も言ったことにならない[16]。

　このホイジンガの遊戯論にみる人間理解は、遊戯が人間にとって取るに足らない事
柄ではなく、人間存在の基本的性格を考える上で、重要な基本概念の一つであること
を指摘するものである[17]。「遊戯する人間」とは、まさに人間存在の重要な側面の
一つであるだろう。そして、ホイジンガが次のように述べるとき、われわれは「遊戯す
る人間」という人間存在のあり方を、大いなる敬意を抱きつつ、確信するだろう。

　　人間の文化は、遊戯として生まれ、そして遊戯のなかにおいて発展してきたのである[18]。

（2）カイヨワの遊戯論

　ここでは、カイヨワの遊戯論に目を向けてみたい。先に見たホイジンガは遊戯の本
質論の嚆矢といえるだろう。このホイジンガの遊戯論を批判的に継承して、理論的に
拡充したのがカイヨワである。それでは、ホイジンガからカイヨワへとつながる一連の
発展過程において、どのような論理展開があったのだろうか。

　まず、カイヨワは、ホイジンガの遊戯論の意義を認めた上で、遊戯について、次の
ような定義的特徴をあげている[19]。

　①自由
　②日常生活からの分離
　③結果の不確定性
　④非生産性
　⑤規則性
　⑥虚構性

　このカイヨワの定義的特徴は、ホイジンガのそれと多くは内容的に一致するが、
「結果の不確定性」と「非生産性」については、説明を補っておく必要があるだろう。

まず「結果の不確定性」とは、遊戯において成り行きや結果は常に確定しておらず、この不確定性こそが遊戯の「おもしろさ」を維持してくれる要素となる。

　遊戯においては、参加者にとって成功の期待とともに失敗の危険も隣り合わせにある。標的をはずす可能性も、戦略を見誤る可能性もある。そして、相手が作戦を変更し、新たな一手を考案する可能性もある。参加者のルールの範囲内での自由の行使にみられる余裕部分こそ、遊戯の本質をなすものである[21]。

　この「結果の不確定性」は、ホイジンガにおいては、結果の不確実なるがゆえの緊張 Spannung として表現されている[20]。カイヨワは、これを重要な特徴として捉え、自覚的に提起したのである。

　次いで、この「非生産性」とは、遊戯がいかなる実利的な富も生み出さないということであり、遊戯が終われば、始まる以前と同じ状況に帰着することを意味する[23]。この「非生産性」は、ホイジンガにおいても触れられてはいるが[22]、カイヨワはこれについても重要な特徴とみなし、改めて特定的に記述してたのである。

　これらが、カイヨワによる遊戯の定義的特徴である。これらは遊戯の本質を最大公約数的に表現しようとしたものであった[24]。しかし、それは純粋に形式的なものであるため、遊戯の内容に立ち入るものではなかった。

　そこで、カイヨワは、遊戯の分類論に着手する。カイヨワは、遊戯の原動力の種類に基づいて次のようなカテゴリーに分類した[25]。

①アゴン agon[26]：その分野において自分が優れていることを認めさせようとする願望に基づく遊び
②アレア alea[27]：偶然の恣意性に基づく遊び
③ミミクリー mimicry[28]：他者になること、また他者として振る舞うことの喜びに基づく遊び
④イリンクス illinx[29]：知覚の安定を一瞬だけ崩し、明晰な意識に一種の心地よいパニックを引き起こす遊び

　さて、ここでみたカイヨワの遊戯論は、この分類論からその形態の発生と形成過程についての説明に移っていく。彼によれば、原初的で未分化な形態としての遊戯はパ

108 第3部 体育教材とその主な源泉としてのスポーツ

イディアと呼ばれるが、それが次第に形式を整えてルール化されてくると組織化された遊戯となっていく。カイヨワはこれをルードゥスと呼んでいる[30]。カイヨワは、遊戯にこのパイディアからルードゥスへの発展過程を見るのである。

表 11-1　遊びの配分

	アゴーン（競争）		アレア（機会）	ミミクリー（模擬）	イリンクス（眩暈）
〈パイディア〉		競争	番決め唄	子供の物真似	子供のくるくる回り
喧　騒	ルールのない	闘争	表か裏か	幻想の遊び	回転木馬
混　乱		など		人形遊び	ブランコ
哄　笑	陸上競技		賭　け	玩具の武具	ワルツ
凧揚げ			ルーレット	仮面，変装	
穴送り	ボクシング，ビリヤード				ボラドレス，祭りの見世物
ペイシェンス	フェンシング，チェッカー		宝籤（単式,複式,繰越式）		スキー
クロスワード・パズル	サッカー，チェス			演　劇	登　山
▼ 〈ルードゥス〉	スポーツ競技一般			一般のスペクタクル芸術	綱渡り

注意—どの欄においても、遊びは上から下へ、パイディアの要素が減り、ルードゥスの要素が増す順序を示す。

(Caillois, R. 「遊びと人間(1978)」[31] より作成)

3．遊戯論の展開

これまで、ホイジンガとカイヨワの遊戯論を辿ってきた。これらは、遊戯論の正統であるとともに、スポーツの定義的特徴の一つである遊戯性を説明するうえで、依然として有効である。この遊戯論が現代スポーツに全面的に合致するものではないにせよ、ホイジンガやカイヨワが提示した遊戯の特徴は、スポーツの形式的な特徴を説明し、カイヨワが提示した遊戯の分類は、スポーツの分類論というよりは、むしろスポーツに生起し得る「おもしろさ」を補足的に説明してくれるだろう。

さて、遊戯の本質論は、ホイジンガとカイヨワで完結したわけではない。そもそも遊戯論は、哲学や文化論のみならず、多くの領域から知的関心が寄せられ、多様に発展していった。

たとえば、フィンク Fink, E. は、遊戯を生が軽やかに遊動する「幸福のオアシス」[32]と捉え、そこに没我的に自己を離れ出て世界に意味付与をおこなう特有の働きを見いだしている[33]。スポーツを楽しんでいるとき、われわれは「他の星へ移されたように」運びさられ、そこにおいてはたしかに現実のあれやこれやの過重から解き放たれ、生

が軽やかに遊動するかのようでもある。ここで、あのシラーの表現が想起させられる。軽やかに遊動する生、それはもしかしたら、「ただ美と戯れている」[34] 瞬間であるかもしれない。そして、スポーツにおいても遊戯性の極限値は、ここにあるのかもしれない。

　ただし、フィンクにおいて、遊戯は夢想的なメルヘンではなく、現実世界に支点を据えた目的的な仮象世界である。従って、そこでの生は現実世界に対して有意味となる。ここで、11 歳の少女パレアナ Pollyanna の「よかった探し」が想起させられる。彼女は、つらい現実から「よかった」を探し出し、それを楽しむことで現実世界に意味を与えたのではないのか。遊戯は、世界との対峙において、その直接的受動性を有意味にずらし、そこに新たな意味連関を形成することを通して、翻って世界の再構成をもたらしてくれる。フィンクは、次のように述べる；

　　遊戯は、世界に意味を付与したり、宇宙を写しとるような働きをする。…人間は、遊
　戯において自らの中に、つまり自分の内的な世界の閉ざされた領域にとどまるのではな
　い。むしろ人間は、何かの宇宙を写すふるまいの中で、没我的な自己から離れ出て、世
　界全体を意味づけしていくのである[35]。

　さらに、ベンヤミン Benjamin, W. B. S. は、子どもの繰り返しへの要求に遊戯の基本を見いだし、遊戯において「もう一度」という要求が起こるときが最も幸福な状態であると述べている[35]。なるほど、バッティングセンターでは何度も何度も打ちたくなる。おもしろいことを無心に繰り返そうとする心のあり方に、遊戯が存在する。スポーツにおいても、楽しい対戦は結果を問わず、次の対戦を求めたくなるだろう。

　ここで、あの映画「ロッキー3」の一幕が思い起こされる。チャンピオンに返り咲いたロッキーに、かつてのライバルであるアポロ・クリードが「二人だけ」の対戦を願い出る。そして2人は、観客もゴングもTV中継もない無人のボクシングジムで再び戦うのだった。チャンピオンの地位や名誉ではなく、ただロッキーともう一度戦いたい。ここに純粋な遊戯をみることができるのではないだろうか。「もう一度」という要求が湧き起こるところに遊戯が成立するのかもしれない。

　とりいそぎ、遊戯論の展開の一端をフィンクやベンヤミンにみてきた。これ以外に

110 第3部 体育教材とその主な源泉としてのスポーツ

も有意義な遊戯論は多数存在する。もっとも、それらの遊戯論も現代スポーツに全面的に適合し得るわけではないが、それらはスポーツにおける遊戯性を照らし出す有効な視点を提供してくれるだろう。

　われわれは、発展しゆく遊戯論により多くを学んでいかなくてはならない。スポーツの本質を追求していくうえで、この遊戯論の発展は重要な推進力となるだろう。

【引用及び参考文献】

（1）浅井浅一（1964）体育と文化，体育の哲学，黎明書房，p. 11.

（2）Siedentop, D.（1972）Physical education, Wm. C. Brown Company, p. 220.

（3）青木美智子（2007）教育学における遊戯論－1950年代以降のドイツにおける議論－，東京大学大学院教育学研究科紀要，33：79.

（4）Siedentop, D., op. cit.,（2），p. 220.

（5）Schiller, F.（1847）Über die ästhetische Erziehung des Menschen, Schillers Sämmtliche Werke, Bd. 12., Cottas Verlag, S. 65.

（6）Ellis, J. M. : 森楙他訳（2000）人間はなぜ遊ぶか，黎明書房，pp. 145-197.
　　なお、遊戯の機能論は古典、近代、現代に区分される。遊戯の古典的理論の主な形式は①余剰エネルギー説、②気晴らし説、③本能説、④準備説、⑤反復説等である。遊戯の近代理論の主な形式は、①一般化理論、②代償化理論、③浄化説、④精神分析理論、⑤発達理論、⑥学習理論等である。遊戯の現代理論の主な形式は、覚醒探究理論、②能力理論等である。この遊戯の機能論においては、遊戯は人間の手段的価値に留まり、遊戯それ自体には目が向けられてはいたわけではない（Thomas, C.（1983）Sport in a philosophic context, Lea & Febiger, p. 68）。
　　また、遊戯の機能論のおおよそは、遊戯それ自体をブラックボックスとしながら、その原因や効果について論じている。

（7）佐藤臣彦（1987）遊びとは何か，体育原理講義，大修館，p. 47.

（8）Siedentop, D., op. cit.,（2），pp. 221-222.

（9）Singer, R. N.（1976）Physical education, Holt, Rinehart and Winston, p. 31.

（10）Harper, W.（1974）Philosophy of physical education and sport, Wilmore, J. H.（ed）Exercise and sport sciences review, Vol. 2., Academic Press, pp. 248-249.

（11）Huizinga, J.（1938）Homo Ludens, Rowohlt Taschenbuch Verlag, S. 7.

（12）Huizinga, J., ditto, S. 10.

（13）Huizinga, J., ditto, S. 11.

（14）Huizinga, J., ditto, S. 14-18.
　　ホイジンガ：高橋英夫訳（1973）ホモ・ルーデンス，中央公論社，Pp. 477.

（15）Huizinga, J., a. a. O.,（11），S. 11.

第 10 章　スポーツと遊戯性　111

(16) Huizinga, J., ditto, S. 9.

(17) 樋口聡（2006）遊び，スポーツ科学事典，平凡社，p. 14.

(18) Huizinga, J., a. a. O., (11), S. 7.

(19) Caillois, R.：清水幾太郎・霧生和夫訳（1970）遊びと人間，岩波書店，pp. 13-14.

(20) Huizinga, J., a. a. O., (11), S. 18.

(21) Caillois, R., 前掲書，(19), p. 10.

(22) Huizinga, J., a. a. O., (11), S. 20.

(23) Caillois, R., 前掲書，(19), p. 13.

(24) Caillois, R., 同上書，p. 12.

(25) Caillois, R., 同上書，pp. 15-39.

(26) ギリシア語で、競技を意味する（Caillois, R., 同上書，p. 17.）

(27) ラテン語で、サイコロ遊びを意味する（Caillois, R., 同上書，p. 17.）

(28) 英語で、物真似を意味する（Caillois, R., 同上書，p. 17.）

(29) ギリシア語で、渦巻きを意味する（Caillois, R., 同上書，p. 17.）

(30) Caillois, R., 同上書，pp. 40. 41.

(31) Caillois, R., 同上書，pp. 55.

(32) Fink, E. (1957) Oase des Glücks, Karl Alber, S. 23.

(33) Fink, E., ditto, S. 24.

(34) Schiller, F., a. a. O., (5), S. 65.

(35) Fink, E. (1960) Spiel als Wertsymbol, W. Kohlhammer, S. 22.

(36) Benjamin, W.：丘澤静也訳（1981）教育としての遊び，晶文社，pp. 63-64.

第11章　スポーツと競技性

スポーツの第二の定義的特徴は、競技性である。スポーツにとって、やはり競技性は重要な要素であるだろう。ここでは、スポーツの競技性を、競いあうこと、つまり競争にまで立ち戻って検討していこう。

1．スポーツにおける競争とコンテストの要素

人々は、多くのスポーツに競争の要素をみることができる。それでは、競争とは何であるのだろうか。

まず、競争の目的は勝利や成功である[1]。そして、それを獲得しようとする場が、ゲームである。そして、ゲームにおいて競技者は、それぞれの能力を一緒に（con）試しあう（test）のである。つまり、これがコンテスト contest である。人々がスポーツとして認めているプレイやゲームのおおよそが、このコンテストの要素を持っている[2]。これが、スポーツにおける競争の第一の要素である。

このコンテストの成立において重要なのは、勝利や成功に対する予見の不可能性である。どちらが勝利するかわからない。自分の演技がうまくいくかわからない。競争への参加者はこのような不確定な状況に自らの能力を委ねるのである。ここで、競争がコンテストとして成立する。

しかし、競争が常にコンテストとして成立するわけではない。ゲームの終盤において、「大差で勝っている」場合、あるいは「大差で負けている」場合、勝利の不確定要素がなくなり、勝者が明らかになってくる。それでも最後までゲームは続けられるが、そのままではコンテストの要素が消失する。

ところが、これでゲームが崩壊するわけではない。競技者は、「もうひと種類の競争目的」をもちだすことで、ゲームを保持することができる。コーチが競技者に、チームメイトがあなたに、あるいは自分が自分に、新たな目的に向かわせてくれることがあるだろう。「最後までノーヒットで抑えよう」、「大会新記録で勝とう」、「勝てないとしても、何とか一点を取ろう」、「点差は厳しいが、まずはこのイニングを零点での

りきろう」、「代表選考は難しいが、自分の演技を完璧にこなそう」等、これによってゲームに新たなコンテストを創り出すことができる。これによって、ゲームが競争として維持されていくのである。

スポーツにおける競争は、やはりコンテストの成立を前提とする。そして、スポーツは結果としての勝ちや負けという問題ではなく、コンテストによる一つの意味創造的＝探求的行為であることによって、単なる生物的な生存競争と区分される文化的行為となるのである。

２．競争における機会均等と秩序維持

競争の本質的な要素の第二は、勝つことや成功することに対する機会 chance の平等性である[1]。先にも述べたように、勝利や成功は、競争の目的である。そして、全ての参加者に対して勝利に対する平等な機会を保証するものが、ルールである[3]。さらに、ルールには成文化されている明示的ルール explicit rules と、成文化されていない黙示的ルール implicit rules がある。それぞれをみてみよう。

まず、明示的ルールは、基本的には、競争条件の平等性を維持するために規定された取り決めであり、競技運営の方法や勝敗の決定方法、記録や採点の方法、競技会場や用具の規格等、細部にわたってルールブックに記載されている。スパイクのピンの長さや、ボールの形状、コートの広さ、ネットの高さ等、あるいはジャンプ競技の飛型点の算出方法や体操競技の得点等、競争における勝利に対する機会の平等性は、これらによって保証されている。

かつて、1988 年、ソウルオリンピックで、ベン・ジョンソンが 100 メートル競走において世界新記録の９秒 79 で優勝しながらも、記録が抹消され、金メダルが剥奪された。これはルール上の禁止薬物の不正使用が検査で判明したからである。同じトレーニングをしていても、筋力増強剤を服用していれば効果が増幅される。それを隠れて服用した者の出場を認めてしまえば、勝利に対する平等な機会が奪われてしまう[4]。

勝利に対する平等な機会、これこそがスポーツにおける競技性の、不可侵な大前提なのである。ルールに則って身体的な能力を競い合ってこそ、スポーツは競争とし

114 第3部 体育教材とその主な源泉としてのスポーツ

て成立するのである。

　さて、黙示的ルールは、いわば競技参加者の倫理であり、競技参加者のその競技世界における内面的な生き方の問題であるが、ゴルフ[5] のようにそれを明文化しているスポーツもある。

　スポーツにおける競争も、人間の営為の一つであり、さらにはそれが一つの特有の共同空間であることから、競技参加者に対しては一定の行動規範あるいは内面的な価値基準が要請される。たとえば、それは競技におけるルールの遵守のみならず、スポーツマンシップ、フェアプレイ、マナー、エチケット等として語られることが多い。フェアプレイやスポーツマンシップについて、ロイス Royce, J. は、次のように述べる；

　　　フェアプレイとは、単にルールに従うことではない。フェアプレイは、競争相手も自分のチームに対して誠実であり、それ故にいだく、競争相手に対する敬意に基づいている。スポーツマンシップとは、できるならば競争相手の動きを邪魔してまでもゲームに勝ちたいと考え、そのような明確な意図をいだいた、まさにその瞬間に、競争相手の誠実さを享受し、それに感心し、それを讃え、そして、それを愛する、そのような傾向を意味するのである[6]。

　フェアプレイにせよスポーツマンシップにせよ、それはスポーツにおける競技者の内面的なありかたを指し示す。そして、それは決して明文化され、そしてどこかで厳密に、そして規定的に取り決められた道徳的スタンダードではない。

　もっともそれらは、歴史的な過程を経るなかで、定言命法的にスポーツ競技者の内面を規定することがある。ゴルフにおいては参加者に紳士あるいは淑女であることが要請され、ラグビーフットボールにはラグビー精神が、登山者には岳人としてのメンタリティーが求められるだろう。

　この黙示的ルールには、必ずしも罰則規定が存在するわけではないが、競争の健全性の維持にとっては不可欠であるだろう。

　これまで、スポーツにおける明示的ルールと黙示的ルールをみてきた。とくに、明示的ルールは、本質的には、勝利や成功への機会均等の保証であるため、状況に応

じてルールが構成的に変更されることもあるだろう。最近では、スポーツ以外の外在的要因からのルール変更も生じてきているのも事実である。何のためのルールなのか？ルールについては、この点が最も大切にされなくてはならないだろう。

3．競争における追求対象

　さて、競争のもう一つの本質的な要素は、他者あるいは対抗的状況の存在である[7]。勝利あるいは成功しようとすることに対抗する誰か、あるいは何かが存在する。この他者の特性によって、競争は次の二つに分類されることとなる。つまり、直接的競争 direct competition と、間接的競争 indirect competition である[8]。そこで、それらの各々の特徴をみていこう。

　まず、直接的競争は、個人もしくはチームの間で勝利を追求するというタイプの競争である。この場合、他者とは、もちろん競争相手あるいは相手チームである。直接的競争の最大の関心は、相手に勝つことであり、特定の身体運動技能が他者のそれよりも優れていることを示すことにある。

　それゆえ、競技者にとって、対戦相手は乗り越えなければならない「敵」となる。この対戦相手に勝たなければインターハイに出場できない。この決勝レースで三位に入らなければ、オリンピックにでられない。直接的競争は、結果としての勝利に目的づけられている。往々にして、勝利に重点を置くことに批判が寄せられることもあるが、勝利に対する熱望や結果としての勝利をスポーツの有意味な経験とみることは、必ずしも悪いことではない[9]。

　これに対して、間接的競争は、時間、距離、得点等のような記録 records 、自己のこれまでの記録や演技の達成度 achievement に対する競争、さらには山や海、川などの自然環境との競争である。間接的競争では「よいゲーム」をすること、「よいパフォーマンス」を発揮することが重視される。とりわけ自己のこれまでの記録や達成度への挑戦は、他者に勝ちたいという願望よりも、「よさ」を追求したいという願望がそれに優る。

　間接的競争における最大の喜びは、自分のこれまでの記録を乗り越えたときである。つまり、自分自身の身体的な卓越性へのチャレンジ精神が競争への原動力となってお

116 第3部 体育教材とその主な源泉としてのスポーツ

り、それが達成されれば競技者としては満足するだろう。

　ただし、直接的競争であれ間接的競争であれ、競技者は、「よいゲーム good game」をするためには、相手にも充分に実力を発揮して欲しいと願う。従って、対戦相手は「敵」ではなく、「よいゲーム」をつくりあげる「仲間」であり、「価値ある競争相手 worthy opponent」なのである[10]。さらにいえば、より高次なスポーツを創造するパートナーでさえあるだろう。

　われわれは、高いパフォーマンスは、ライバルとの競り合いにおいてようやく引き出されることを知っている。隣のレーンを疾走するライバルの頑張りが、私のよりよい「走り」を引き出してくれる。ネット系のスポーツにおいては、ラリーや打ち合いが続くためには、相手チームの頑張りが不可欠であるだろう。頑張ろうとしない相手と競争は成立しない。少なくとの質的な意味において、「よいゲーム」は成立しないのである。「よいパフォーマンス」は、自身の努力・修練の賜物ではあるが、それは相手の刺激やライバルとの拮抗した緊張関係によって引き出されることの方が多い。

　これまで、スポーツにおける直接的競争と間接的競争をみてきた。端的に表現するならば、直接的競争は優越性の追求であり、間接的競争は卓越性の追求である。ただし、現実のスポーツの競技において、その二つの追求方向が二者択一的に背反しているというよりは、むしろ混然と融合していることが多い。

　しかし、スポーツにおいて結果としての勝敗が決定的に重要であるとするならば、スポーツは底辺手段的で勝者寡占的なものに堕してしまうだろう。スポーツにおいては、勝者よりも敗者の方が圧倒的に多い。高校球児たちは甲子園球場での勝利を目指して日夜、厳しい練習に励んでいるが、あの決勝戦で勝利を手中にした優勝チーム以外は、全て敗者である。

　スポーツにおいて勝利が全てであるとすれば、敗者は絶対無であるのか。オリンピックにおいて金メダル以外は無意味なのか。スポーツにおいて敗者には何もないのか。

　しかし、本当にそうであろうか。われわれは、この問いを巡ってスポーツにおける卓越性に目を向けてみる必要がある。このことは、翻ってスポーツの競技性の理解に奥行きを与えてくれることであろう。

4．スポーツにおける競争と卓越

　ここでは、スポーツにおける卓越性について目を向けてみたい。そもそも優勝劣敗は、世の中につきものであるし、社会においては当然の成り行きである。強い者が勝ち、弱い者が負ける。しかし、スポーツは優者選別の場ではない。スポーツは、その競技性という特徴から見れば、コンテストによる一つの意味創造的＝探求的行為なのである。これによって、スポーツは弱肉強食的な単なる生物的な生存競争と区分される、崇高な文化的行為として位置づけられるのである。

　もちろん、勝ち負けが無意味であるのではない。オリンピックに出るためには国内選抜で勝たなくてはならない。金メダルを取るためには決勝レースで一番先にゴールラインを超えなくてはならない。

　しかしそれ以上に、スポーツにおいても、結果としての勝利に対して、その結果に到達するまでの諸々の意味創造＝探求の過程が価値的に劣るものではない。ゴールラインを超えるまでの多くの挑戦的要素や創造的な自己投企等、その一つ一つからその競技的状況でしか引き出され得ない代替不能な意味が創造される。頑張りであったり、勇猛であったり、強さであったり、鋭さであったり、それはさまざまであり得る。その意味の全てが、「私の」競技の価値を基礎付ける。これが内的な達成であり、「やった！I did it！」の内実なのである。

　さらに、われわれはレースでの勝利と「よいレース」の違いを、そしてゲームでの勝利と「よいゲーム」の違い知っている。われわれは惜敗にも、「よいゲーム」を知ることがある。われわれは失敗にも、「何か」を得るではないか。その「よさ」や「何か」の高さが卓越である。つまり、そこで得られた意味や価値の高さこそが、卓越性である。

　かつて、古代ギリシアの祭典競技においては、勝者は結果としての勝利ゆえにではなく、勝利にみる「神への近さ」が讃えられた。人々は絵画であろうと、音楽であろうと、その価値の高さに魅了され、興奮させられ、畏れさせ、そして喜ばせられるだろう。競技においても、結果としての勝敗もさることながら、パフォーマンスの美しさや技術の完成度、あるいはその動きの流麗さ等に心を打たれてしまう。ワイスWeiss, P. は、次のように述べる；

118 第3部 体育教材とその主な源泉としてのスポーツ

　　卓越性 excellence は人々を高揚させ、そして畏敬を呼び起こす。そして、それは
　　人々を歓喜させ、そして挑戦にも誘う。人々は時折、それが花であれ、動物であれ、人
　　間であれ、見事な実例には喜ばされてしまう。素晴らしいパフォーマンスは、その時なし
　　得る最高度のものを示してくれるため、より一層人々を引きつけるのである[11]。

　そして、人々は、そこに「人間が成し得ること」の具体的な表現をみることができ、
そのような競技者の姿に、「あり得たであろう自分の姿」をかいまみることができる[12]。
競技者は、自らの可能性の全てをかけてスポーツ的な達成を成就しようと努める。そ
れは究極的には、人間は何を成し得るのか、といった課題に対する限りない挑戦のつ
とめである。ワイスは、次のように述べる；

　　競技者とは、人間の姿をした卓越 excellence in the guise of man なのである[13]。

　ただ、競技における卓越とはあくまで質的な問題であるため、世界的に賞賛される
卓越もあれば、単なる個人的な卓越に過ぎないこともあるだろう。しかし、競技者に
とっては、どちらも意味深い卓越であることにかわりはない。ホワイト White, D. A.
は、次のように述べている；

　　卓越性を求める競技的行動の目的は、それがあたかも誰にでもなし得るかのように、
　　人間の身体的可能性を実現していくことである。（ゴルフで）100 をきるかどうかの人も、
　　個人的な「スポーツにおけるすばらしい瞬間 great moments」を体験することができる。
　　たとえ、その喜びを分かち合う人がいないにしても[14]。

　この「スポーツにおけるすばらしい瞬間」の享受は、卓越の内的報酬の一つである
だろう。この「すばらしさ」の内実は、無論、競技の特性によって異なる。しかし、
勇敢に立ち向かい、これまでの自らの限界を押し拡げ、それまでなし得なかったよう
な速さや強さを達成したときに、競技者はようやくそのような瞬間を享受することが
できる。

第 11 章　スポーツと競技性　119

　従って、スポーツにおける卓越性の意味は、卓越のための努力の中に存在する[15]。競技とは、そのような卓越性への道でもあるだろう。おそらくこの卓越は、結果としての勝利を遙かに凌ぐ。競技においては、勝者より敗者のほうが圧倒的に多い。しかし、そこに卓越があるならば、結果としての敗北さえも有意味であり得る。真の競争とは何か。モルフォード Morford, W. R. は次のように述べている；

　　競争とは、苦闘 struggle、苦労 toil、苦難 hardship、危険 risk、そして（最後に微笑む）ナイキの女神 nike の概念を具体的に表現したものである。この最後の女神は、競技者が、たとえ死にいたるにせよ、自らのうちにおいて、あるいは対峙するものに対して為される努力によって得られる質的な勝利 qualititative victory なのである。ただ単に勝つだけでは不十分である。もし、そこに真の競争があるならば、競技者はこの質的な勝利というものを内的に受け取ることができる[16]。

【引用及び参考文献】

（1）Thomas, C.（1983）Sport in a philosophic context, Lea & Febiger, p. 77.

（2）Thomas, C., ibid, p. 78.

（3）服部豊示（1990）スポーツの本質，現代スポーツの様相, 学術図書，p. 40.

（4）服部豊示，同上書，p. 40.

（5）ゴルフの競技規則第 1 章には、「エチケット」としてゴルフの精神やプレイのマナーが記載されている。

（6）Royce, J.（1979）Physical training and moral education, Sport and the body, Lea & Febiger, p. 256.

（7）Thomas, C., op. cit.,（1），p. 78.

（8）Fait, H. F. / Billing, J. E.（1974）Reassessment of the value of competition, McGlynn, G. H.（ed.）Issue in physical education and sport, National Press Books, p. 16.

（9）Thomas, C., op. cit.,（1），p. 112.

（10）Thomas, C., ibid, p. 86.

（11）Weiss, P.（1969）Sport: A philosophic Inquiry, Southern Illinois University Press, p. 3.

（12）Weiss, P., ibid., p. 14.

（13）Weiss, P., ibid, p. 17.

（14）White, D. A.（1979）Great moment in sport, Sport and the body, Lea & Febiger, p. 212.

（15）Thomas, C., op. cit.,（1），p. 110.

（16）Morford, W. R.（1973）Is sport the struggle or the triumph ? Quest, 19 : 84.

第12章　スポーツと身体活動性

　スポーツの第三の定義的特徴は、身体活動性である。スポーツが、人間の身体活動の一様式であることは、誰もが認めるところであろう。多くのスポーツ哲学者が、スポーツの概念規定において身体あるいは身体性に言及している[1]。やはり、スポーツの概念規定においては、人間の身体あるいは何らかの身体活動性が不可欠な要素となる。ここでは、スポーツの身体活動性に目を向けてみたい。

1．人間の身体とその可能性

　まず、スポーツの身体活動性の基盤にある人間の身体に目を向けてみよう。われわれは、通常、人間の身体を、生命活動の舞台として生理的に理解している。しかし、人間の身体は、そのような生理的次元に回収され得ない豊かさがある。その一つが「可塑性」を本質とする可能的身体性である[2]。ローレンツ Lorenz, K. は、人間の身体について、次のように述べている；

　　　人間の身体的な性能を、その多面性に関して、ほぼ同じ大きさの哺乳類と純粋に比較してみよう。すると、人間は虚弱な欠陥動物ではないことが判明する。たとえば、一日に 35 キロメートル行進し、5 メートルの麻ロープをよじ登り、15 メートル泳いで、4 メートルだけ潜水で泳ぎ、その際、たくさんのものをうまく海底から取ってくるという三つの課題が与えられたとき、これらはまったくスポーツをしない書斎人間でもただちに実現できる仕事ばかりだが、人間を真似てこれをやり通せる哺乳類は一匹もいない[3]。

　実は、人間の身体は、生命維持・促進といった生物学的合目的性に還元され得ない多面性を可能性として持っている。人間のこの身体は、特定方向に機能開発されていくにつれて、その多面性が発展していくのである。「私」の身体には、機能開発によって、歩くことができる身体や、箸を使える身体、さらには自転車を操縦できる身体等が累積されていく。これは、もはや生理的身体ではなく、まさに文化的身体に

他ならない。人間はそのような文化的身体を多様に累積しながら、その多面性を発展的に拡充していくのである。

そもそもスポーツは、特有の身体性を個人に要請する。そこで、スポーツにおいて人間は、自らの身体をそのスポーツ特有の身体へと有意味に開発しようとする。すなわち、スポーツで活動する身体とは、このような身体の多面性の特定局面であり、つまりは生理的身体ではなくスポーツという特定方向に開発された特有の文化的身体である。

たとえば、そこにはスライダーを投げられる身体、ベリーロールが跳べる身体、スリーポイントシュートが打てる身体、スケートボードを円滑に操作できる身体等、さまざまな身体性が個人の身体に多面的に累積されている。それらはスポーツ的に開発された特有の文化的身体を構成している。われわれはそれをスポーツ的身体性と呼ぶことができるだろう。そして、それは身体の教養の一つなのである。

もちろん、このようなスポーツ的身体性の形成と累積には、相応の努力が不可欠であることはいうまでもない。バイオリニストの練習も、体操選手の練習も、剣士の練習も、その技術の精緻化や高度化には、それ特有の努力が必要である。彼らはそれを自覚的で目的的な努力で、自らの特有のスポーツ的身体性を専門的に開発していくのである。

従って、スポーツにおいては、このような特有のスポーツ的身体性が具体的なスポーツ状況に応じて実現されていく。野球においては、プレイヤーがそれぞれ開発してきた野球的身体性が具体的に実現され、ラグビーフットボールにおいては、これまたラガーがそれぞれ開発してきたラグビーフットボール的身体性が具体的に実現され、ストリートダンスにしても、それぞれが開発してきたストリートダンス的身体が流れる音楽やリズムに即応して具体的に実現されていく。

この意味において、スポーツの身体活動性は、スポーツ的身体の実現として説明されるだろう。やはり、スポーツのこの身体活動性とは、「激しさ」等の物理的な量ではなく、スポーツにおける身体活動のそのような質的特徴にある。

2. スポーツ的身体の有意味性

さて、スポーツの身体活動性は、スポーツ的身体性の実現として説明されるにせよ、このスポーツ的身体性は、それを要素的に見ていけば、それぞれが特有な身体性である。野球の投球動作やバットスイング、バレーボールのオーバーハンドパス、バスケットボールのドリブル、スキーのパラレルターン等々、それらはまさに特有の身体性と言える。

この特有の身体性は、そのスポーツをそれとして行うためには、全く不可欠なのである。そしてそのような特有の身体性は、その特定のスポーツにおいてのみ有意味である。野球に特有の身体性、バレーボールに特有の身体性、剣道に特有の身体性、それらは有意味に相違する。

実は、この有意味に相違する特有の身体性が、そのスポーツにおいて特有の意味を有する。それは他の文化領域における特有の身体性と事情は全く一緒である。ピアニストの妙なる演奏においては、とりわけ指先の鋭敏な筋運動感覚に代表され芸術的身体が意味をもち、遊撃手が強いゴロを軽快にさばき、二塁手を介してダブルプレーをとる一連の美しい流れは、野球的身体をもってのみ実現される。小手打ちから面打ちへと流れる連続技の妙技は、剣道的身体をもってのみ実現される。

従って、スポーツ的身体においては、それらの差異こそが有意味なのである。それはもちろん、そのスポーツのみにおいて成立する特有の有意味性である。その特有の意味は、そのスポーツを離れたところでは、ほとんど成立しない。バスケットボールのドリブルができる身体は、ハードル走においてはほとんど意味をうみださないだろう。

無論、そのスポーツ的身体を形成する過程でもたらされた身体の強さや能力は、日常生活においても他の身体運動においても有用である場合もあるが、それはスポーツ的身体の本質ではない。スポーツ的身体はあくまでそのスポーツをより深く享受するために形成されるものであって、それ以外の何でもないところに文化的な意味がある。スポーツの身体活動性とは、単に生理的身体のキネマティックな動きではなく、スポーツにおける特有の有意味性によってのみ特徴づけられるのである。

3. スポーツ的身体性と身体の経験

さて、スポーツ的身体とは、人間の身体の多面性における一局面である。これによって、人々はスポーツにおいて多様な経験をする。しかし、スポーツにおけるあらゆる経験のなかで、最も根源的な経験がある。それは、スポーツにおける自らの身体の経験である[4]。

人々はスポーツにおいて、自らの身体と否応なく直面せざるを得ない。人々は、自らがつくりあげてきたスポーツ身体を愉しみ、また苦しむ。ランニングにおいて、心地よいときはそのような身体を、苦しいときはそのような身体を経験する。人々はスポーツにおいて自らの身体を経験するのである。

しかし、われわれはスポーツにおけるそのような身体の経験に違いがあることを体験的に知っている。快調に疾走しているとき、ランナーは自らの脚を意識しているだろうか。ラケットを握ってグランドストロークに没頭しているとき、プレイヤーはラケットやグリップを意識しているだろうか。実はこのとき、ランナーは、身体と同一化しているのである。プレイヤーはラケットを含め身体それ自体になっている。スポーツ的身体は、ランナー、あるいはプレイヤーの人格と調和しているのである。

ところが、レースの終盤にさしかかり、脚が思うように動かなくなったとき、ランナーは自らの脚を意識しはじめる。ゲームの終盤に、疲労によってグリップが甘くなってきたとき、プレイヤーは自らの握り手を、対象として意識するだろう。このとき、ランナーは、あるいはプレイヤーは身体と同一ではありえず、人格との調和は失われ、身体は自らが保有する対象物となる。

従って、人々はスポーツにおいて自らの身体を経験するが、そこには人格と同一的で調和的な経験と非同一的で不調和な経験が存在する。実は、前者は身体存在 Leibsein と、後者は身体保有 Leibhaben と呼ばれている[5]。

この身体存在は、人間のありかたとして幸福な状態であるだろう。そこにおいては精神と身体は調和的に統一され、人間存在の全体性が成就する。スポーツの身体活動性は、まさにこのような身体存在への道でもある。

ただし、この身体存在は、身体保有と全く不可分ではありえず、むしろ往還的で

124 第3部 体育教材とその主な源泉としてのスポーツ

あるだろう。人々はスポーツにおいて、その双方の、人格-身体関係を経験し得るのである。しかし、スポーツ的身体は、身体存在から身体保有への一方的移行のみではない。そもそもスポーツは、初心者として身体保有の状態から始まるのではないか。はじめてスケート靴をはいたとき、はじめてスキーにのったとき、はじめてラケットを握ったとき、それらは少なくとも自らの人格と調和的ではなかったはずである。

しかし、身体保有が克服されることによって、やがて身体存在へと向かうだろう。技術の習得や習熟によってスポーツ的身体は自由度を増し、人格と調和していく。氷上のエッジ操作が習熟してくるにつれて、人格と身体の調和を得るだろう。スキーと一体化していくうちに、雪原において自らの身体を忘却し、自由に滑降を楽しむだろう。これは、まさに幸福な瞬間である。

身体に何らかのハンディキャップを有する人々も、この事情は全く同様である。チェアスキーは、特有のスポーツ的身体を必要とする。車椅子バスケットボールも特有のスポーツ的身体を必要とする。彼らは、その特有の技術を習得し、そしてそれを洗練化することによって、そのスポーツ的身体において身体保有から身体存在へと移行し、そこにおいて人格と身体の調和を経験するのである。スポーツにおける身体活動性は、身体存在と身体保有の往還でもある。

4. スポーツ的身体性と世界の経験

さて、人間は、スポーツにおいて、身体存在と身体保有を往還する。ここでは、スポーツにおける身体存在に目を向けていきたい。このスポーツにおける身体存在は、生きられた身体 gelebter Leib とも呼ばれる[6]。つまり、スポーツにおいて、人々は自らの身体を生きるのである。そしてこの身体は世界と連続しているため、人間はその身体を生きることによって、ようやく世界と関わることができる。

つまり、人間は、スポーツにおいて自らの身体を生きるとき、ようやく世界へと開かれていく。ヴェンカート Wenkart, S. は、次のように述べる；

　　ちょうどスポーツにおいてそうであるように、身体が活動しているときに、われわれはそれを世界に対して開かれた人間存在（実存）とみることができる[7]。

第 12 章　スポーツと身体活動性　125

　この時、スポーツ的身体はその身体存在において、人格－身体の調和から、人格－
身体－世界関係にまで拡大されていく。スポーツにおいて人々は身体を生きることに
おいて世界に開かれ、世界と結びつき、そしてその世界を経験することができる。ス
ポーツ的身体性は、人間における世界経験の起点の一つなのである。

　従って、スポーツ的身体は、連続的な日常を超えて世界へ立ち入っていく通路の
一つである。われわれは世界へと開かれた通路をそんなに多くは持っていない。その
確かな一つがスポーツ的身体なのである。スポーツの定義的特徴の身体活動性は、こ
のような視座のもとで論じられていくのである。

　それでは、スポーツにおける身体存在において世界を経験するとは、どのようなこ
となのだろうか。マイヤー Meier, K. V. によれば、プレイヤーは自分自身の身体的な
やりかたで世界と対面し、世界と対話し、個人的な意義に満ちた方法で、世界を探
求する[8]。トラックレースの先頭ランナーも、無人の静寂な雪原を自由に滑降するス
キーヤーも、険しい山道をひたすら歩み進む登山者も、自分だけの身体的なやりかた
で、世界と対話し、世界を探求し、やがて、そこに何かを見いだす。この何かが、特
有の意味である[9]。人々がスポーツにおいて世界を経験するということは、意味の探
求と創造なのである。

　そうであるならば人々の身体運動は、それぞれがそれぞれのやりかたで、独自に意
味を探りゆく営みであるかもしれない。マラソンで世界最高記録に挑む競技者も、夕
刻にジョギングを楽しむ夫婦も、それぞれが自らの身体的なやりかたで特有の意味を
求め、それを得ようとしているのである。このように考えるならば、人間の身体それ
自体が、意味の源泉である。バン・カーム Van Kaam, A. は、次のように述べる；

　　私の身体は、既に意味付与的な実存 a meaning-giving existence である。たとえ
　　私がこの意味付与活動を意識していないとしても。私の身体は、私が意味について考え
　　る以前から、私の世界に意味を授けてくれる[10]。

　スポーツにおいて人々は、自らの身体を経験するのみならず、世界を経験し、そこ
から意味を探求しそして創造する。従って、スポーツにおける身体活動性は、まさに

126 第3部 体育教材とその主な源泉としてのスポーツ

意味の探求と創造なのである。

5. スポーツ的身体の再構成と世界の拡大

われわれは、自らのスポーツ的身体性によって、世界を経験することができる。そしてこのスポーツ的身体性は、固定的・確定的なものではなく、個々人の努力によって常に開発されつづけていく。それまでできなかったショットが努力によってできるようになる。ぎこちなかったターンが、練習によって円滑なターンにかわっていく。水中に不自由を感じていたのが、水に身をまかせて心地よく浮くことができるようになる。スポーツ的身体性は、より洗練されたスポーツ的身体性へ再構成され続けていくだろう。

そして、このようなスポーツ的身体性の拡大的な再構成によって、その人の経験し得る世界も拡大していく。木村真知子は次のように述べる：

> スポーツ運動では、思いきって、ある一つの能力をきわだたせ、その限界に挑戦することが可能となる。それによって、人は身体的自由を飛躍的に拡大し、私たちの経験する世界を無限に開いていくのである[11]。

スポーツにおいて人々は、身体をスポーツ的に開発し、それを有意味に耕していくことによって、そのスポーツにおける身体的自由を獲得し、それを押し拡げていく。そして、そのような自由な身体は、経験し得る世界を拡大していく。身体が変われば、世界をまた異なって経験することができる。つまり、身体が変われば、世界が変わる。従って、スポーツ的身体の再構成は、世界を意味的に拡大していくことにつながっていく。これによって経験し得る世界が無限に開かれていく。

従って、人々は、スポーツ的身体によって、世界へと無限に開かれていく。スポーツにおいて人間は、日常の平板な流れにおいては決して経験できない世界に開かれ、そこでの身体を生きることによって、これまで知り得なかった意味を知るだろう。

スポーツ的身体とは、われわれが日常において経験し得ない世界への通路である。人間は、その身体存在において世界を特有に経験し、これによってまた新たな意味を

創造し続けていく。まさに、スポーツにおける身体活動性は、絶え間ない意味の探求と創造であるだろう。スポーツの身体活動性は、スポーツがただ単に身体の機械的な精緻化によるパフォーマンスの追求ではなく、意味探求的＝意味創造的な文化的営為であることを雄弁に語ってくれるのである。

【引用及び参考文献】

（1）Murphy, B. L.（1981）The nature of sport : Conception and Classification, Doctor Dissertation, The Temple University, p. 291-371.

（2）佐藤臣彦（1993）身体教育を哲学する, 北樹出版, p. 239.

（3）Lozenz, K. : 谷口茂訳（1978）自然界と人間の運命, 第 2 巻, 思索社, p. 355.

（4）Grupe, O. : 永島惇正他訳（2000）スポーツと教育, ベースボール・マガジン社, p. 229.

（5）Grupe, O., 同上書, pp. 209-210.

（6）Grupe, O., pp. 210-211.

（7）Wenkart, S.（1963）The meaning of sports for contemporary man, Journal of existential psychiatry, 3-12 : 401.

（8）Meier, K. V.（1980）An affair of flutes : an appreciation of play, Journal of philosophy of sport, 7, p. 32.

（9）Kleiman, S.（1972）The significance of human movement, Sport and the Body, Lea & Febiger, p. 178.

（10）Van Kaam, A.（1963）Reading in existential phenomenology, Prentice-hall, p. 229.

（11）木村真知子（1987）運動とは何か, 体育原理講義, 大修館, p. 44.

128 第3部 体育教材とその主な源泉としてのスポーツ

第13章 スポーツの概念と文化運動

1. スポーツ概念の構成 ― 連続体概念としてのスポーツ ―

これまで、スポーツの概念を規定するために、その定義的な特徴である遊戯性、競技性、身体活動性について辿ってきた。それでは、これらの三つの特徴の相互関係はどうなっているのであろうか。

そもそもスポーツは、その語源的理解から遊戯性が起点とされなくてはならない。そして、人々は競いあいをも遊戯として愉しんでいたのである。ところが、歴史的過程において、競技を職業とするような事象が出現すると、この競技性が徹底的に先鋭化されていく。

もともとこの競技性athleticsは、ギリシア語の athlein（賞金目当てに競争する）、あるいは athlos（競技会）、さらには athlon（競技会の勝者に贈られる賞品）から派生した概念である[1]。職業競技者は、その生活のためには何としても勝たなくてはならない。従って、そこでは勝利が至上命題となっていく。それは、古代の運動競技のみならず、現代スポーツにおいても、大きな特徴の一つとなってしまっている。

そこで、キーティング Keating, J. W. は、現代スポーツの特徴の一つとしての競技性にこの勝利至上の傾向を明確に認める[2]。ここから、スポーツにおける遊戯性と競技性の相互関係が問われていく。シュミット Schmit, J. F. によれば、スポーツにおいて勝利の重要性が肥大していけば、遊戯の精神が失われていく[3]。つまり、スポーツは勝利が強調されていけば、それだけ遊戯性が減少し、競技性が増していく。

ここから、ヴァンダーズワッグ VanderZwaag, H. J. は、これらの見解を援用かつ発展させ、遊戯性 play と競技性 athletics との相互関係の中でスポーツを位置づけ、それらを連続体概念として表現した[4]。

play ←――――― sport ――――→ athletics

第 13 章　スポーツの概念と文化運動　129

　つまり、スポーツは、遊戯性から競技性へと連なる連続体概念として構成される。
従って、スポーツには遊戯性と競技性という二つの極が存在する。この連続体概念を
包摂するのが、そのスポーツを規定する特有の身体活動性となるだろう。

　従って、スポーツは、その内に遊戯性と競技性の両極を有する、特有の身体活動
性に規定された身体運動文化である。

　さて、スポーツをこのような連続体概念として捉えたとき、現代スポーツは大きく
二つのありようとして語られるだろう。一方は、競技性の要素を中核に据えたチャン
ピオンシップ・スポーツである。そして他方は、遊戯性を中核に据えたレジャー・ス
ポーツである。前者においては、競技に全人格をかけて打ち込み、勝利や卓越を競う
だろう。後者においては、その活動において楽しいひと時を過ごし、そして幸福を享
受する。

　ただし、その双方に特有の価値や意義があり、そこに文化的価値の軽重があるわけ
ではない。スポーツ・フォア・オールや生涯スポーツが叫ばれるなかで、われわれは、
それぞれの文化としての価値や意義を正しく理解しなくてはならない。

2．スポーツの文化運動と文化批判

　スポーツは、悠久の歴史的過程において人類が創造した文化の一領域である。そ
もそも、文化とは、人間の創造した価値や意味の実現によって構成された歴史的形
象に他ならない。造形芸術にはそれ特有の価値が、音楽にはそれ特有の価値が、さ
らには身近な道具にさえもそれ特有の価値や意味が実現されている。スポーツも同様
である。そして、それは人間の文化伝達によって、現在に受け継がれている。

　しかし、この文化伝達とは、決して世代間の単なる単純再生産ではない。実は、
文化伝達は、必ず一人一人の精神的次元を通り抜ける[5]。そこにおいては、そのス
ポーツに実現された価値や意味が探求され、その真正性の吟味によって不純な部分や
劣化した部分が除去されるとともに、そこに新たな価値や意味が付与されていく。こ
れが正しく機能すれば、スポーツはより豊かな形象へと高まっていく。

　従って、スポーツは、この文化伝達において価値的に高貴化されていくはずである。
この意味において、スポーツも、固定的・完結的な形象ではなく、つねに高貴化に向

130 第3部 体育教材とその主な源泉としてのスポーツ

けて価値創造的に運動している。これが、スポーツの文化運動 Kulturbewegung である[6]。スポーツは、常に高貴化へと向かう文化運動の途上にある。

しかし、スポーツの現実をみてほしい。そこには高貴化どころか、多くの変質や劣化がみられるだろう。ジレは、次のように述べている；

　　　「人間のスポーツ性は、自然的な、かつ育てにくい植物である」とピエール・ド・クーベルタンは書いている。ギリシア人はこれを巧みに栽培し、すばらしい永続的な開花をもたらした。その後、ある病害に対してこの植物を保護することを怠ったので、かれてしまった。この植物は野生の状態で勢いよく再現したが、間もなく新しい驚異的事物の前にしおれてしまった。19 世紀に再発見されたこの植物は、促成栽培をほどこされ、速やかに成長するとともに、種々雑多の変種を生じた[7]。

それでは、「ある病害」とは何か？さらには「変種」の意味するところは何であろうか？スポーツはどのように変わっていったのか？ここでは現代スポーツ、特に競技スポーツに焦点をあてて、その変化をみていこう。

3．現代の競技スポーツ ―変質か、それとも必然的帰結か―

スポーツが遊戯から発展してきたとしても、それが競技性の方向に亢進していくことで、多くの変化を生み出している。

たとえば、現代スポーツとりわけ競技スポーツは、あらゆる局面で測定可能であり、計測技術の精度の向上とともに、スポーツ・パフォーマンスは数量化されていく[8]。これについては、陸上競技の 100 メートル走の世界記録やマラソンの世界最高記録などが連想されるだろう。また、美的評価や完成度さえも点数化という方向で数量化されていく。これについては、フィギアスケートやシンクロナイズド・スイミングなどが想い起こされるだろう。

そして、その結果、測定された記録の上での数値の微細な差異が、非常に大きな価値と意味を持つようになっていった。この微細な差異こそが、金メダルと銀メダルを分けるのである。しかし、グットマン Guttmann,A. は次のように述べる；

第 13 章　スポーツの概念と文化運動　131

ギリシア人はそうではなかった。ピタゴラスやアルキメデス、ユークリッドらは数学、とりわけ幾何学に偉大なる貢献をしたが、ギリシア文明は数量化に対する要求にとりつかれていなかった。ギリシア人にとって、人間は万物の尺度であり、無限の測定対象ではなかったのである。勝者の冠を戴くこと、青き空のもとで栄誉 glory と名声 fame をかけて競い合う競技者のなかで勝利すること、それで充分であった。どれだけ遠くへ円盤を投げたか？どれだけ速くその距離を走ったか？そんなことはだれもしらない[9]。

さらに、あの数量化の傾向が卓越 excel や最高のものになる to be the best という欲求と結びつき、そこに様々な付加価値が付与されていくと、競技者は記録を追求することに駆り立てられていく。この記録という観念によって、特定の競技場に集まった競技者ばかりでなく、時間と場所を隔たった競技者との競争も可能となる。そして、それが進歩の概念に絡めとられていく。

この進歩の概念とは、全ての進歩がまた次の進歩の対象となるという直線的で、そしてなかば強迫的な概念なのである。昨日の世界新記録が、また競技者の新たな追求対象となり、そしてそれを乗り越えようと努力する。ここで、「Citius, Altius, Fortius！より速く、より高く、より強く！」という近代オリンピックの標語が想起させられる。グットマンは、次のように述べる；

> われわれは、人対人の劇的な競争に満足するようなギリシア的な意味でのスポーツを受け入れるのか？はたまた、それまで見たこともないような競技的達成を求めるファウスト的な熱望 Faustian lust を満たす新たな道を考えようとするのか？われわれは冷静に見守らなくてはならない[10]。

さらには、ホイジンガによる次のような近代スポーツ批判[11]も傾聴に値する。スポーツは、遊戯から発展していくなかで、だんだんまじめなものとして受け取られる方向に向かった。そこでは、規則はしだいに厳重になり、組織化と訓練が絶え間なく強化されていくなかで、純粋な遊戯の内容がそこから失われていった。こうしてスポーツがしだいに純粋な遊戯の領域から遠ざかっていく。スポーツはもはや何かの実りを生む

132 第3部 体育教材とその主な源泉としてのスポーツ

共同社会の精神の一因子というよりも、むしろただ闘技的本能だけのものと化してしまった。オリンピックなど高名なスポーツ競技会は、大衆デモンストレーションという外面的効果を高めはするが、スポーツを文化創造へと高めることができない不毛な機能に成り下がってしまった。スポーツは、遊戯のなかの最高の部分を失っている。これが、ホイジンガの近代スポーツ批判である。

われわれは、これらをどのように受け取るべきだろうか。ホイジンガは、スポーツにおいて競技性を否定してはいない。しかし、スポーツにおいて、結果としての勝利に過剰にこだわり過ぎる余り、そこから種々の弊害が現実に生じていることも事実である。

たとえば、スポーツにおける勝利至上主義の無分別な亢進は、やがて狂信的な勝利至上主義へと陥落していく。そして、それがスポーツを内部から劣化させていく。少年期からの専門的で過重なトレーニングは成長期の身体をゆがめ、その精神をも疲弊させる。国家的戦略による早期強化と漏れ落ちるものへの保障のないピラミッド型の選抜は、多くの若年競技者の人生を狂わせる。トップアスリートにおける薬物の不正使用や、その巧妙化などは後を絶たない。

また、ゲームにおいて自分や自分のチームが有利になるように審判の目を盗んでファールをする青少年プレイヤーをよくみかける。そして、これがあたかも一つの技術や戦術として捉えられているかのようである。実は、これは錯覚的騎士道として戒められるべき考え方であることをご存じだろうか[12]。かのソクラテスならば、次のように述べただろう。

　　不正義がどんな利益をもたらそうとも、正しく行為するもののみが本当に幸福なのである[13]。

おそらく、そのような歪んだ競技世界では、人は勝利したとて、幸福であろうはずがない。果ては、そのような競技世界が人間性を圧迫し、その世界に生きる人々の人格に歪みや劣化をもたらしていく。コーチによる暴力や不当な人間搾取は後を絶たず、高名な選手の粗暴な振る舞いが横行し、身のほどを知らない若年競技者がモラルを軽んじ、それを競技団体がその強さゆえに保護しようとする。

人々は次のように思うだろう。単に人より速いだけの、単に人より上手なだけの、

第 13 章　スポーツの概念と文化運動　133

浅薄で、粗野で、それでいて思い上がった愚昧なスポーツ・スノッブを重用する文化
はもうたくさんだ。霜山徳爾は、次のように回顧する；

　　かつて、ヨーロッパで、有名な選手団の通訳をたのまれて案内した時、彼らのなんと
　も感情の肌目の荒い、粗雑な人柄にはきもをつぶした。名高いゴシックのドームにも、
　きらめく華やかなステンドグラスの光にも、巨匠のひくバッハのオルガン曲にも、徹底的
　に文字通り一片の興味も示さないのには驚かされた。スポーツマンとは真のホモ・ルー
　デンスであろうと考えていたのは大変な誤解で、一種の猿にすぎないことに気がついたも
　のだった。今日、ゴルファーなどを見るにつけても、いまだにこの意見を変更する必要
　を感じない[14]。

　これは、ただの昔話なのだろうか。ここで、ユヴェナーリス Juvenalis, D. J.の願
いが虚しく想起させられる。ユヴェナーリスはローマの腐敗した社会、そしてそこには
びこる職業競技者の愚昧さや横暴を嘲笑・風刺し、次のように述べた；

　　もし神に何かを祈ることができるならば、次のように祈るべきである。…健全な身体
　に、健全な精神を与えたまえ[15]。

　このユヴェナーリスの願いは、依然として、現代のスポーツと多くのスポーツ競技
者たちに猛省を促す警句となるだろう。勝利至上主義のリスクばかりではない。現代
のスポーツにみられる偏執的なナショナリズムや浅薄な商業主義は、スポーツを文化
として育ててくれないかもしれない。そして、スポーツは、もはや人間を豊かにしては
くれないかもしれない。
　いや、このような事態が亢進していけば、やがてスポーツは堕落してしまうだろう。
ミッチェナー Michener, J. A.は、次のような警句を発する；

　　スポーツをそのまま批判なしに受け入れられる時代は、もう過去のものとなった。スポー
　ツは、いまや最も注意深い吟味と、最も鋭い批判に晒されなければならない[16]。

134 第3部 体育教材とその主な源泉としてのスポーツ

4. スポーツの高貴化のために —個々人の倫理的なスポーツ行為—

これまで、スポーツにおける現実的な変質と部分的な低劣化をみてきた。スポーツは、もはや個々人を超えた巨大な複合的形象である。そして、そのようなスポーツの変質や低劣化は、それ自体に留まらず、そこから発せられる毒素が、後の世代に悪影響を及ぼしていく。そして、そこからさらに劣悪なスポーツ現象が生み出されていく危険性がある。これが、シュプランガー Spranger, E. が懸念した「悪夢の循環」[17]である。

それでは、スポーツも走り始めた文化運動が自動化し、それが悲劇的な方向へと傾きつつあるとすれば、やがてその歯車が摩耗しモーターが焼き切れ、それによる必然的な崩壊に到るまで、人々は策もなくただ耐え忍ばなくてはならないのであろうか。

しかしながら、そもそも文化には、厳密に言えば、全く自動的な過程は存在しない。先に見たように、スポーツも、その文化運動においては、個々人の精神的次元を通っていく[17]。そこにおいて、そのスポーツに実現されている価値の内実とその文化としての真正性が批判的に吟味されていくのである。

いかなる場合においても「愛のムチ」は育ちゆく人格を損ねること、意図的なファールは美しくないこと、相手チームのプレイヤーのユニホームを引っ張るプレイは醜悪であることを弁えるべきである。そして、いかなる場合においても、真摯な頑張りや相手チームのプレイヤーに対する人格的敬意の崇高さ、フェアネスの美しさ、そこにおいてスポーツを享受できることの喜びや感謝等を、個々人が自らのプレイや振る舞い、具体的な行動において実現していくことが大切である。さらに、そのような美しく優れたものに感動し、その良さを理解することも、それ自体が重要で価値ある創造的な行いである[18]。

これらの一つ一つがよき契機となり、スポーツの文化運動に確実に算入されていくのである。確かに、スポーツという文化の総体においても、個々人は取るに足らない微細な存在であるが、実はそれを直接的に支えながら、その文化運動の全体を舵取りしている。従って、スポーツにおいても、このささやかな個々人の清廉な、そして倫理的な行為や振る舞いこそが勇気づけられるべきである。そのような無数のよき創造は、文化運動の進行に対して軌道修正的に作用する。

第 13 章　スポーツの概念と文化運動　135

　これによってのみ、スポーツは文化運動の本来性を取り戻し、高貴化に向かって進行していくことができる。従って、その時代に生を享けたわれわれ一人一人には、スポーツの文化運動の進行に対する責任が存在する。われわれは、スポーツに対するこのような文化責任 Kulturverantwortung を自覚するべきである[19]。

　おそらくこれについては、体育の果たす役割は大きい。体育は、そのようなスポーツを教材として扱う。従って、体育は、目の前の児童・生徒の成長・発達のみならず、そしてスポーツの技術のみならず、スポーツの理念や価値についての正しい認識を育み、フェアにプレイすることの、正しく振る舞うことの美しさを教えなくてはならない。それは、体育にしかできない重要な役割の一つである。

　正しさは美しい。人はその文化的行為において美しくあらねばならない。従って、人はスポーツ競技においても美しくあらねばならない。上手や下手ではない、人間としての美しさ、これを教えることで、体育は、スポーツの文化運動の進行に軌道修正的に寄与し得るだろう。

　もし、スポーツ競技において、このような美しさを放棄するならば、スポーツは文化であることをも放棄することとなる。スポーツにおいて時折みられる判定をめぐっての醜悪な争いなど人類の関心事ではなく、せいぜい嘲笑の的であるにすぎない。美しくあることを放棄したとたんに、スポーツは内側から崩壊していくだろう。

　これを考えるうえで、1908 年に開催されたロンドンオリンピックで起こったある出来事に目を向けてみよう。当時、開催国イギリスと新興国アメリカ合衆国の関係は、決して平穏なものではなかったようである。そして、この好ましくない関係感情は、確執となってスポーツ競技場面に持ち込まれていった。会期中、英米間にルール違反や勝敗をめぐっていくつかの見苦しい衝突や諍いが起こる[20]。

　それを苦々しく感じていたのが、米国選手団に帯同していたペンシルバニアの大司教エチュルバート・タルボット Talbot, E. であった。彼は、7 月 19 日、聖ポール寺院で行われた日曜礼拝において、米国選手団に対して、次のような説教をしたという。

The important thing in these Olympic Games
is not so much to have been victorious as to have taken part.

136 第3部 体育教材とその主な源泉としてのスポーツ

　これを知り及んだクーベルタン Coubertin, P.（1863-1937）は、それをオリンピック精神に位置づけ、7月 24 日に行われた演説において次のように述べたという。

The most important thing in the Olympic Games is not to win but to take part,
just as the most important thing in life is not the triumph but the struggle.
The essential thing is not to have conquered but to have fought well.

　結果としての勝利よりも、よく戦うこと、これが「人間をより勇敢に、より強健に、そしてより気高く」、より「優雅に」してくれる[21]。スポーツは何のために？スポーツの存在意義は人間を高めてくれるところにある。人間を高め、そして豊かにすること。ここにスポーツ・ヒューマニズム Sporthumanismus / sport humanism がある。

　スポーツは文化である。これは現代の人類の認識に通底する基本テーゼであるだろう。しかし、人類を堕落へと誘うもの、人類を不幸にするものは、もはや文化と呼べない。スポーツが文化として存続していくためには、その健全化が必要であるのはいうまでもない。

　やはり、スポーツは美しくあるべきである。競技においても美しくあること。フェアな頑張り、クリーンな競技は本質的に美しい。だからこそ人々は競技のそのような美しさに魅せられ、ピンダロス Pindaros はそこに神々の現れを見いだし、あの「祝勝歌」を捧げたのである[22]。スポーツにおける競技が美の方向で語られるとき、文化としての健全性を保持し得る。われわれは、これを甘美なファンタジーとして斥けることができないだろう。

　そのためにも、体育においては、身体運動技術もさることながら、スポーツを理念的に教えることが求められる。それ故に、体育教師は、スポーツの価値や意味をじっくり考えて欲しい。そこを起点としてのみ、スポーツの教材化が可能なのである。それを怠るものは、スポーツの豊饒な価値を体育に生かすことができない。体育教師は、少なくともスポーツについての文化理解者であらねばならない。

第 13 章　スポーツの概念と文化運動　137

【引用及び参考文献】

（1）Keating, J. W.（1972）Sportsmanship as a moral category, Sport and the body, Lea & Febiger, p. 264.

（2）Keating, J. W., ibid, p. 265.

（3）Schmitz, K. L.（1974）Sport and play : Suspension of the ordinary, Gerber, E. W.（ed.）Sport and the body, Lea & Febiger, pp. 30-31.

（4）VanderZwaag, H. J.（1972）Toward a philosophy of sport, Addison Wesley, p. 72.

（5）Spranger, E.（1947）kukturpathologie?, GS, 5, S. 181.

（6）Spranger, E.（1955）Der Eigengeist der Volksschule, GS, 3, S. 299.

（7）Gillet, B. : 近藤等訳（1979）スポーツの歴史, 白水社, p. 20.

（8）Guttmann, A.（1978）From ritual to record : The nature of modern sports, Columbia University press, pp. 16-55.

（9）Guttmann, A., ibid, p. 49.

（10）Guttmann, A., ibid, p. 54.

（11）Huizinga, J.（1938）Homo Ludens, Rowohlt, S. 186-188.

（12）Clinchamps, P. : 川村克己・新倉俊一訳（1963）騎士道, 白水社, p. 119.

（13）プラトン : 藤澤令夫訳（2008）国家, 岩波書店, p. 350. 10:612B. あわせてプラトン「法律」660E-661D, 777D など

（14）霜山徳爾（1975）人間の限界, 岩波書店, pp. 42-43.

（15）Juvenalis, D. J. : 樋口勝彦訳（1963）むなしきは人の願い, 世界人生論全集, 2, 筑摩書, p. 388.

（16）Michener, J. A.（1976）スポーツの危機, サイマル出版会, p. 25.

（17）Spranger, E., a. a. O.,（5）, S. 181.

（18）和田修二（2005）教育の本道, 玉川大学出版部, p. 53.

（19）Spranger, E.（1964）kulturfragen der Gegenwart, Quelle & Meyer, S. 61.

（20）水野忠文（1971）体育思想史序説, 世界思想社, pp. 142-149.

（21）水野忠文, 同上書, p. 150.

（22）Pindaros : 内田次信訳（2001）祝勝歌集, 京都大学学術出版会, Pp. 493.

138

第4部　体育における目的の構成とその基点

　さて、改めて体育の関数論的定義を想い起こしてほしい。これまで、この関数論的定義の三つの独立変数をみてきた。ここでは、第四の独立変数、つまり体育の目的に焦点を当てて、それを構成するための基本的な考え方を検討していこう。そのためには、体育における目的のこれまでとこれからについて目を向けていく必要がある。

　体育は、これまで児童・生徒をどうしたかったのか？　そして、体育は、これから児童・生徒をどうしたいのか？

第14章　体育論の類型とその目的設定

　体育の概念を周到に探求していくうえで、これまでの体育論の基本的な視野を踏まえておく必要がある。いわゆる体育論とは、体育の本質・目的・内容・方法に関する体系的な理論である[1]。歴史的・世界的な視野で見た場合、これまでの体育論は、基本的に「身体の教育」、「身体運動を通した教育」、「身体運動（スポーツ）の教育」の概念によって構築されてきた。ここでは、これまでの体育論の、とりわけ目的に焦点ををを当てていこう。

1．身体の教育

　身体の教育とは、端的には身体あるいは身体機能の発達を、重要な目的として掲げる体育論である。もっとも、この考え方は新しいものではない。事実、それは原始時代にも遡ることができるが、ここでは19世紀における西欧の国民体育論からはじめてみよう。

　まず先にみたように、この国民体育論は、国防上の要請から、健康で強靭な国民を育成することを目指すものであった。これが、やがて時局の亢進とともにファシズ

第14章 体育論の類型とその目的設定 139

ムやミリタリズムに絡めとられ、軍事的に変容していったのは周知の通りである。その一方において、それが米国に移入されていくと、その国家主義的な色彩は脱色されながら、やがて体力論へと集約されていく。

さらに、米国においては、1953年のクラウスウエーバー報告を機に、青少年の身体適性 physichal fitness が疑問視され、ケネディ時代の到来とともに、その向上が緊急課題として要請された。これが、体育の方向性に直接的に反映されていったのはいうまでもない。

さて、その後、米国社会においては健康問題の深刻さが次第に増していった。体育も、それへの対応を視野に入れつつ、その可能性を探っていかざるを得なくなる[2]。このような流れにおいて、あの身体適性は健康という概念と結び付いていたため、体育論としての正当性や説得力を高めていく[3]。この延長に、いわゆる健康関連体力論 health related fitness が位置するだろう。

さて、「身体の教育」の根底には、おおよそ身体の機能、あるいは体力を要素に分けて能力改善を図ろうとする考え方が存在する。ここでの体育の対象は、一人一人の人間それ自体ではなく、人間の身体の、それも機能的に区分された特定要素に過ぎない。従って、ここにおいては、トータルな人間の育成が軽視されやすい[4]。

もっとも、このような考え方は、体育の課題を具体的に設定しやすく、その成果も客観的に把握しやすい。実は、1990年代に、体育が教科としての確実性の欠如が疑われ、学校外部から嘲笑の的とされた[5]。体育は、多くの課題を掲げながらも、どれ一つとして明確な成果が出せないことから、学校教科における「絶滅種」とまで揶揄されていく[6]。体育は、短期的効果はともかくとしても、より永続的な能力等の育成については疑問に付されたのであった[7]。そこで、体育は明確で確実な成果を求めて、あの身体適性に課題を見いだしていく。ここでの「身体の教育」は、まさに教科としてのアカウンタビリティーの確保のためでもあった。

従って、「身体の教育」の前提には「何かのための身体」という図式が存在する。国防のための身体、軍事のための身体、労働のための身体、はては体育の教科としてのアカウンタビリティー確保のための身体。

ここで、本質論に立ち戻って思考しよう。自分の身体は、だれのものなのか？体力

140 第4部　体育における目的の構成とその基点

は何のために？　健康は何のために？　この点を欠いた体力主義や健康主義は、歴史が示した悪夢のように不健全な意図によって絡め取られ、目の前の児童・生徒を不幸にしかねない。

　身体の教育、とりわけ体力論が前面に出てくる場合、青少年の身体をそれ自体のために強く美しく育てゆくといった発想よりは、往々にして国防上の問題や労働力の問題、あるいは国家経済的な問題が主動因であることが多い。体育論議において体力が声高に叫ばれるとき、われわれはそれを冷静に吟味する必要があるだろう。

2．身体運動を通した教育

　米国において、それまでの「身体の教育」を掲げる体育にかわって、新しい考え方が登場する[8]。それは教育の一般目的を達成する手段として身体運動を用いるという考え方であった[9]。すなわち、それは「身体の教育」から「身体運動を通した教育」へ、という思想的変化である。これが、新体育 the new physical education であった。

　この新体育は、身体の鍛錬や発達のみならず、教育それ自体と同様の幅広い目的を持つ。ここにおいては、体育の対象は　人間の身体の、それも単に機能的に区分された特定要素ではなく、全人としての人間、あるいは全人としての子どもである。他教科との唯一の相違点は、目的を達成する手段が異なるということである。そして、目的を達成する手段、それが身体運動なのである。

　この思想的転換は、広く受け入れられていった。さらには、それが体育を他教科と同等の地位に引きあげるうえで役立ったのである。ガーバー Gerber, E. は、次のように述べている；

　　学習に含まれる「全人としての子ども」という概念は、体育に対して新たな哲学的敬意をもたらした。…体育は教育において正当な役割を有すると考えられたのである。…学問を教える教師は、その精神だけでなく「全人としての子ども」を教育する。これと同じことが、体育教師にも真実として適合する。これによって、体育の強調点は、身体や健康への配慮から、総合的な教育的価値の促進へと移行したのである[10]。

第 14 章　体育論の類型とその目的設定　　141

　この「身体運動を通した教育」という概念は、まさに大きなパラダイム転換といえる[11]。それでは、これによって体育は、どのような課題を担わされたのであろうか。ビューチャー Bucher, C. A. は、次のように述べる；

　　体育は、全教育過程の統合的な部分であり、身体的、精神的、情緒的、そして社会的に適応した市民の形成をめざそうと努力する領域であり、これらの成果を実現するために選ばれた身体的諸活動を媒介として行われる[12]。

　ここにみる市民とは、いうまでもなく米国民主主義社会の構成員であり、そしてそれは社会の維持・存続、さらには発展のための人材というニュアンスがある。体育は「身体運動を通して」、米国民主主義社会を支える有用な人材を育成しようとしたのである。おそらく、国家の体制が異なれば、そこに盛り込まれる目的の内実が異なるかもしれない。

　そこで、社会主義陣営に目を向けてみたい。かつてのソビエト社会主義共和国連邦では、どうであったのか。これについて、ノビーコフは次のように述べている；

　　ソビエト体育システムは、それなくしては社会主義の建設が不可能であるような、身体的精神的能力の全面的に発達した人間をつくりあげ、社会主義的社会の要求を満足させるという使命をもっている。体育は、体育以外の教育と区別される独自性をもっていると共に、それらと共通の特徴をもっている。…ソビエト体育は、社会主義的道徳の要請にかんがみ、ソビエト人民の意志・性格・道徳性・美的感情の発達に、積極的な影響を与えるところの手段の一つである[13]。

　加えて、旧東ドイツ、つまりドイツ民主共和国の「スポーツ指導要領（1976）」には、体育の主要課題として、「肉体的諸特性、運動能力ならびに運動の熟達を養うとともに、社会主義的な人格の資質を形成することである」と記されている[14]。

　いずれにせよ、「身体運動を通した教育」は、その国家の体制の維持・存続に役に立つ人材を育成するために、身体運動を用いるという発想であるだろう。まさに、そ

142 第4部 体育における目的の構成とその基点

れは有用性の論理に基づく人材育成の体育である。

　ここで注意して欲しいのは、何に対する有用性か、ということである。われわれは、この人材育成の体育に盛り込まれる、さまざまな美名に惑わされてはならない。この思考形式それ自体が、人類の歴史において多くの悲劇をもたらしてきたことを想起するべきである。「身体運動を通した教育」については、そのような落とし穴に充分に注意されたい。

3．身体運動（スポーツ）の教育

　これまで、「身体の教育」と「身体運動を通した教育」を概観してきた。これらの双方は、基本的な論点が相違するものの、身体運動を手段として用いるという点では共通している。これは、いわば身体運動手段論である。

　ところが、「身体運動を手段とする」という発想それ自体に変化が生じていく。1970年代になると、いわゆる先進諸国では、余暇時間と所得の増大とともに、生活における身体運動の価値が高まり、「みんなのスポーツ Sport for All」や「生涯スポーツ life-long sport, life-time sport」[15] が提起されていった。このような思想動向との対応から、身体運動（スポーツ）それ自体を、何かのための手段としてではなく、それを目的的に追求しようとする「身体運動（スポーツ）の教育」が生まれていった。これは、いわば身体運動目的論である。

　身体運動手段論から身体運動目的論へ、これまた大きなパラダイム転換であるだろう。ここでは、この「身体運動（スポーツ）の教育」に目を向け、特に「運動文化論」、「楽しい体育論」、「スポーツ教育論」を取り上げ、それらを辿っておきたい。

（1）運動文化論

　運動文化論は、身体運動を外在的目的のための手段として捉えることを否定し、運動文化を自己目的なものと規定する。そのうえで、体育の役割を運動文化の伝達・発展にみる[16]。丹下保夫は、次のように述べている。

　　現在のわれわれの世界に存在する運動文化は、永い間、人間によって継承され、発

展させられてきた文化遺産としての運動文化である。従って、体育は、このような運動
文化の、現在の生活の条件の中での継承と発展ということが、その機能となるであろう。
すなわち、（体育とは）運動文化そのものを追求し発展させることを目的とした教育活
動ということにほかならない[17]。

あえて「運動文化」という語が用いられたのは、現代スポーツには、教育的に見て
好ましくない疎外要因が多く含まれていたためである。
この立場においては、体育は、単にスポーツを楽しみ、技能を向上させるだけでな
く、運動文化の理念や歴史、文化としての意味、ルール、組織などの知的学習をも
重視することとなる[18]。まさに、それは運動文化の理念的継承者の育成を目指す理
論と言えよう。

（2）楽しい体育論

楽しい体育論は、まず体育の役割を生涯スポーツへの接続に見定める。そのうえで、
体育においては、健康や体力の増進、あるいは運動技能の向上もさることながら、ス
ポーツや運動の楽しさを学習させることを重視する。振り返ってみれば、かつての体
育は、決してスポーツや運動の楽しさをあまり重視してこなかったようである。シーデ
ントップは、次のように問う；

なぜ学校対抗戦のスポーツや若者のスポーツがエキサイティングであるのに、学校の体
育はつまらないのか？ さらには、体育において効果的に教えられている時でさえも、時
折、面白くないのはなぜなのか？[19]

それはスポーツに特有のエキサイティングな興奮や面白さが、その当時の体育とかけ
離れていたからであった。体育においてスポーツの楽しさを知ることができなければ、
スポーツから遠ざかっていくばかりか、やがてはスポーツに対して否定的になりかねな
い。マッキントッシュは次のように述べている；

144　第4部　体育における目的の構成とその基点

　一部の大人のスポーツに対する嫌悪 contempt は、疑いなく、その児童期や青年期の
体育における遊戯的要素の欠落に起因している[20]。

　しかし、体育においてスポーツの楽しさを知ることができれば、それが一人一人の
スポーツ実践のよき動因となっていくだろう。クルム Crum, B. 、は次のように述べて
いる；

　　もし（体育において）一人一人が運動、遊戯、スポーツ、そしてダンスの学習の楽し
　さや喜びを経験できなかったら、運動文化へ継続的に参加するようにはならないだろう。
　運動文化への継続的な参加のためには、（体育において）一人一人が、運動や遊戯、ス
　ポーツ、そしてダンスを好きになることを学ぶ必要がある[21]。

　それゆえに、シーデントップは、体育をスポーツ文化と緊密にしつつ、児童・生徒
をスポーツ文化のなかにおいて in the sport cultures 教育すべきであると説く[22]。
やがて、このような考え方が、米国において「プレイ体育論」として提起されていく。
これは、ホイジンガやカイヨワの遊戯論をベースにしながら、身体運動やスポーツの
内在的価値に触れることによって生起し得る「意味ある経験」の教育的価値を強調
するものである[23]。
　まさにこれは、それまでの体育に対するアンチテーゼでもあった。そして、この「プ
レイ体育論」を源流として、新たな体育論が提起されていった。これが、「楽しい体
育論」である。
　さて、この「楽しい体育論」では、運動やスポーツの内在的価値に触れる楽しさを、
児童・生徒が自己の力に応じて追求できるように、そしてスポーツを享受できる能力
の育成を求めて、授業が組織されていく。この意味において 体育論における身体運
動目的論的構成の極限値とも言えよう。
　この「楽しい体育論」は、管理的・抑圧的な学校体制と体力主義体育への反発、
さらには「学校に楽しさを、学習に喜びを」という思潮に呼応して、また運動に親し
むことを強調した学習指導要領に対応して、当時の新しい体育のスローガンとなって

いった[24]。

　ただ、この平易なスローガンは急速に普及したが、同時に「『楽しい体育』は、遊ばせればよい」という誤解も生み出した。また、技術指導や体力づくりの軽視に対する批判もある。

　それ以上に、この「楽しい体育論」の基本的な問題は、社会変化への単純な追従という「現状肯定的性格」への堕落の危険性が潜んでいる[25]。「楽しい体育論」には、これを乗り越える論理の構築が求められているのである。

（3）スポーツ教育論

　スポーツ教育論においても、体育の役割を生涯スポーツへの接続に見定める。ただし、ここではスポーツの実質的な内容それ自体が重視され、スポーツそのものの学習が基盤に据えられていく[26]。この背景には、次のような思想が存在する。第一は、スポーツを歴史的・社会的文化遺産として捉えるという思想である[27]。第二は、文化遺産は継承し、発展させるべきであるという思想である。そして第三に、スポーツという文化遺産についての行為の主体者を持続的に、民主的に、そして科学的に育成していく必要があるという思想である。中村敏雄は、次のように述べる；

　　　スポーツ教育の端緒は、たんなるスポーツ技能のコーチング以上に、それが多様かつ重要な内容を包摂していることへの予想によって切り開かれた。そして、それはスポーツという文化遺産の中に、技術を核としながら科学や思想等の教授＝学習を可能にし、さらにこうした教授＝学習が未来の担い手を育てあげることを可能にする内容と方法を包摂している、ということへの確信から開始される[28]。

　このスポーツ教育論は、スポーツの喜び、楽しさ、自己実現を重視しながら、生涯を通してスポーツを主体的に実践できる人間の育成を目指す立場であり、スポーツそれ自体に焦点をあてたカリキュラムが構成された[29]。

　すなわち、このスポーツ教育論は、「スポーツの行為能力の育成」によって、スポーツに自律した人間の育成を目指したのである[30]。

146　第４部　体育における目的の構成とその基点

　スポーツ教育論は、その後、多様に展開していったが、その根幹は、スポーツを、何かの手段としてではなく、スポーツそれ自体として学習し、スポーツ行為能力を高めていくことで、生涯スポーツへと接続していくことを意図するものである。

４．体育思想の発展　― 体育の可能性に対する学的照射 ―

　これまで、体育論の主な形式をたどってきた。それらは、体育の可能性が一定の歴史的・文化的制約において提起されたものである。従って、それぞれの体育論には、一定の歴史的・文化的な正当性が存在するにせよ、もちろん相応の限界も存在する。しかし、体育に何ができるのか？　体育にはどのような可能性があるのか？これは、いまだ汲み尽し得ない学的課題である。

　このような意味において、体育の可能性に対する新たな模索が試みられている。たとえば、身体の強さではなく身体の「賢さ」に主眼を置く身体教育論[31]、さらには道具的な身体の形成ではなく意味受容・意味生成的身体の形成を提起する生成の身体教育論[32] 等である。これらは、これまでの体育論の通俗的な筋肉主義的発想、無批判なスポーツ種目主義的発想、あるいは規律訓練主義的発想に対して、新たな可能性を提示してくれる示唆深い体育論である。

　しかしながら、これらはその論点の重要性において一定の承認を得つつも、いまだ論争の途上にある。われわれは、この有意義な論争の動向を注視しつつ、そこに積極的に、そして創造的に関わっていくことが求められるだろう。

　いずれにせよ、先に見た「身体の教育」、「身体運動を通した教育」、「身体運動（スポーツ）の教育」も、さらには新たなる身体教育論の展開方向も、それぞれが体育の教育としての可能性の豊かさを雄弁に語っている。体育が改めて身体教育に立ち戻ることによって、あるいは体育が教育であることに誠実になることによって、児童・生徒はその可能性の豊かさを普く享受できるかもしれない。

　われわれは、それらに正しく学びながら、これからの体育のありかたを模索していかなくてはならない。

第 14 章　体育論の類型とその目的設定　　147

【引用及び参考文献】

（1）高橋健夫（2006）体育論、スポーツ科学事典，平凡社，p. 613.

（2）会田勝他（1992）体育における健康関連体力に関する考察（第1報），日本体育学会第 43 回大会号，p. 94.

（3）近藤良享（1995）米国における体育概念－意味内容のゆれ動き－，体育の概念，不昧堂，p. 87.

（4）Siedentop，D.（1992）Thinking differently about secondary physical education，JOPERD，63-7：69-70.

（5）Seidentop，D. / O'Sullivan，M.（1992）Preface，Quest，44-3：285.

（6）Westcott，W. L.（1992）High school physical education，Quest，44-3：344.

（7）高橋健夫（2006）体育論、スポーツ科学事典，平凡社，p. 614.

（8）高橋健夫，同上書，p. 614.

（9）Siedentop. D.（1977）Physical education introductny analysis，Wm. C. Bromn Company，p. 110.

（10）Gerber, E.（1971）Innovators and Institutions in physical education，Lea & Febiger, p. 109.

（11）近藤良享（1995）米国における体育概念－意味内容のゆれ動き－，体育の概念，不昧堂，p. 86.

（12）Bucher，C. A.（1968）Foundation of physical education，The C. V. Mosby Company，p. 21.

（13）ノビーコフ：高部岩男訳（1965）ソビエト体育学入門，三一書房，p. 26.

（14）Brux，A.（1980）Sportlehrer und Sportunterricht in der DDR，Sportsoziologirsche Arbeiten，Bd. 4，Bartels & Wernitz，S. 17.

（15）この「生涯スポーツ」の思想的源流は、いわゆる生涯教育論、とりわけユネスコ第3回成人教育推進委員会（1965年）においてラングラン Lengrand，P. が提出した議案書「生涯教育について」であるだろう。ラングランは、そこにおいて人類が「身体的文盲と戦う」ために、スポーツを筋肉主義等から解放し、（体育や）スポーツを生涯にわたって実生活に位置付けていくべきことを提起した。おそらく、このラングランの提起には幸福追求権や文化享受権の思想も密接に関わるだろう。

「詳しくは、次の文献を参照されたい。ラングラン：波多野完治訳（1979）生涯教育について，持田栄一ほか編．生涯教育事典・資料・文献，ぎょうせい，あわせてラングラン：波多野完治（1988）生涯教育，全日本社会教育連合会，阿部悟郎（1995）生涯体育の概念的検討と学校体育の目的認識，体育原理専門分科会編，体育の概念，不昧堂出版など.

（16）佐伯年詩雄（2006）これからの体育を学ぶ人々のために，世界思想社，p. 51.

（17）丹下保夫（1961）体育原理（下巻），逍遥書院，p. 144.

（18）高橋健夫，前掲書，（7），p. 614.

（19）Siedentop，D.（1987）The theory and practice of sport education，Barrete，G. T.（ ed. ）Myths，models & methods in sport pedagogy，Human Kinetics，p. 80.

（20）MacIntosh，P. C.（1963）Sport in society，C. A. Watts & Co.，p. 118.

（21）Crum，B.（1992）The critical-constructive movement socialization concept：Its rationaland its practical consequences，The international journal of physical education，19-1：13.

148 第4部 体育における目的の構成とその基点

(22) Siedentop. D., op. cit., (19), p. 80.

(23) 高橋健夫, 前掲書, (7), p. 616.

(24) 佐伯年詩雄, 前掲書, (16), pp. 52-53.

(25) 佐伯聰夫 (1987) 楽しい体育, 体育原理講義, 大修館, p. 237.

(26) 友添秀則 (2009) 体育の人間形成論, 大修館, p. 75.

(27) 中村敏雄 (1979) スポーツ教育とスポーツ権, スポーツ教育, 大修館, p. 394.

(28) 中村敏雄, 同上書, p. 395.

(29) 高橋健夫, 前掲書, (7), p. 615.

(30) 岡出美則 (2005) 体育の理念はどうかわってきたか, 教養としての体育原理, 大修館, p. 18.

(31) たとえば、次の文献を参照されたい。滝沢文雄(2005) 身体からみた体育の可能性, 教養としての体育原理, 大修館, あるいは、滝沢文雄 (2009)「からだ」の教育, 体育の見方、変えてみませんか, 学習研究社.

(32) たとえば、次の文献を参照されたい。矢野智司 (1995) 子どもという思想, 玉川大学出版部, あるいは次の文献も有意義である。久保正秋 (2010) 体育・スポーツの哲学的見方, 東海大学出版会.

第 15 章　体育の存在意義とその教育としての追求対象

　学校教育には、多くの教科が存在する。国語や社会、理科、あるいは音楽、美術等、そして体育（保健体育）である。そして、これらの教科の授業こそが、児童・生徒の学校的な日常である。しかし、現実的には、児童・生徒の全てが教科の授業に意欲的であるとはいいがたい。われわれにとっても、体育ぎらいの問題は昔と変わることなく切実な問題である。ここで、林竹二の次の言葉と向き合って欲しい。

　　学校教育は、子どもたちを、ともすれば、本来、勉強ぎらいの存在として捉えがちであるが、われわれは、むしろ彼らを勉強ぎらいにしているのは、われわれの授業の貧しさの中にあると考えるべきではなかろうか。子どもたちはパンを求めながら、石を与えられつづけた結果、心ならずも勉強ぎらいにさせられているのである[1]。

　学校教育において、かりに授業が貧しければ、多くの児童・生徒を不幸にしかねない。あの体育ぎらいの問題も、その原因が複合的であるにせよ、体育の授業の貧しさに起因するのかもしれない。児童・生徒を不幸にする教科など不要である。

　しかし、考えてみよう。学校教育の最大の時間が授業にあてられているのは、各教科の授業こそが児童・生徒の教育に不可欠な意義を有しているからである[2]。国語には国語の、数学には数学の、そして体育には体育の存在意義がある。この存在意義が実現されない授業こそが、貧しい授業であるだろう。体育は、授業において児童・生徒を一人も不幸にしてはならない。そのためにも、ここでは、体育の存在意義と向かい合ってみよう。

1．体育とそれに対する外在的要請

　体育は、基本的には、身体運動や身体運動文化を教材とした体育教師と児童・生徒との教育的営みによって構成される事象である。ただし、それは全くの自律的な事象ではない。実は、国家が体育に対して一定の基準を提示する。それが、いわゆる

150 第4部　体育における目的の構成とその基点

学習指導要領である。

　さて、この学習指導要領には、その時々の教育に対する社会の要請が反映される[3]。顧みれば、そこには、大きく三期にわたる変遷をみることができる[4]。その第一期は、昭和22年の学校体育指導要綱にはじまる。ここでは戦中の反省を踏まえ、民主国家の形成者の育成を目指した。体育の目標には、健康や体力とともに「社会的態度の発達」が明確に位置づけられた。そして、そこに経験主義教育理論によって問題解決学習が取り入れられ、児童・生徒を主人公とする生活体育が構想された。ところが、これが「はいまわる経験主義」と評され、児童・生徒の放任に流れがちとなり、基礎学力の低下や運動能力の低下を招くと批判された。

　第二期は、昭和33年の学習指導要領からはじまる。日本は好景気を追い風に経済成長期に入っていく。社会は学校教育に対して経済成長を支える能力の育成を要求していく。ここでは、第一期の反省を踏まえ、体育において「基礎的な運動能力」や「体力」の育成が重視され、「系統的・発展的な指導」を「能率的」「効果的」に行うことが求められた。しかし、それがやがて能力主義の過剰な亢進をもたらし、児童・生徒に「心の荒廃」を含む種々の問題を生じさせることにもなった。

　第三期は、昭和52年の学習指導要領からはじまる。日本は安定成長期に入り、次第に物的な豊かさよりも、「生き方」の質を求めるようになっていった。ここでは、第二期の反省を踏まえ、「人間としての調和」が唱えられ、さらに平成元年の学習指導要領においては「自ら学ぶ意欲」や「社会の変化に主体的に対応できる能力の育成」、さらには「個性をいかす教育」が提起されていった。体育においては「楽しく明るい生活態度」を目指し、健康の増進や体力の向上のみならず、「運動に親しむ」ことが目標として掲げられていった。

　やはり学習指導要領は、いうなれば時代や社会の変化への対応といってよい。学校教育は、制度上、やはり一面において社会的機能の一つであることを考えるならば、社会変化への対応という外在的要請を拒むことができない。

　しかし、ここで立ちどまって考えてみよう。この学習指導要領は、中央教育審議会の答申に基づいて起草される。そして、それは教育の専門家のみによって構成されるわけではなく、ことのほか経済界の影響を大きく受けてきた[5]。たとえば「期待さ

第 15 章　体育の存在意義とその教育としての追求対象　151

れる人間像」やある時期に唱えられた「教育における能力主義の徹底」などは、「教育が経済の成長をもたらす強力な要因」とする経済界の影響力の強さを物語っている。

　従って、学習指導要領の構成原理は、端的にいえば、その社会に役立つ人材の育成という発想である。そして、この発想は明らかに有用性の論理に他ならない。しかしながら、児童・生徒は、社会に対する単なる「人材」予備軍にすぎないのか。社会が流動し、それに応じて価値観が変動すれば、社会が求める人材の質も異なってくる。公教育、とりわけ学校教育は、社会的機能の一つであるにせよ、あまりにも社会の動向、とりわけ経済界の要請に密接に連動していては、表層的な諸要求に学校現場がひきずられ、ひいては児童・生徒の生とその将来に無用な歪みをもたらしかねない。

　そもそも、この「人材」という表現…考えてみれば、とても不遜ではないだろうか。

2．体育の現実性と体育学的アクチュアリティー

　まず、体育の現実に目を向けてみよう。先に見たように、体育は、それが社会的機能の一つであることによって、そこに外在的要請が付されているという事態は否めない。あの学習指導要領が学校教育の実際上の基準であるならば、その正当性についての判断を留保した状態で、そこに示された目標への到達という暗黙の力学が、児童・生徒一人一人に対して作用するだろう。そして、定められた目標に対する到達度に従って、一人一人の学習成果が客観的に把握されていく。体育において見られる一人一人の身体運動学習の客観的な成果は、なるほど体育の現実性の一つであるだろう。これが、体育学的リアリティーである。

　しかし、ここで改めて考えてみなくてはならない。体育においても、一人一人はあの力学に追いたてられているだけでなく、実はそこにおいてもそれぞれの生をいきいきと遂行しているではないか。なるほど彼らは定められた目標への到達や客観的な学習成果もさることながら、それ以上に一人一人が身体運動でのできばえに一喜一憂したり、ラリーの応酬に喜々としながらゲームに没頭していたりする。これも、体育の現実性の一つである。それでは、体育のこのようなもう一つの現実性とは何であるのか。

　ここで、先に見た体育学的人間理解を想起されたい。人間存在における精神的次元の生の一形式は、価値＝意味探求的なありかたであった。体育においても、児童・

152 第4部 体育における目的の構成とその基点

生徒一人一人は、生物的な生、文化的な生のみならず、このような精神的な生をも遂行している。例えば、スポーツに没頭しその本質的な楽しさに触れたとき、そこに秘められた価値に目覚めたり、良いものの意味に感動したりすることがあるだろう[6]。これが価値体験 Werterlebnis である[7]。

バスケットボールを心から愉しみ、舞踊の妙なる調和的旋律に没入し、山頂からの絶景に心打たれるなど、体育においても一人一人の生はそのような価値体験において充実し、そして有意味に輝く。これらは、あの力学や有用性の論理、さらには目標に対する到達度という尺度では全く把握することができない有意味な生の瞬間である。実は、体育において児童・生徒一人一人に生起するこのような有意味な生の瞬間も、体育のもう一つの現実性である。これが、体育学的アクチュアリティーである。

さて、体育における一人一人の価値体験に立ち起こる有意味な生は、瞬間的に生起するとしても、永続することなく、やがて消滅してしまう。しかし、このような有意味な生は、教育として看過し得ない重大な出来事を引き起こしてくれるのである。実は、一人一人は、このような価値体験によってますます多くの価値を受け入れ、それによって自らの内的価値世界に大きな充実と多様性を与えていく[8]。そして、それが「私」という存在に対して意味するところが大きければ、それだけ内的価値世界がより高次なものとなっていくのである[9]。

ここで、この内的価値世界こそが「私」という存在の中で育つ「自己（Selbst）」であり、そして「私」という存在の本質であり、さらにはその人格的可能性であったことを想起してほしい。つまり、体育においても、このような有意味な生は、児童・生徒一人一人の人間存在の本質を豊かに耕し、そして高めてくれる。これによって、彼らはその内面において有意味に変容し、それまで以上の豊かな人間になっていく。

これが人間存在の精神的次元における生成 Werden という、とても重大な出来事なのである[10]。そして、一人一人に生起するこの生成の瞬間こそが、体育における教育的瞬間 pädagogische Augenblick に他ならない。

ここで、改めて「体育とは何か」という問いに立ち戻ろう。体育とは、身体運動を通した教育であった。われわれは、この教育という表現に誠実になるべきであろう。それゆえに、体育が真の意味において教育であるならば、あのような生成という出来

事を何よりも大切にしなくてはならない。林竹二は、次のように述べる；

　　（学校教育において、）授業というものは、より根本的には、子どものうちに何かを
　　起こさせる仕事なのです。子どものうちに一つの事件がおきる。そして、その経緯を通
　　して子どものうちに変化がうまれる。授業は、そうした仕事ではないかと思います[11]。

　この生成を引き起こす教育的瞬間の生起こそが、体育を、単なる運動指導ではな
く、そして単なる体力育成ではなく、真の意味において教育たらしめてくれるのであ
る。従って、体育が、教育であることの真意において、児童・生徒一人一人の生と
その生成を大切にしようとするならば、この体育学的アクチュアリティーこそが重視
されなくてはならない。体育においては、外在的要請への対応もさることながら、児
童・生徒一人一人のそのような有意味に輝く生と、それによって立ち起こる生成こそ
が重要となるのである。

3．体育の人間学的基点：体育における最大の配慮の対象

　さて、体育が、あの力学や目標への到達度という尺度によってではなく、何よりも
まず児童・生徒一人一人の生と生成を重視しようとするならば、児童・生徒一人一
人は、外在的な目標に対する単なる操作対象、あるいは鍛錬対象や教授対象として
ではなく、何よりも生成という視点から捉えられていくこととなろう。デップフォアヴァ
ルト Döpp-Vorwald, H. は、次のように述べる；

　　人間は、本質的に生成的存在であり、自らを乗りこえていく生成の道程の途上にある
　　旅人なのである[12]。

　体育における児童・生徒は、何よりも生成的存在であり、一人一人がそれぞれ生
成しゆく人間 werdenden Menschen なのである[13]。体育においても、一人一人は、
その時点での身体運動技能の程度にかかわらず、常にこの生成の道程の途上にあり、
そこを独自のやりかたで歩み進んでいる。それゆえに、体育において見られる彼らの

154 第4部 体育における目的の構成とその基点

身体運動技能の拙さや未熟さは、彼らの人間的な価値や可能性の一端を微塵も奪うものではない。従って、体育においては、目の前の一人一人が、常に豊かさへと向かう遙かなる生成の道程を、前進的に進みゆく生成的存在として捉えられていく。これが、体育の人間学的基点なのである。

そうであるならば、体育も、教育であることの真意において、彼ら一人一人の「今」を通して、その「未来」に献身するべきである。従って、体育においても、外在的な目標に対する到達度や身体運動学習の客観的成果もさることながら、むしろ彼ら一人一人の生とその生成の歩みこそが最も大切にされなくてはならない。新約聖書[14]に擬えて表現すれば、次のようになるだろう。

　　　体育は多くのことに心を配り、そして思い煩っている。しかし、なくてはならないものは多くはない。いや一つだけである。体育はそれを選ぶべきである。そして、それだけは体育から取り去ってはならない。

この「なくてはならないもの」、あるいはこの「一つだけ」のものこそが、体育における一人一人の生とその生成の歩みである。まさに、一人一人の生とその生成の歩みこそが、体育の最大の配慮の対象である。マザー・テレサ Mother Teresa[15] ならば、次のように述べるであろう。

　　　体育において大切なのは、どれだけたくさんの身体運動技術を教えたかではなく、一人一人の生とその生成の歩みに対する配慮に、どれだけ心をこめたかなのです。

4．体育の存在意義とその追求対象

さて、体育における最大の配慮の対象は、一人一人の生とその生成の歩みである。それでは、体育は一人一人のそのような生成に対してどのように関わることができるのであろうか。ここでは、それを図式的に整理してみよう。

まず、体育は、身体運動や身体運動文化を教材とした体育教師と児童・生徒との

第 15 章　体育の存在意義とその教育としての追求対象　155

教育的な営みである。体育においては、児童・生徒一人一人は、それぞれが自らの人生において構成し続けてきた独自の内的価値世界（自己 Selbst）を有しながら、体育教師の指導のもとで、バスケットボールやテニスといった身体運動文化の具体的な形式に触れる。ここで彼らの人間存在の精神的次元が活性化されれば、そこからあの精神的な生、すなわち価値＝意味探求的な生が立ち起こる。これが、実は学習内容あるいは特定の状況との出会い Begegnung という出来事である。この出会いとは、単なる物理的な接触ではなく、当事者に創造的な生を要請し、これによって新たな生成をもたらす実存的な出来事なのである[16]。

　これによって、一人一人はその身体運動文化の具体的な形式に秘められた価値に目覚めたり、そこに特有の意味を発見したり、それまで存在しなかった「新たな気づき」や「新たな意味づけ」を獲得するだろう。ここに、あの価値体験の成就をみることができる。

　そして、これらが、それまで構成してきた内的価値世界に対して生産的に作用しながら、その独自の内的価値世界が拡大的に再構成されていく[17]。この時、一人一人の「自己」は「新たな自己」へと変容する、つまり生成するのである。林は次のように述べる；

　　本当の学習とは、主体的、持続的な問題の追求を通じて、子どもが変わることだといえるでしょう[18]。

　さて、このように生成した「新たな自己」は、また次の新たな学習内容あるいは特定の状況との出会いの途へと進んでいく。次なる出会いも有意味で生産的であるならば、そこにおいてあの価値体験が生起し、それが内的価値世界を豊かに耕し、そしてそれをさらに高めていく。これによって、一人一人はまたさらに「新たな自己」へと生成していく。

　体育の授業も、児童・生徒一人一人の「自己」が新たな学習内容あるいは特定の状況と出会い、そしてそこで自らの生を創造的に遂行しながら、独自の内的価値世界を拡大的に再構成していく営みの絶えざる蓄積なのである[19]。まさにそれは、螺旋

的に高まりゆく循環過程である。

　もっとも、ここで生じる「価値への目覚め」も「新たな意味づけ」も、当然、彼ら一人一人に固有で独自なものである。そして、このプロセスは、個性的・循環的に進行するので、それぞれにスピードも内実も異なるのはいうまでもない[20]。

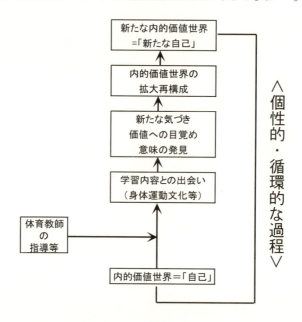

図 16-1　体育の授業の成立
（庄司他人男「人間形成をめざす授業メカニズム（1990）」[21] と
森知高「子どもからみた体育の存在意義（2005）」[22] をもとに作成）

　それでは、体育は、一人一人のこのような螺旋的に高まりゆく循環過程を確保し続けることができるだろうか。これまで、体育では、スポーツなどの身体運動文化を教材として扱いながら、往々にして「できる」、「できない」が問われてきた。そして、あまりにもこのような能力主義や成果主義が亢進すれば、児童・生徒の瑞々しい心を圧迫し、その精神的次元が萎縮して不活性となり、体育における「出会い」や「気づき」、「意味づけ」の可能性を押しつぶしてしまいかねない。

第 15 章　体育の存在意義とその教育としての追求対象　157

　さらに、ある運動が「できない」ことが過剰に意識させられた児童・生徒は、そこで成就したかもしれない価値体験や意味の発見、あるいは新たな気づきを肯定的に自覚化することができず、何の実りも得られないまま、体育に失望して、そして離れていくだろう。彼らは、自らの生成の螺旋的な循環過程からコースアウトしていってしまう。これは、全く不幸な事態である。

　しかし、体育において一人一人には、「できる」、「できない」の表層的な二分法では扱いきれない重要な出来事が生起していることを想い起こしてほしい。従って、体育においては、ある運動の能力や技能もさることながら、その身体運動と出会い、その価値や意味を直接的に体験する中で、何に気づき、この気づきからどのような意味づけに至り、自らの内的価値世界の拡大再構成がどのようになされたかが重要となる[23]。ここで、ようやく体育は一人一人の生成と有意味に関わるのである。

　この気づきや意味づけの成立は、「全心的理解」と表現されている[24]。「全心的理解」とは、「学習内容の本質によって、心の底まで揺り動かされる」ような、共鳴、感動、興奮などが呼び起こされるような深い「わかり方」である。このような「全心的理解」を生じさせる体育の授業こそが求められているのである。

　こうした授業が実現する時、体育は、単なる人材育成ではなく、まさに一人一人の生成の歩みに対して有意味に寄与することができる。そして、このとき、体育は、教育としての存在意義を唱えることができるだろう。林は、次のように述べている；

　　　授業とは、子どもたちが自分たちだけでは決して到達できない高みまで、自分の手や
　　　足を使ってよじ登っていくのを助ける仕事である[25]。

　体育も、このような観点からすれば、児童・生徒一人一人の、遙かなる高みへと向かう生成の歩みにただ寄り添い、そしてそこに寄与しようとする営みである。従って、表層的な人材育成の論理に追われて、その本質を見失ってはならない。体育は、社会の要請もさることながら、それ以上に、眼前の児童・生徒一人一人の生とその生成を、その未来とともに大切にしなくてはならない。

　そして、これこそが、体育の教育としての本質的な追求対象なのである。

158 第4部 体育における目的の構成とその基点

【引用及び参考文献】

（1） 林竹二（1978）教えるということ，国土社，p. 203.

なお，引用文中の「子どもたちはパンを求めながら，石を与えられつづけた」という表現は，「マタイ
による福音書」第7章 7〜11 にある次のような聖言との対照で読まれたい。「求めなさい。そうすれ
ば、与えられる。探しなさい。そうすれば見つかる。門をたたきなさい。そうすれば、開かれる。だれ
でも、求めるものは受け、探すものは見つけ、門をたたく者には開かれる。あなたがたのだれが、パン
を欲しがる自分の子どもに、石を与えるだろうか。…」

（2） 庄司他人男（1993）人間形成をめざす授業のメカニズム，黎明書房，p. 52.

（3） 平井章（1995）戦後の体育概念―学習指導要領の変遷からみた体育概念の展開―，体育の概念，不
昧堂，p. 114.

（4） 森知高（2005）子どもからみた体育の存在意義，教養としての体育原理，大修館，pp. 85-86.

（5） 森知高，同上書，p. 87.

（6） Flitner, W. (1950) Allgemeine Pädagogik, Ernst Klett, S. 45.

（7） Spranger, E. (1922) Lebensformen, Max Niemeyer, S. 21.

（8） Spranger, E. (1920) Gedanken uber Lehrebildung, Quelle & Meyer, S. 3.

（9） Spranger, E., a. a. O., (7), S. 292.

（10） Spranger, E. (1947) Die Schicksale des Christentum in der Moderene Welt, Die Magie der
Seele, J. C. B. Mohr, S. 137.

（11） 林竹二，前掲書，(1)，p. 212.

（12） Döpp-Vorwald, H. (1966) Über Problem und Methode der Pädagogische Anthropologie,
Pädagogische Rundschau, 20-11 : 1009.

（13） Spranger, E. (1950) Macht und Grenzen des Einflusses der Erziehung auf die Zukunft, GS,
I, S. 200.

（14） 「ルカによる福音書」第 10 章 41・42

（15） 中井俊巳編（2007）マザー・テレサ，PHP 文庫，p. 103.

（16） Guardini, R. (1959) Grundlegung der Bildungslehre, Werkbund Verlag, S. 131-132.

（17） 庄司他人男，前掲書，(2) p. 196.

（18） 林竹二（1977）授業の成立，一莖書房，p. 82.

（19） 庄司他人男，前掲書，(2)，p. 27.

（20） 森知高，前掲書，(4)，p. 89.

（21） 庄司他人男，前掲書，(2)，Pp. 263.

（22） 森知高，前掲書，(4)，pp. 84-90.

（23） 森知高，同上書，p. 89.

（24） 高久清吉（1999）教育実践学，教育出版，p. 133.

（25） 林竹二，前掲書，(18)，p. 159.

第16章　体育の本質と人文主義
―有用性の論理を超えて―

1．体育と、有用性の論理という呪縛

　一般に、体育においては、外在的要請によって、たとえば、社会の維持・存続に役に立つ「望ましさ」を備えた構成員の育成のために、児童・生徒の発育・発達の促進や健康・体力の育成、あるいは身体運動技能の向上が重視されることがある。そこでは彼らの人間存在は、学習の客観的な成果、そして目標に対する到達度等から捉えられていく。

　かりに体育が、そのような「望ましさ」の追求につきるならば、そこでは、一人一人がこの「望ましさ」に従属する単なる操作対象となってしまう。これによって、彼らの多元的であるはずの生が無味乾燥な一元論に還元され、その生の溢れんばかりの意味は捨象されながら、「できる―できない」あるいは「うまい―へた」といった冷酷な二分法に集約されていく。このような視角は、つきつめていけば有用性の論理に行きつく。そもそも、有用性とは何にとっての有用性なのか。

　おそらく、この有用性の論理が昂じていけば、児童・生徒一人一人の人間存在やその生が手段的に捉えられ、本来尊重されるべき人間存在の不可侵な価値が、何かのための従属的価値に貶められてしまう。体育が、たとえば有用性のみに執心し、一人一人の内的な現象に盲目であれば、その存在のみずみずしさを枯渇させかねず、彼らの生やその未来をも歪めてしまいかねない。シュプランガーは、次のように述べる；

　　人間を誤って扱うことは、生命のない物質を誤って扱うよりも、より破壊的に作用する。それゆえにその際の失望は大きく、そこにうける損傷は相当に悪い[1]。

　考えてみれば、教育は、そして体育はそのような誤りを歴史において幾度となく繰り返してきたではないか。それらの誤りの多くが、有用性の論理の偏った肥大であった。体育は、このような有用性の論理には慎重であるべきであろう。

160 第4部 体育における目的の構成とその基点

　もっとも、体育は、往々にして指導の名のもとに、児童・生徒に対して半ば一律にある身体運動を要求せざるを得ないこともある。しかし、体育が児童・生徒に何かを要求するとすれば、その先にある「実りの豊かさ」を保証しなくてはならない。それなしには、成長しつつある児童・生徒の品位を傷つけ、まだ不確定な人格を害するおそれがあるからである[2]。それでは、体育において児童・生徒一人一人に保証され得る、この「実りの豊かさ」とは何であるのだろうか。

　体育において、たとえば児童・生徒一人一人が自らの発育・発達を促進し、健康・体力を育成し、さらには多様な身体運動技術を習得することができる。なるほど、それらは体育の成果とも言えるだろう。また、体育においてさまざまな身体運動文化あるいはスポーツを学び、それらのよさに触れ、そしてそれらを愛好していくことも、生涯スポーツへの接続という点で、体育の大いなる成果と言えよう。

　しかし、体育を、単に何かの指導としてではなく、教育として誠実に論じようとするならば、それらのみで充分であろうはずがない。ここで、体育における児童・生徒のアクチュアルな生を想起されたい。一人一人は、常に豊かさへと向かう遙かなる生成の道程を前進的に進みゆく生成的存在であった。体育においても、一人一人は、その精神的次元にあの価値体験が生起し、これによって教育的瞬間が成就すれば、それぞれの生成の道程を、独自のやりかたでその一歩先へと歩み進んでいくことができる。

　一人一人の生成の歩み、これこそが、まさに可視的に把握され得ない無形の成果である。教育としてこれ以上の喜ばしい成果があろうか。おそらく、ここに体育の教育としての真の「実りの豊かさ」が存在する。

　従って、体育において最も大切なのは、高められた身体運動能力や身体運動の出来映えもさることながら、児童・生徒一人一人の生と生成の歩みである。体育はそれを取り違えてはならない。身体運動技能しかみえない体育、表層的な成果や出来映えしかみえない体育、そしてそれによって児童・生徒の人間的価値をはかろうとする体育、そのような体育は教育としての健全さにおいて一考を要する。

　体育においても、一人一人は単なる操作対象などではない。そして、体育においても一人一人は何かの手段などではない。児童・生徒は、一人一人が代替不能な価値

第 16 章　体育の本質と人文主義 ―有用性の論理を超えて―　161

溢れる存在であり、体育においてもそれは冒涜されてはならないのである。
　そうであるならば、やはり体育においても有用性の論理については慎重を要する。
そこで、有用性の呪縛から自らを解き放ち、改めて体育を根底から問い直してみよう。
「体育の本質は何か」と。

2．体育の本質 ―体育学的人間形成、それ以外に何があるというのか？―

　体育の本質は何か。ここで、体育の最大の配慮の対象が、児童・生徒一人一人の
生と生成の歩みであったことが想起させられる。そうであるならば、体育は、何より
もまず一人一人の生と生成に寄り添うことからはじめなくてはならない。そして、体
育も、教育であることの真意において、一人一人の豊かな可能性を心から信頼し、
そして期待を込めて、その人間存在を暖めていくことが重要となる[3]。
　それは、まさに花が開くのを促す太陽の暖かさや、果実が熟れるのを促す暖かい雨
に喩えられるだろう[4]。そして、それは見返りを求めない無償の寄与と献身でもある。
シュプランガーは、次のように述べる；

　　　無償の寄与と献身が欠落するところでは、真の教育は決して成立し得ず、そこから何
　　一つ本質的なものが生み出されることがないのである[5]。

　陽光の暖かさのもとでこそ、一人一人は豊かさへと向かう生成の道程を歩み進んで
いくことができるだろう。体育は、教育であろうとする限りにおいて、彼ら一人一人
の生成の歩みを見つめ、暖かく照らし、そしてそれに寄与していかなくてはならない。
まさに、体育においても、このような人間の、あるいは児童・生徒一人一人の生成の
歩みに対する無償の寄与と献身が、普遍的で根本的なエートス Ethos なのである。
　これによって体育は、児童・生徒一人一人の遙かなる生成に対する寄与、すなわ
ち人間形成 Bildung として論じられていく。人間形成とは、何かの役に立つような
人材をつくろうとすることではない。それは不遜に過ぎるだろう。そしてそれは、なお
も人間存在の真の意味を不当に軽視しすぎている。人間形成とは、豊かさへと向か
う遙かなる生成の前進的な歩みに対する寄与であり、決して有用な人材の育成などで

162 第4部 体育における目的の構成とその基点

はない。

　そのために、体育は、一人一人の生成の歩みに対して、為し得る一切のものをもっ
て努める[6]。それによってこそ、体育はようやく人間形成となり得る。いな、それに
よってのみ、体育はようやく人間形成として語り得るのである。

　さて、この人間形成は、とても広大な概念であり、豊かさへと向かう遙かなる生成
の前進的な歩みに対する寄与の総体を意味する。そして、体育は、そこに身体運動
あるいは身体運動文化を媒介とした特有の寄与を成し得るという点で、人間形成の
総体において、有意味な位置づけを担うこととなる。

　さらに、この寄与の特有性は、身体的側面からの寄与として表現される。身体的
側面からの寄与とは、人間形成の総体における単なる形式上の差異の問題ではなく、
有意味な独自性として論じられ得る。これが、体育学的人間形成である。

　従って、体育学的人間形成は、次のように規定されていく。すなわち、体育学的
人間形成とは、豊かさへと向かう遙かなる生成の道程を、前進的に進みゆく一人一
人の生成の歩みに対する、身体的側面からの寄与である。

　ここに、体育の本質がある。体育の本質は、体育学的人間形成。それ以外に何が
あるというのか[7]？

3．体育学的人間形成の構造

　体育の本質は、体育学的人間形成である。体育は、外在的要請からではなく、児
童・生徒一人一人の生と生成に寄り添い、そしてそこに寄与していくことによって、
人材育成ではなく、人間形成の論理として構成されていく。ここでは、体育の本質
としての、この体育学的人間形成を構造的に整理してみよう。

　体育学的人間形成は、児童・生徒一人一人の生成の歩みに対する身体的側面か
らの寄与であることから、人間の生成に対応して構成される。そして、人間の生成は、
実は人間存在の全ての次元において生起する。これまで、人間存在の精神的次元に
おける生成に着目してきたが、生物的次元における生体の形態的・機能的な拡充も、
文化的次元における文化諸形式の受容・内面化を通した文化形式の累積性と、それ
による生の効率化や可能性の拡充も、そして人格・実存的次元における内的価値世

界の人格的実現も、全てが人間存在に立ち現われる生成という、極めて有意味な出来事なのである。

それ故に、体育学的人間形成が対応すべき生成とは、体育学的人間理解によって提示された人間存在のそれぞれの次元の生成、つまり生物的次元における生物的生成、文化的次元における文化的生成、精神的次元における精神的生成、人格・実存的次元における人格・実存的生成なのである。

従って、体育学的人間形成は、構造的には、人間の生成のそれぞれに対応しながら構成される。つまり体育学的人間形成の概念は、人間の生物的生成への寄与としての人間形成、すなわち生物的人間形成、文化的生成への寄与としての人間形成、すなわち文化的人間形成、精神的生成への寄与としての人間形成、すなわち精神的人間形成、人格・実存的生成への寄与としての人間形成、すなわち人格・実存的人間形成という四つの枠組みを獲得することとなる。体育学的人間形成は、この四つの枠組みから構成される総体概念なのである。

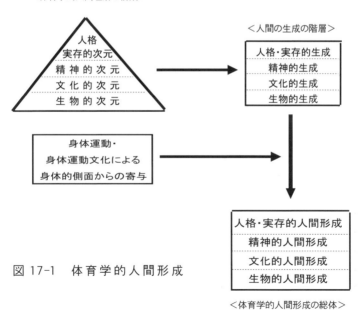

図 17-1　体育学的人間形成

4．体育の人文主義とその教育としての気高さ

　さて、体育の対象を想い起こしてみよう。体育の対象は、特定の身体運動技術や諸知識などではなく、児童・生徒一人一人、つまり人間である。従って、体育がただの体力育成や身体運動の指導ではなく、教育であろうとするならば、この基本的な事実に誠実でなくてはならない。実は、学校教育における教科は人間学的に完全である必要がある。これが学校教育における教科の原理、つまり人間学的完全性の原理である[8]。それでは、体育はこの人間学的完全性を充たすことができるのであろうか。

　体育の本質は、体育学的人間形成であった。真の意味において教育であろうとするならば、体育はあの体育学的人間形成の全ての枠組みを包括することが求められるだろう。生物的人間形成のみの体育はあり得ないし、文化的人間形成のみの体育は成立し得ない。体育においては、体育学的人間形成の全ての枠組みを一つとして疎かにすることができない。

　体育が児童・生徒一人一人の生と生成に寄り添い、体育がなし得る全ての努力によって、その生成の歩みの全てに寄与し得るとき、あの人間学的完全性が成立し得るだろう。そしてこれこそが、体育の人間形成としての可能性の全体である。

　そのうえで、体育の最終的な到達点は、やはり体育学的人間形成における人格・実存的人間形成の階層に存在する。これを欠いては、体育は真の意味において教育であることができない。従って、体育は、一人一人の内的価値世界つまり人格的可能性の豊かさが、具体的な状況において、その存在に実現されることを要請する。その時、一人一人は自らの本質の豊かさに相応しい振る舞いをするだろう。これが人格の達成である。

　そして、人々はそこにフェアネスやエレガンス、優美さ、そして高潔等をみるだろう。体育は、教育であることの真意において、一人一人が、その本質の豊かさに応じて、高貴で、そして美しくあることを願うのである。

人間よ、高貴であれ。

慈しみ深く、そして善良であれ。

（ゲーテ　Goethe, J.W.）

第16章　体育の本質と人文主義 —有用性の論理を超えて— 165

だからこそ体育は、ただ人より速いだけの、ただ人より上手なだけの、ただ人より強いだけの、愚かなスポーツ・スノッブをつくってはならない。いな、体育こそ人間をそのような愚昧なだけの身体運動屋に仕立てることに手をかしてはならないのである。シュプランガーならば、次のように述べるだろう。

体育の本質は、そんなものではない[9]。

従って、体育は、最終的には、一人一人がそれによって高貴化された人間veredelter Mensch へと生成していくことを希う[10]。体育においても、一人一人の高貴化にこそ最終的な到達点がある。

ここにおいて体育は、ようやく教育としての品位や気高さ Adel [11] を、さらには、体育もそこに確かに寄与し得るという点に、大いなる誇りを見いだすこととなる[12]。ここが、体育におけるオリュンポスの山なのである。

従って、体育の本質は、有用性の論理を遥かに超える。ここに、体育の人文主義がある。そして、それは体育の進みゆくべき道を明るく照らしてくれるだろう。

5．体育の人文主義と体育教師 —その責任の重大さと聖なる慎み—

これまで、体育の本質を検討し、そして体育の人文主義をみてきた。体育は、教育であることの真意に誠実であれば、それがただの身体運動の指導や健康増進や体力育成、あるいは単なる人材育成ではなく、人間形成、つまり一人一人の生成の歩みと高貴化への寄与として論じられていく。それでは、このような人文主義の方向において、体育教師はいかにあるべきなのだろうか。

体育教師は、体育の最前線にあり、一人一人の生成の歩みに、直接的に関与する責任重大な立場にある。しかし、昨今、教師の力量や指導技術があまりにも取り沙汰され、教育現場からある種の落ち着きが奪われかねない。無論、不適格教員は論外である。しかしながら、教師の質は指導技術に尽きるのか。

ところが、最近の体育教師の多くが、常に「それをいかに教えるのか」を知りたがっている。こうなると、そこが体育教師の教育者としての成熟をみきわめる確かな試金

166 第4部 体育における目的の構成とその基点

石となる。また、指導技術を学んだものが教育者として相応のものであるという考え方も懸念される。何かしら有名な教育専門家はしばしば処方の持ち主に過ぎず、要するに技術者のたぐいに過ぎないことも多い[13]。

　単に処方をもとめるのか、あるいは自らの努力によって真に教育者であろうとするのか。体育教師に蔓延する指導技術、あるいは処方への心理的な依存は、あまりにも愚かに過ぎる。体育においては、指導技術も必要ではあるがそれで充分ではない。それでは何が必要なのか？シュプランガーならば、次のように述べるだろう[14]；

　　あなたが体育を、身体運動を教えそして学ばせることの技術の形としてみるならば、あなたは教職を離れたほうがよい。なぜならば、あなたが重要な前提を有していないからである。それでは、それはいかなる前提であるのか？ それは、あなたが子どもたちに作用しようと努める時に感じる聖なる慎みである。そして、それはゲーテに従い、次の三つの畏敬として表現するのがよい。即ち、子どもに対する畏敬、そして身体運動文化の文化としての価値に対する畏敬、さらにはあなたの教育者としての職の使命に対する畏敬である。体育教師が単なる運動指導者ではなく、教育者であるために、いな、よき教育者でありつづけるためには、この三つの畏敬を忘れてはならない。

　体育は、単なる身体運動の指導技術ではなく、尊厳あふれる人間の代替不能な一人一人を引き受ける畏れおおき重大な営みである。それ故に、体育の最前線にある体育教師には、華やかな運動経歴や卓越した身体運動技能、あるいは指導技術などもさることながら、何よりも人間という存在に対する畏れと、人類が創造し発展させてきた身体運動文化に対する敬意、そして体育の教育としての、その職責の重大さに対する責任意識が求められる。体育教師は、運動指導用のティーチングマシンと本質的に異なるのである。

　だからこそ、体育教師には教え方や学習の効率性などよりももっと大切なことがあるということに気づいて欲しい。体育教師は授業者という名の身体運動学習指導の単なる管理者ではなく、一人一人の生と生成に、社会的な責任を有しながら関与していく教育者なのである。

第16章 体育の本質と人文主義 —有用性の論理を超えて— 167

ここで、シュプランガーの次のような願いが想起させられる。「学習学校から教育学校へ von der Lernschule zur Erziehungsschule、単なる授業者から教育者へ Von der Lehrer zur Erzieher」[15]。体育教師についても、次のように言いえるだろう。単なる体育授業者から体育教育者へ。

そうであるならば、体育教師は、やはり目先の有用性や実用性に惑わされることなくその本質とその正当性を問い、自らの体育実践について、「よい体育」あるいは「正しい体育」を求めて、自らの頭脳で自律的に、そして真摯に熟慮を重ねていかなくてはならない。それが体育教師の教育者としての責任である。

従って、体育教師は、それについての解を求めて思考し、思い悩み、そして熟慮を重ね続けていく。大切なことは真摯に問い続け、そしてどこまでも探求しつづけること。徹底的に思考してほしい。体育をとことん哲学してほしい。体育教師は、誠実であればあるほど体育哲学者となっていく。

体育をとことん哲学すること、そのすべては目の前の児童・生徒一人一人と、その未来のために。

【引用及び参考文献】

（1）Spranger, E. (1955) Der Eigengeist der Volksschule, GS, 3, S. 287.

（2）Flitner, W. (1950) Allgemeine Pädagogik, Ernst klett, S. 151-152.

（3）Spranger, E. (1922) Lebensformen, Max Niemeyer, S. 63.

（4）村田昇（1960）シュプランガーにおける教育の本質概念について，教育哲学研究，3:50.

（5）Spranger, E. (1958) Die geborene Erzieher, Quelle & Mayer. S. 97.

（6）Spranger, E. (1949) Innere Schulreformen, GS, 3, S. 177.

（7）Tenorth, H. E. (2000) Bildung ? Was den sonst ?, Müller, H. R. (Hrsg.) Bildung und Emanzipation, Juventa Verlag, S. 87.

（8）Flitner. W. (1954) Die Vier Quellen des Volksschulgedendens, Quelle & Mayer, S. 110.

（9）松月秀雄（1978）日本の一教授に宛てたシュプランガーの教育の定義についての手紙，教育哲学研究，38：29-42. シュプランガーは、ただ単に一面的に秀でているだけの人間をつくるのが教育ではないという趣旨の手紙を松月氏に書き送っている。原文にみられる結論的な箇所は、次の通りである。「教育はそんなものではない。Aber Erziehung ist das noch nicht. 教育は全一体 als Ganzes としての、かつ統一体 als Einheit としての全人 ganzen Menschen に関するものである。(p. 34.)」

（10）Spranger, E. a. a. 0., (7), S. 180.

168 第4部　体育における目的の構成とその基点

(11) Spranger, E., ditto, S. 177.

(12) Spranger, E., a. a. O., (5), S. 22.

(13) Spranger, E. (1951) Der Lehrer als Erzieher zur Freiheit, GS, 2, S. 33.

(14) Spranger, E. (1949) Zum Geleit, GS, 3, S. 130.

(15) Spranger, E. (1956) Von der Lernschule zur Erziehungsschule, GS, 3, S. 320-323.

169

第5部　体育哲学とその学問研究の展開

　これまで、「体育とは何か」という原理論的問題設定を巡って、体育の関数論的定義に従い、それぞれの独立変数を検討してきた。これによって、体育の概念の基本構成の原型が整うことであろう。ただし、この体育の概念は、これらの基本構成を踏まえながら、より真正なものにむけて、常に再構成されていかなくてはならない。そして、これについては、体育哲学の学問研究の発展が鍵を握っているのはいうまでもない。

　そこで、体育哲学を学問研究という側面から整理していこう。ここでは、まず体育哲学の哲学的態度、そして体育哲学の構造と方法に目を向け、さらに体育哲学のこれまでの知的蓄積を概観したうえで、体育哲学の学問研究の実際に立ち入っていきたい。

第17章　体育哲学と哲学的態度
－行為としての体育哲学－

1．体育哲学と体育を哲学すること philosophieren

　体育哲学とは、体育あるいは体育に関わる事象を哲学的態度と方法によって研究する学問分野である[1]。ここでは、体育哲学における哲学的態度に目を向けてみよう。

　まず、この体育哲学、特にこの哲学的態度が体育教師の仕事とどのように関わるのであろうか。体育哲学が体育教師の専門職者として背負うべき学問的バックグランドの一つであることが既に了解ずみであるにせよ、何となく実感がわかないのも事実であるだろう。

　そもそも「哲学」とは何か？　われわれは、幸いなことにプラトンやアリストテレスなど多くの哲学者を知っている。哲学とは、それらの高名な哲学者が書いた著作群の

170 第5部 体育哲学とその学問研究の展開

総体なのであろうか。そして、われわれはそれらの一つ一つを学ぶことから始めなくてはならないのだろうか。これでは、目の前が暗くなってしまう。しかし、カントは、次のように述べている：

　　哲学 Philosophie は、決して学ぶことができない。人々は、せいぜい哲学すること philosophieren を学び得るのみである[2]。

　「哲学とは何か」という問いに対する解は、「哲学する philosophieren」ことの中に答えがある。偉大な哲人の著作を読む前に、重要なことがあるかもしれない。そもそも「哲学する」とは名詞ではなく動詞である。知識それ自体ではなく、人間の行為である。つまり、それは「行為としての哲学」である。そういえば、Philosophie の語源 philosophia は、なによりも「知ることを愛する」[3]であった。無論、カントも歴史的に累積されてきた「知識としての哲学」を軽視したわけではないが、それ以上に「行為としての哲学」を重視したのである[4]。

　体育哲学も、おそらくは「知識としての哲学」というありかたもあるだろう。そして、それは体育哲学的教養として歴史的に累積され続けており、後学の徒に進むべき針路を示してくれる。しかし、ここでは体育哲学を、「行為としての哲学」という視点から整理しておきたい。この「行為としての哲学」こそが、体育教師に要請される専門的バックグランドの一つなのである。そこで、この「行為としての哲学」に目を向けていこう。

2. 体育哲学の起点

　体育哲学は、少なくともそれを「行為としての哲学」として捉えるならば、何も特別なことではない。実は、この「哲学する」ことは、人間の行為の一つであり、ある程度の教養を有する人々は、日常の生活においてもそれを行っている。

　まず人々は、何らかの常識的な世界観や人生観を持ちながら日々を過ごしている。しかし、そのような常識的な人生観が揺るがされるような事態に遭遇したとき、たとえば「幸福」について、「人生」について、「正義」について考え、それについての答

第17章　体育哲学と哲学的態度－行為としての体育哲学－　171

えを自分なりのやりかたで模索するだろう。「幸福」や「人生」等の重大な問題でなくとも、日常的に「なんだろう」、「なぜだろう」、「それは正しいのか」といった問いは発生するではないか。

　それでは、体育教師の場合はどうであろうか。実は、体育的な日常にすら体育哲学の萌芽がたくさん潜在している。体育授業に立ち起こる現象の一つ一つは、必ずしも体育教師の予測が見通し通りではない。おそらく、体育教師が誠実であればあるほど、そのような体育の具体的状況から驚きや疑問が呼び起こされるだろう。そして、よい授業をしようとすればするほど、児童・生徒一人一人を大切にしようとすればするほど、驚きや疑問は立ち起こる。アリストテレスは、次のように述べている；

　　　けだし人間は、驚き thaumazein によって、哲学することを始めたのである[6]。

　そして、この驚きや疑問が、瞬間的な感情でなく、永続的な情熱を喚起し、体育教師の専門職としての全人格を動かす力となることがある[7]。その時、その驚きや疑問等が、見過ごせない、やり過ごすことのできない事態として自らに迫りくる。ここから、自覚的な問いが生み出されていくのである。日々の体育の指導実践は、実は問いの連続でもある。従って、体育教師は、常に問うこととともにある。

　そして、これによって解への衝動が生起する。この解への衝動によって、人々は問いに対する解を導き出そうと思考し、それについての探求が始まっていく。実は、これは本能的哲学と呼ばれている[5]。人々は、そして体育教師も、日々において本能的に哲学しているのである。

　しかし、この本能的哲学は、個人的知識の質的・量的限界から、通常、それ以上進展し難いような「いきづまり状態」に陥って、一つのところを低迷することが多い。いかに経験を積んだ有能な体育教師であろうとも、その個人的限界を超えて思考することは不可能であり、ただ同一次元をぐるぐると回りつづけることとなる。

　この「いきづまり状態」を打開するためには、それまで無自覚のうちに行っていた本能的哲学に反省の目を向け、その問いの目的、意味、そして性質を吟味し、その解の探求のために取るべき方法を検討することが要請される。ここから、本能的哲学

は、より高い次元へと位相転換する。これが、自覚的・系統的哲学である[8]。

体育哲学における、本能的哲学から自覚的・系統的哲学への移行、ここが体育を「哲学する」ことの、本当の起点なのである。そして、ここに哲学的態度が大きく関与する。

3. 体育哲学における哲学的態度とその要件

さて、いよいよ哲学的態度に立ち入ってみよう。まず、あの自覚的・系統的哲学とは、理性が納得するような形式で解決しようとする理論的な営みである[9]。理性が納得するような解を探求するためには、いいかげんなところで独断的な結論に甘んじたり、理論的遊戯にふけったりするのではなく、あくまで問いに忠実に、「徹底的に考えること」、つまり思考の徹底性が求められる。実は、これが「哲学的態度」なのである[10]。

ところで、この哲学的態度、つまりは徹底的に考えることは、特別な能力や天分を必要としない。それは一握りの天才に許された希有な能力などではなく、誰もができる行為であるだろう。瞬間的に降臨する天才的なひらめきというよりは、「理性が納得」するまでどこまでもじっくりと考え続けるという態度である。思考の瞬発力というよりは、思考の持久力というイメージだろうか。

さらには、この哲学的態度を理解するうえで、あの理性についても触れなくてはならない。われわれが納得させなくてはならない理性とは何であるのか。デカルト Descartes, R. は理性を「真を偽から識別し、正しく判断する能力」[11] としている。つまり、理性とは真や正しさへの要求とも考えられる。哲学は、このような理性によって遂行されるのである[12]。そこで、あの「徹底的に考えること」が理性的に進行するためには、少なくとも次の三点が重要となるだろう。

第一に、使用言語の精確性である。思考そのものは、いうまでもなく言葉／概念を用いることによって遂行され、その思考の結果もまた、言葉によって表現される。つまり哲学においては、ちょうどスポーツにおいて身体を精確に駆使するように、言葉を精確に使用しなくてはならない[13]。

第二に、思考の批判性である。批判とは、ある事実や思想あるいは命題等につい

第17章　体育哲学と哲学的態度−行為としての体育哲学−　173

ての真偽、正不正、可否、是非等を判定し、その価値を明らかにしようとする高次
な理性的・分析的思考である[14]。従って、これは感情的・情緒的な反応である非難
とは全く異なり、対象を分析することで、見過ごされてきた問題点や矛盾点を明確に
する知的な営為なのである[15]。思考において使用される多くの知識や命題等の真正
性については、常に批判的に吟味する必要がある。

　第三に、推論の妥当性、つまりは論理性である。論理の道筋に誤りがあれば、正
当な解へは到達しない。体育についての思考においても、推論の展開をあせらずに、
精緻に論を構成していくことで、到達した解の正当性が保証されるのである。

　体育哲学においてこの哲学的態度によって問題を徹底的に探求していくうえで、
少なくともこれらの三点に留意していく必要があるだろう。これらは、体育哲学にお
ける哲学的態度の、いわば形式的な側面と言えよう。

4．体育哲学における哲学的態度と哲学的教養の重要性

　体育哲学において「徹底的に考えること」が重要であるとしても、この表現で事足
りるわけではない。そもそも「徹底的に考える」とはいうものの、われわれが自分ひ
とりの力でいくら「徹底的に考えよう」としても、どこからどう考えていったらよいの
かすぐにわからなくなる。

　そこで、思考が前へと進みゆくためには、何らかの道具が必要となるだろう。道具
とは、人々の行為や作業を効率よく進めてくれる有効なツールである。この場合の道
具とは、人類の歴史において生み出されてきた叡智、つまりは哲学的教養である。こ
こで、ようやく哲学理論に学ぶことが意味を持ってくるのである。この段階に至って、
ようやくあのプラトンやアリストテレスの理論は、この「徹底的に考える」ことの道
具（方法）となる。この意味において、体育哲学は、その思考の効率的な進展のた
めの道具（方法）として、哲学的教養を要請する。

　従って、体育哲学においても、自分ひとりの力で考えようと努力するのみでなく、
人類の哲学的教養を利用することによって、自分の考える力を充実し、強化してい
かなければならない[16]。それでは、哲学的教養の獲得のためには、どうしたらよいの
だろうか。そして、どこから手を付けたらよいのだろうか。

174 第5部 体育哲学とその学問研究の展開

　実は、体育哲学においても、自らの問題設定の性質、あるいは哲学的関心に適っ
た対象を自覚的に選定して、それと直に向き合うことから始めればよい。人類史にお
いて、この世の重要な問題の数々が多くの哲学者によって検討されてきた。われわれ
の思考は、それらを道具として利用することで、より効果的に前進するだろう。

　例えば、ある問題がその根本において正義という概念に関わるならば、プラトンや
アリストテレスなどが有効な道具となるだろう。その問題が、根本において自由とい
う概念に関わるならば、カントやミル　Mill, J. S.　あたりだろうか。そして、それが
自分の「思考と共振し」[17]、何らかの化学反応が起こったならば、それが自らの思考
の進展にとって、とても有効な道具として機能するだろう。

　これが、哲学的教養の獲得の瞬間である。そして、これによって生起する思考の共
振や化学反応こそが、哲学という営みの中核であるかもしれない。斉藤慶典は、次の
ように述べる；

　　　あなたは、そのときにはすでにみずから思考しているのだ。あなたはもう哲学の真っ只
　　中に身を置いているのである[17]。

　ただし、歴史の流れの中で人類の価値吟味に堪え残った哲学理論と向き合うこと
は、たやすいことではなく相応の苦しみを伴うかもしれない。しかし、道具も使いこ
なすためには、相応の努力が求められる。そして、考えてみれば、どのような学問も、
一定の努力を必要とする。哲学の営みが思考、あるいは「考えること」につきるにせ
よ、それが誰でもできるからといって、誰でもそのままで哲学できるわけではない。

　ヘーゲルは、靴をつくるためには、靴作りそれ自体を学んで、そしてそれをしっか
りと練習しなくてはならないことを人々はよくわかっているのに、哲学それ自体につい
てだけは、どういうわけか、そのような一定の努力 Bemühen が必要ないと思われてい
ることを嘆いていた[18]。ヘーゲルが嘆いた、哲学に対する人々のこのような「思いな
し」は、全くの「不精な見解 bequeme Meinung」である。哲学にも、やはり一定の
努力が必要なのである。佐藤は、次のように述べている；

第17章　体育哲学と哲学的態度－行為としての体育哲学－　175

　　哲学における専門的修練とはどんなことなのでしょうか。…まずは自ら「哲学的古典」
　　と格闘する以外に自己修練の道はないように思います。哲学的古典との格闘なしに「哲
　　学すること」をなし得るとは、到底、思えません[19]。

　そもそも野球もバスケットボールも、それを行うためには一定の努力や修練が必要ではないか。哲学的な修練は、体育を「哲学する」うえで、不可欠であることは疑いない。

　さて、哲学的古典をはじめとする多くの哲学的教養は、思考の道具として有効であるとともに、実はわれわれに多くを与えてくれる。実は、哲学的教養を学ぶことは、知識の獲得のほかに、少なくとも哲学的感受性の向上、さらに考察の力量の豊富化をもたらしてくれる[20]。哲学的教養と知的に格闘する過程で、日常の連続的な流れにおいても問題を汲み取る哲学的感受性が鋭敏になり、問題を徹底的に考え抜くことができる思考の力が増強されていく。

　そして、そのような哲学的教養を学ぶことは、なによりもわれわれの思考を自由にしてくれる。「真理は人を自由にする」[21]の聖句を想起するまでもなく、それは、われわれの思考を世俗的な桎梏、偏見や無知から解き放し、自由にしてくれるのである。

　偏見や囚われのない思考は、真理への接近の最大の力である。先入見や思いなしから解き放たれて、自由に思考すること、ヘーゲルはこれを「精神のありかたと行いとして最高のもの」[22]と捉え、アリストテレスは、この自由を重視しながら、哲学こそが「諸学のうちの唯一の自由な学である」[23]と述べている。つまり哲学においては、究極的な真理を求めることが、同時に、絶対的な意味で、自由な思考の運動でなければならない[24]。

　従って、体育哲学においても、この思考の自由こそが保証されなくてはならない。さらには、そのような自由を限りなく押し拡げていくためにも、われわれは多くを学ばなくてはならない。体育哲学において、プラトンを読み、アリストテレスに学び、カントやヘーゲルと格闘するのは、ただの物知りになるためなどではなく、哲学的思考の養成と高まり、そして強化と洗練、さらには自由への解放でもある。この意味において、体育哲学は、多くの哲学的教養と誠実に対峙し、思考を通わせていくことが重要となる。

176 第5部　体育哲学とその学問研究の展開

　さて、これまで体育哲学における哲学的態度と哲学的教養の重要性を辿ってきた。体育哲学とは、その本質において、体育について理性的に、自由に、そして徹底的に思考することにつきるだろう。これによって、あくまで謙虚な真理追求の態度、自己の考え方に対する厳密な反省、様々な思想や理論・見解に対する冷静で公平・公正な観察等の習慣を養うことができる[25]。

　やはり、自分に生起した問題は、自分で解決しなくてはならない。自らの頭で徹底的に思考し、正しい解をどこまでも探求していく。そして、そのような探求によって、ようやく一つの認識に到達するだろう。かの朝永振一郎ならば、おそらくそれを「哲学の花」と呼んでくれるのではないだろうか[26]。体育教師は、誠実であればあるほど、よい体育を求めれば求めるほど、その一面においてどんどん体育哲学者になっていくのである。

　それ故に、体育教師は、単なる運動指導者や体力鍛錬者でなく、教育者であろうとするならば、この哲学的態度を大切にし続けなくてはならない。

【引用及び参考文献】

（1）佐藤臣彦（1993）身体教育を哲学する．北樹出版，p. 13.

（2）Kant, I.（1787）Kritik der reinen Vernunft, Kants Werke, Bd. 3, Akademie Textausgabe, 2. Auf, Walter de Gruzter & Co., S. 541-542.

（3）哲学事典，平凡社，p. 973. ギリシア語 philosopia は philos と sophia から構成されており、その原義は智恵あるいは知ることを愛するという意味であるという。

（4）Kant, I., a. a. O., （2），S. 542.

（5）大坪重明（1973）教養の哲学，理想社，pp. 11-12.

（6）アリストテレス：出隆訳（1968）形而上学，アリストテレス全集，12，岩波書店，p. 10. 982b12
　　　ちなみにプラトンも「テアイテトス」で同様のことを表現している。「実に驚異のこころこそ智を愛し求めるもののこころなのだからね。つまり哲学の始まりはこれよりほかにはないのだ（田中美知太郎訳155D）」

（7）三小田敏雄（1981）基礎の哲学，北樹出版，p. 10.

（8）大坪重明，前掲書，（5），p. 11.

（9）大坪重明，同上書，p. 23.

（10）大坪重明，同上書，p. 29.

（11）デカルト：落合太郎訳（1946）方法叙説，創元社，p. 4.

（12）三小田敏夫（1981）基礎の哲学，北樹出版，p. 13.

（13）佐藤臣彦（1991）体育哲学・スポーツ哲学へのプロトレプティコス，体育・スポーツ哲学研究，13-2：100.

（14）哲学事典，前掲書，（3），p. 1154.

（15）佐藤臣彦（2006）体育哲学，日本体育学会編，スポーツ科学事典，平凡社，p. 604.

（16）大坪重明，前掲書，（5），p. 29.

（17）斉藤慶典（2007）哲学がはじまるとき，筑摩書房，pp. 7-8.

（18）Hegel, G. W. F. (1970) Enzyklopädie der philosophischen Wissenschaft, 1, G. W. F. Hegel Werke, 8, Suhrkamp, S. 46.

（19）佐藤臣彦（2009）哲学的自立と修練，日本体育学会体育哲学専門分科会会報，13-3：2.

（20）大坪重明，前掲書，（5），p. 82.

（21）「ヨハネによる福音書」8 章 32 節

（22）Hegel, G. W. F. (1956) Rede zum Antritt des philosophischen Lehramtes an der Universität Berlin, G. W. F. Hegel Berliner Schriften 1818-1831, Felix Meiner, S. 15.

（23）アリストテレス，前掲書，（6），p. 10. 982b26

（24）山本信（1967）哲学とは何か―または思想の節操について―，理想，404：39.

（25）大坪重明，前掲書，（5），p. 57.

（26）朝永振一郎は，次の言葉を残している。「ふしぎだと思うこと。これが科学の芽です。よく観察してたしかめ，そして考えること。これが科学の茎です。そうして最後になぞがとける。これが科学の花です。」

178 第5部 体育哲学とその学問研究の展開

第18章　体育哲学の構造と方法

1．体育哲学とその構造 —基軸と領域—

　さて、体育哲学とは、体育あるいは体育に関わる事象を、哲学的態度と方法によって研究する学問分野である[1]。ここでは、この体育哲学の基本的な構造を踏まえた上で、その方法に目を向けてみよう。

　そもそも哲学的態度とは、「徹底的に考えること」であった。しかし、それは単なる思いつきや思いなしではなく、理性によって遂行されなくてはならない[2]。実は、この理性の働き方によって、思考は特有の方向をとる。それは思弁 Spekulation と批判 Kritik である[3]。

　まず、この思弁と批判は、理性の働き方において、全く逆方向の作用を有する。ごく簡単にいえば、思弁とは、いわば経験や相対を超えて真なるものへの接近しようとする理性の働きといえよう。そして、批判とは、誤謬や偏見、憶見を取り除き、どこまでも正しさ、正当性、真正性を吟味しようとする理性の働きといえよう。

　オスターハウト Osterhoudt, R. G. は、これらを、体育哲学における哲学的思考の原理的な基軸 principal stem と捉え、重視している[4]。いかなる哲学的思考においても、思弁と批判という、この二つの基軸の働きによって進行していく[5]。そして、この二つの基軸が、体育哲学の問題領域を構成することとなる。

　まず、第一の基軸、すなわち思弁は、形而上学を構成する。さらに、これは、純粋理性の使用方向によって、純粋に思弁的な形而上学と、実践的な形而上学の領域が獲得される。とりわけこの後者は、人倫の形而上学であり、人間の行動一切をア・プリオリ a priori に規定する。したがって、それは価値論を構成するだろう。ここから、形而上学 Metaphysik、価値論 Axiologie の問題領域が構成されていくこととなる。

　そして、第二の基軸、すなわち批判は、認識批判と論理批判へと向かう。ここから、認識論 Epistemologie、論理学 Logik という問題領域が構成されていくことと

なる。

　これによって、体育哲学の内部に形而上学、価値論、認識論、論理学という問題領域が構成される。これが体育哲学の構造である。

　もっとも、体育哲学におけるそれぞれの問題領域は、個別の独立的・自律的なものではなく、あくまで体育哲学における一つの哲学的思考のそれぞれの局面を示すに過ぎない。そして、それらは単独で用いられるようなものでもない。それらの領域的機能区分は、解説・説明のうえでは便利であるが、実際の哲学的思考、あるいは哲学的研究を行う場合には、過剰に拘泥するべきでない[7]。

　体育哲学においても、形而上学のみでは独断論に陥る危険があるし、価値論のみでは無批判なドグマに堕する危険があり、認識論のみでは知の実質的な生産があり得ず、論理学のみでは形式論に陥ってしまうだろう。それらは、哲学の営みにおいて相互に関連しあうのである[8]。体育哲学とは、それらの問題領域の相互連関によって構成される理性的思考の機能的全体なのである。

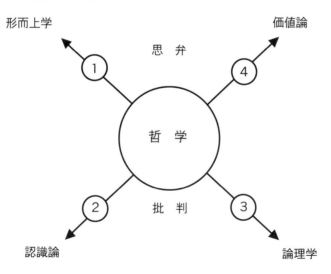

図18-1　哲学とその基軸

(Zeigler, E. F.「Physical education and Sport Philosophy (1977)」[6] より作成)

2．体育哲学とその基本的な方法

さて、ここでは、体育哲学の方法に目を向けてみよう。そもそも方法 method とは、ギリシア語の methodos を語源とし、「ある目的を達成するための道筋」が原義である[9]。従って、方法を誤れば、目的を達成することができない。体育哲学の研究においても、方法の選択は極めて重要である。ここでは、体育哲学における研究方法について、整理しておきたい。

一般に研究方法といえば、帰納法、演繹法、弁証法等があげられる。自然科学においては、おおよその場合、観測や実験という方法によってデータを収集し、そこから一般的な法則性を読み取ろうとするだろう。これによって仮説は検証され、新たな科学的認識が誕生していく。これが、帰納法である。個別の事例を収集し、そこから共通する属性を抽出するのである。

それでは、体育哲学の方法とは何であるのだろうか。佐藤臣彦は、この哲学的方法を自然科学的方法との相違、つまり「実験による実証」と「論理的方法（論証）」との相違にみて[10]、次のように述べている；

> （哲学的研究において）方法論的に見て重要となってくることは、自然科学のように「実験による実証」という手続きをとることができないということです。…哲学的研究においては、実際に試してみたり、経験的事実のみを根拠とすることで解決を図るといった問題の立て方をいたしません。このことは…「経験」を構成契機とすることの一切ない数学の場合と似ています。…哲学的方法もまた、数学の場合と同様、一つ一つ調べていく経験的アプローチによるのではなく、確実と思われる前提を基点とする「演繹的な論理」によって遂行されなければならないのです[11]。

そもそも、帰納法は、現象間の機能的関係を精密かつ正確に規定しようとするものであり、現象の真の姿、その真相については関与しない[12]。しかし、哲学は、現象の根源にある真の姿、ことの真実を究めようという方向につき進む。従って、帰納法によって得られた知識は実証知であるが、哲学が求めるのは論証知、より厳密には本

質知 Wesenswissen[13] である。体育哲学において、個々の事例を集積し、そこにみられる共通性を抽出したところで、その本質を描き出すことはできない。表層的な個別現象をいくら集積しても、この本質知へは到達しないのである。

　体育哲学が、ものごとの本質への到達を目指すとするならば、やはり確実な前提を基点として、基本概念を駆使しながら、精緻な推論によって理性的に、その本質の深みへと突き進んでいかなくてはならない。したがって、体育哲学における哲学的方法とは、基本的には、演繹法ということになるだろう。

　しかしながら、演繹法においては、何を基点とするのかが問題となってくる。ヘーゲルも、哲学においては基点をどこに見いだすかということが、困難であると述べている[14]。これについて、佐藤臣彦は次のように付言する；

　　哲学的研究の場合、まず問題となってくるのは、設定した課題への論理的アプローチの出発点をどこにおくのか、ということになってまいります。…経験的手法に基づく自然科学や社会科学の場合、研究の出発点が明確に措定されていて、こうした難問が生ずることはないのですが、哲学的研究の場合、まず、何を基点として演繹的展開をしていくのか、出発点を特定すること自体が…最初の難問となってくるのです[15]。

　したがって、体育哲学における哲学的方法とは、基本的には、演繹法ということになるにせよ、この基点の難問性について自覚しておく必要がある。さらには、命題や公理を前提として精緻に演繹していく過程においてさえも、概念の空転や独断論への陥落の危険も懸念される[16]。体育哲学においても、独断や独善を厳に戒めなくてはならない。これは翻って、先に見た哲学的態度の問題に逢着するのである。

3．体育哲学とその方法的な拡がり

　さて、体育哲学の方法は、基本的には、演繹法であるとしても、それ以外の方法を全く拒絶しているわけではない。実は、先に見た帰納法や弁証法、それ以外にも、多くの方法、たとえば、現象学的方法、解釈学的方法、そして分析的方法等のアプローチが存在する。ここでは、体育哲学におけるそれらの方法の可能性に目を向けてみよう。

182 第5部 体育哲学とその学問研究の展開

　まず帰納法からみてみよう。たとえば、体育哲学の研究の前提段階において当該問題に関連した先行研究の動向を整理する上では、個別研究の収集は不可欠な手続きであるし、文献学的研究においては、テクストに出現した用語の数例やその意味内容の振れ幅等を、実証的に集積する必要がある。体育哲学において帰納法は全く無縁なわけではない。

　これに次いで、弁証法に目を向けてみよう。弁証法は、かのヘーゲルが提起した方法である。これは、対立する二つの命題から、より高次な命題を導いていこうとするものである。この弁証法は無限に繰り返され、真理へと漸近していく。この弁証法を、たとえば対話や議論という形式によって認識を高めていく方法としてとらえるならば、古典的な意味において有効性が認められているだろう。

　いうまでもなく、ソクラテスは、対話によって青少年に真理を求めようとする道へと導いていった。対話は、何よりも人にその無知を知らしめ、そこから知へのエロスを喚起し、知を求め愛する行為、つまり哲学することへと誘ってくれる。無論、それは誰にでもできるような簡便な術ではないが、対話や問答は、見解の対立や衝突を媒介としながら、事物の本質を探求し、これを概念的に把握するためには有効な方法となる[17]。

　そもそも体育哲学は、記述的学問というよりは、むしろ論争的学問である[18]。討論や論争において議を戦わせるのは、無知を暴くためではなく、より明証な知を模索していく共同行為に他ならない。この意味において、弁証法は、体育哲学においても、より高次な知を模索する道程において重要となるだろう。

　さらに現象学的方法についてみてみよう。現象学とは、簡単にいえば、特定の命題や概念を基点とするのではなく、「事象そのものへ Zu den Sachen selbst！」を指針として、事象そのものを記述・分析し、それを理解しようとする方法である[19]。滝沢文雄は、この現象学的方法が、自然科学にみられるような外側からの観察に起因する限界を打ち破ることができるとしたうえで、次のように述べる；

　　運動場面でまさに生起している現象は、外側からだけの観察ではとうてい及ばない豊
　かな内容を含んでいる。ボールに集中し、仲間を見分け、情況を判断し、予測しながら

第18章 体育哲学の構造と方法 183

行動している。その体験は主体でなければわからないものである。それらを共通のものに
してくれるのが、現象学的分析だと言えるだろう[20]。

　さらに解釈学的方法についてみてみよう。解釈学的方法とは、対象となる事象に
かかわる既存の文献、あるいはそこに現象する人間の生それ自体を解釈し、その内実
を抽出しつつ、それを歴史的に考察し、これによって対象についての理解に新たな意
味づけを行い、そして定式化しようとする方法である[21]。この解釈学的方法は、自
然科学といわゆる精神科学の相違において明確である。

　つまり、自然科学の特徴が「説明すること Erklaren」にあり、事物の因果連関
Kausalzusammenhänge が考察対象となるのに対して、精神科学の特徴は「理解する
こと Verstehen」にある。そこでは、精神的世界の意味連関 Sinnzusammenhänge
が考察対象となり、個別の現象や事象を有意味なものとして把握しようとする[22]。
体育あるいはスポーツ事象も、物理的事象のみならず、意味事象 Sinn-Geschehens
としても把握されなくてはならない。従って、それは物理的な因果連関に還元され得
るものではなく、むしろ意味連関や意味生成といった人間学的な視角が要請される。
この視角について、解釈学的方法は効力を有するのである[23]。

　これらに対して、分析的方法とは、哲学における思考の手段としての言語を直接
の対象とし、当該領域の用語法やその意味の分析により、その概念の明確化を試み
る方法である。これは、特に体育学の術語学 Terminologie 的研究に有効であるだ
ろう。

　さて、体育哲学の方法は、基本的には演繹法であるが、問題設定が多様化し、さ
らには問題領域が多様に発展していけば、それに応じて研究方法も拡がっていくだろ
う。しかし、体育哲学において方法を語るうえで何よりも重要なことは、問題設定の
性質に対して適切な方法を選択することである。方法を誤れば、正しい解に到達しな
い。体育哲学の学問研究においては、方法の適切性には充分に留意されたい。

4．体育哲学の方法と、さらに不可欠なもの

　さて、これまで体育哲学の方法を辿ってきた。体育哲学における方法は、あくまで

184 第5部 体育哲学とその学問研究の展開

真理あるいは本質知に到達するための道筋であるため、問題設定の性質に応じて適切な方法を選択することが大切である。

　ただし、この道筋を歩み進むのは一人一人の人間の思考であるため、体育哲学の学問研究においても、方法のみでは解決し得ない不可欠な「何か」が存在する。そもそも出発点と方法の選択は、必ずしも問題の解明を即座にそして自動的に請け負うものではない。それでは、真理あるいは本質知へと到達するためには、方法以外で何が必要なのであろうか。ヘーゲルは、次のように述べている：

　　この世において、情熱 Leidenschaft なしに成し遂げられた偉業 Großes は何一つない[24]。

　真理に到達するための道筋を歩み進んでいくうえで不可欠なもの、それは情熱である。体育哲学においても、学的探求の道程を歩み進むのは容易なことではない。幾多の困難が待ち受けているのが常である。

　しかし、それは当然である。まさにそれは産みの苦しみである。学問とは、それが論証的な方向であれ、実証的な方向であれ、これまでの人類の学理の土壌に新たな知をつけ加えていくことに他ならない。学的探求は、その問いに全人格で没頭し、その意欲と能力を一点に集中させることによって、困難や苦しみを乗り越えて、その先へと歩みを進めていこうとする、そのような情熱なしには成就し得ない[25]。これをヘーゲルは、哲学における重要な契機 Moment とみている[26]。

　哲学が、情熱を持ち出すことに違和感を覚えざるを得ないかもしれない。しかし、体育哲学の学問研究においても、自らの問題設定を適切な方法によって探求していく道程において、着実に歩みを進めようとする意志、歩みの正しさを見きわめる冷静さ、そして何よりもそれを探求しようとする情熱が必要なのである。

　体育哲学は、ヘーゲルに従い、これを哲学的営為における重要な契機として捉えていくべきである。体育哲学の学問研究においても、おそらく探求しようとする情熱なしに、何一つ成就しないだろう。

第18章　体育哲学の構造と方法　　185

【引用及び参考文献】

（1）佐藤臣彦（2006）身体教育を哲学する，北樹出版，p. 13.

（2）三小田敏夫（1981）基礎の哲学，北樹出版，p. 13.

（3）Kant, I.（1787）Kritik der reinen Vernunft, 2. Auf., Akademie Textausgabe Kants Werke, Walter de Gruzter & Co., S. 543-544.

（4）Osterhoudt, R. G.（1978）An introduction to the philosophy of physical education and sport, Stipes publishing company, p. 8.

（5）Osterhoudt, R. G., ibid, p. 9.

（6）Zeigler, E. F.（1977）Physical education and Sport Philosphy, Prentice-hall, p. 34.

（7）大坪重明（1973）教養の哲学，理想社，pp. 168.

（8）大坪重明，同上書，pp. 169.

（9）佐藤臣彦（2006）体育哲学，スポーツ科学事典，平凡社，p. 605.

（10）佐藤臣彦（2006）体育哲学のオリジナリティ，体育哲学研究，36：68.

（11）佐藤臣彦（2007）体育哲学研究の独自性，体育哲学研究，37：92.

（12）細谷恒夫（1969）教育の哲学―人間形成の基礎理論―，創文社，p. 27.

（13）Scheler, M.（1929）Philosophische Weltanschaung, F. Cohen, S. 6.

（14）Hegel, G. W. F.（1969）Wissenschaft der Logik, G. W. F. Hegel Werke, 5, Suhrkanp, S. 65.

（15）佐藤臣彦，前掲書，（10），p. 92.

（16）阿部忍（1984）体育の哲学的探求，道和書院，p. 59.

（17）哲学事典，平凡社，p. 1285.

（18）中山茂（1974）歴史としての学問，中公叢書，p. 17.

（19）滝沢文雄（1995）現象学的視点からの体育論，体育の概念，不昧堂，pp. 140-141.

（20）滝沢文雄（1979）体育学における現象学的分析の素描，体育・スポーツ哲学研究，1：140.

（21）教育思想史学会編（2000）教育思想事典，勁草書房，p. 135.

（22）堺正之（1985）解釈学的教育学の基本的性格，小笠原道雄編，教育学における理論＝実践問題，学文社，p. 67.

（23）Danner, H.（1981）Überlegungen zu einer 'sinn'-orientierten Pädagogik, S. 108-109.

（24）Hegel, G. W. F.（1928）Vorlesungen der die Philosophie der Geschichite, Fr. Frommann Verlag, S. 52.

（25）Hegel, G. W. F., ditto, S. 51-52.

（26）Hegel, G. W. F., ditto, S. 50.

186 第5部 体育哲学とその学問研究の展開

第19章 体育哲学とその学問的足跡

体育哲学はその歴史において、これまで多くの理論形式を提示してきた。それらは、体育哲学の知的財産であり、現代においてもなお、体育哲学の学問研究において有意味な示唆を与えてくれる。ここでは、体育哲学の足跡を辿ってみたい。

1．体育哲学と哲学的思索の類型

さて、これまでの体育哲学の理論は、多くの哲学に支えられてきた。その主な形式は、観念主義 idealism、実在主義 realism、自然主義 naturalism、実用主義 pragmatism、実存哲学 existentialism、哲学的人間学 philosophical anthropology、言語分析 linguistic analysis、そして現象学 phenomenology である[1]。

とりわけ観念主義、実在主義、自然主義、実用主義は、体育の理論あるいは諸論議を支えてきた主要な類型である[2]。これらは体育哲学の領域においていわゆる四大哲学と呼ばれ、そして重視されてきた。そしてこれらは、いうまでもなく体育哲学の学問研究における基本的な教養の一つであるだろう。

ここでは体育哲学の、いわゆる四大哲学に基づく理論類型を順に辿ってみよう。

2．体育哲学といわゆる四大哲学

（1）観念主義 idealism と体育論

観念主義は、あのイデア論を提起したプラトンの時代にまで遡る。観念主義は、世界を、消滅変転の現象界と永劫不変の理念界から捉える[3]。まず、この理念界に存在するのはイデア idea であり、それは事物の本質、あるいは真に客観的・永遠的な存在である。そして、われわれが住まう現象界は、この理念界、あるいはイデアの不完全な模写 an imperfect copy として捉えられることとなる[4]。このような観念主義の立場においては、世界は概ね次のように説明されるだろう。

世界というものは、実在主義が信じるような機械的なものではなく、基本的には精神

第 19 章　体育哲学とその学問的足跡　　187

的なものである[5]。

　この観念主義[6] においては、理念が万物の究極原因として説明されていく。ここでは、理念こそが自明の究極的な真理であり、そして唯一の究極的な存在である[7]。そして、その派生形象がいわゆる真 Wahrheit / truth、善Gut / good、美Schönheit / beauty 等といった客観的価値であり、存在するもの全てがその具体的な表現形態、あるいは実現形態として捉えられる。

　このような観念主義のもとでは、人間も、この理念に対する「似通い likeness」という観点から捉えられていく。つまり人間の生は、その一つ一つがこの理念へ向かう過程として、さらにはそれの実現形態として理解されていくのである[8]。グリーンGreen, T. M. は、次のように述べる；

　　人間は価値を理解することを求める存在である。…そして、人間の生のよさは、それがどこまで価値の次元を追求し得たか、そしてどこまでそれを自らの生において達成し得たかによるのである[9]。

　従って、観念主義の立場から構成される体育論においては、身体運動によって児童・生徒一人一人を理念に近づけ、その「似通い」の完成度を高めていくことが提起される[10]。オスターハウトは、次のように述べる；

　　運動を行う児童・生徒のだれもが、高次な精神的次元へと高まりゆくことが求められていく。そして、児童・生徒はその高められた精神に従って行為し、それに従って自らを形成していくのである[11]。

　従って、観念主義の立場から構成される体育論は、不変なる理念、あるいは真、善、美といった客観的価値とのかかわりが重視され、体育の究極的な目的を人格の形成にもとめていくことが多い。つまり、体育も、児童・生徒をそれらの客観的価値に導き、そしてそれらに適合していくことを助けようとするのである[12]。

188 第5部 体育哲学とその学問研究の展開

ここでは、教師中心で、競争的なことにはあまり関心が払われない。心身二元論的であるが、特に精神にウエイトがおかれ、体育は、身体運動を通した人間の精神的形成といった方向で論じられていく[13]。

（2）実在主義 realism と体育論

実在主義の歴史的萌芽は、原子論を提起したデモクリトス Demokritus 等に求められることが多い[14]。彼らは、存在や世界を理念のみに還元することなく、それを実在 reality として把握しようとした。この実在は、われわれの存在と無関係に、独自に存在している[15]。ただし、この実在は人々の感覚を通してのみ実体的に出現する。

従って、この実在主義においては、万物が人間の感覚を通して確認される物理的な実在によって説明される[16]。それ故にここでは、人間存在も一つの物理的な構成体として捉えられていく。たとえば、ラ・メトリ La Mettrie, J. O. の「人間機械論」などはその代表といえよう。メトリは人間を「きわめて複雑な機械」として捉え、その生を自らゼンマイを巻く永久運動の生きた見本と見なすとともに、魂すら脳の機能的組織の自己運動として説明する[17]。さらに、ホッブス Hobbes, T. も次のように述べている；

　　人間の生命とは手足の動きに他ならず、その動きの始源はその内部の中心的な部分に
　　ある。これによるならば、全ての自動機械、たとえば、時計のようなバネと歯車で動い
　　ているような機械は、人工的な生命を有していると言えるだろう。そうであれば、まさに
　　心臓はバネに、神経は連結線に、関節は歯車に他ならず、それらが身体全体に動きを与
　　えているのである[18]。

従って、実在主義の立場から構成される体育論は、児童・生徒一人一人の物理的な実在としての身体を対象とし、何よりも物理的に把握可能な身体的機能、たとえば健康や体力を高めていくことを提起する[19]。ここでは、人間存在における身体の問題を重視し、身体そのものの教育という方向が強く打ち出されていく。

心身二元論的であるが、特に身体にウエイトがおかれ、体育は、身体の強化・鍛

錬といった色彩で論じられていく。教師中心で、鍛錬的側面が強調され、学習形態は、協力よりも競争が重んじられ、等質グループによる強化・鍛錬が主な内容となってくることが多い[20]。

　しかし、人間の身体を精神と切り離して、単に唯物論的に把握することの困難さ[21]、身体の手段化、そして、その先に予想される冷酷な成果主義から、この過剰な偏重にも注意が必要である。さらには身体の即物的な強化・鍛錬がさけばれる時、そこに潜んでいるイデオロギーや政治的動因を慎重に吟味する必要がある。

（3）自然主義 naturalism と体育論

　自然主義の歴史は古く、「万物の根源は水である」と提起したタレス Thales 等の古代哲学者に遡りながら、その自覚的な形式はやはり近代のルソーやペスタロッチ Pestalozzi, J. H. 等に見ることができる[22]。ここでの自然 Natur /Nature という語は、日常言語イメージとしてのそれではなく、哲学上の幅広い意味を有している[23]。つまり、この自然とは、たとえばルソーにおいては、人為の所産に対比される特有の概念であり、創造主からの直接の所産にみられる、本源的な善をもった純粋で調和的な本質とその内的発展の原理を意味する[24]。

　この意味において、この自然とは、キリスト教思想圏における創造主つまりは神と同根一体であるが、自然主義が観念主義と異なるのは、万物の究極原因それ自体にではなく、むしろその運動あるいは自己展開に力点が置かれているという点である。

　この自然主義[25] においては、この自然は、それ自体に秩序を備え、万物はこの自然から湧き出でて、その自己展開によって自然の一部を具体的に表現する。従って、ここでは、人間存在も一つの自然として捉えられていく。ルソーは、人間の自然（状態）に、本来的な善性を認めた[26]。すべての邪悪や害悪はこれが不当に妨げられることによって生起する。ルソーは、次のように述べる；

　創造主の手をはなれるとき、すべては善くあるのに、人間の手にわたるとすべてが悪くなる[27]。

　従って、人間が善くあるためには、これを妨げることこそ避けなくてはならない[28]。

190 第5部 体育哲学とその学問研究の展開

自然はわれわれに美しき魂をつくってくれるが、人間の不当な介入がそれを台無しにする[29]。「自然をして自然の道をとらしめよ Let nature take her course.」[30] この自然の秩序に妨げなく従うならば、人間は真の意味において人間、つまりは善にして幸福なる存在を成就し得る。そしてルソーは、ここに人間の天命をみていたのである[31]。

　従って、自然主義の立場から構成される体育論は、人間に内在する可能性の自己展開を重視し、学習者の内発的な要求を充たすことを求めていく[32]。つまり、自然主義は、体育に対して、人間の生得的な能力の発達を不適当な介入によって妨げることなく、身体運動を通してそれを自然に発達させ、そして完全なる調和の成就によって幸福へと導いていくことを要請する。

　そこでは、心身一元論の立場から、有機体としての調和的発達に重点を置き、体育教師は、児童・生徒の個性や能力を伸ばすためのアシスタントとなり、民主的な関係のなかで、彼らの自主性を尊重する。そして、そこでとりあげる教材も、形式的・訓練的なものよりも、遊戯やゲームなどが多く採用される[33]。それゆえに、ここでは、身体運動において保障される一人一人の経験の内実が問題となる。コウエル Cowell, C. C. とフランス France, W. L. は、次のような問いを提起する；

　　自然主義者としての体育教育者は、子どもたちの生の要求について知らなくてはならない。どのような状況が子どもたちの要求を満たし得るのか？ どのような過程がそのような要求に適合しえるのか？ グラウンドや体育館、そしてプールなどでの、どのような経験がそのような要求に適合しえるのか？[34]

（4）実用主義 pragmatism と体育論

　実用主義の歴史は、まず直接的にパース Peirce, C. S. やジェイムス James, W. そしてデューイ Dewey, J. を照らし出すが、その源流は「万物は流転する」と提起したあのヘラクレイトス等にまで遡る[35]。ヘラクレイトスによれば、ものごとの真実とは実体ではなく、連続的な運動状態 a state of continuous movement にある。この連続的な運動状態、つまり定常的な変化という思考方法が、この実用主義を基礎

第19章 体育哲学とその学問的足跡 191

づけていった[36]。つまり人間も社会も、そのような連続的な運動つまりは定常的な変化を通じて進歩あるいは発展していく存在であると、さらには、社会の進歩・発展のためには、人間の定常的な（望ましい）変化が重要であると考えられていった。

このような実用主義のもとでは、人間存在も社会との関係において説明される[37]。つまり、この実用主義は、先に見た観念主義、実在主義、自然主義と異なり、教育に対して、社会を構成し、継承し、そして発展させる市民 citizen としての、個人的・社会的能力の育成を要請する。ここでは社会的な構造がそれを規定する要素となり、社会的な有用性 social efficiency という概念が重視されることが多い[38]。

従って、ここにおいては、教育は社会の構成員を育成する過程として捉えられるため、教育においては、そのための有用な経験が重視されていく。この経験は社会と自己との相互関係において成立し、それが個々人に対して社会的な自己実現 social self-realization への基礎を提供してくれる。一人一人はこの経験を通じて、社会の有用な構成員に向けて、身体的にではなく、むしろ道徳的そして社会的に絶えず発展していくのである[39]。

従って、実用主義の立場から構成される体育論は、身体運動を通した社会的に適合する市民の育成を提起する[40]。そこでは民主主義や自由、個性が重視され、体育教師は活動の計画者や指導者ではあっても、あくまで児童・生徒の経験に中心がおかれる。そして、そこでは個人的社会的活動や問題解決経験、自由や民主主義、そして身体適性 physical fitness ではなく全体適性 total fitness が強調される[41]。この全体適性が、社会に対する全人的な適合の程度を意味するのはいうまでもない。ウィリアムスは次のように述べる；

　個人のねらいは、筋肉にではなく、社会にあわせられなくてはならないのである[42]。

従って、ここでは、学習者の興味、要求、能力、個性といったものが尊重され、学習者中心的であり、学習形態も、異質グループにおける相互協力等が強調され 基本的には競争的な要素は排除されていく傾向にある[43] が、競争的なスポーツにおけるチーム経験は社会性の育成という点で有効であるとされている[44]。この立場は、心

192 第5部　体育哲学とその学問研究の展開

身一元論的で、社会性を体得した人材育成といった傾向が強い。

（5）体育哲学における四大哲学の相対的な位置関係

　これまで、体育哲学のいわゆる四大哲学をたどってきた。それらは、体育哲学の歴史において一定の正当性を有する基本的な理論類型である。ここで、それぞれの差異に着目すれば、その論理構成において世界観の構成原理と教育の見方に相異があることに気づかれるであろう。それによって、各々の相対的な位置関係が明らかになる。

　まず世界観の構成原理については、一元論 monism と二元論 dualism の立場がみられる。そして教育の見方においては、本質主義 Essentialism と進歩主義 Progressivism という立場がみられる。これらによれば、観念主義は、二元論に基づいて理念や価値を中核にすえた本質主義の立場をとる。実在主義は、二元論に基づいて物理的実在を中核にすえた本質主義の立場をとる。自然主義は、一元論に基づいて個人の調和的発達を中核にすえた進歩主義の立場をとる。実用主義は、一元論に基づいて社会と個々人の相互規定的な発展を中核にすえた進歩主義の立場をとる[45]。

　それらをごく簡単に表現すれば、観念主義は人格形成的体育論、実在主義は身体形成的体育論、自然主義は調和的体育論、実用主義は人材育成的体育論を構成してきたと言えよう。

　さて、われわれはそれらに対して立場決定が迫られているわけではない。自らの立場を狭い選択範囲に縛りながら、拙速にそれを決定することは愚かさの極みである。われわれは、体育を自由に哲学する philosophieren ために、これらに学ぶのである。自らの体育観や体育実践を正当化する、あるいは理論武装するために、これらを学ぶのではない。それらが体育を哲学するための有意味な基準点であり、それを適正に踏まえることによってのみ、正当な思考が展開され得るから学ぶのである。

　いずれにせよ、おそらく絶対無から有は生まれない。われわれは、これらを有意味な基準点として学ぶことによって、自らの思考の力を強化し得るだろう。この思考の力によって、われわれは体育をよりよく哲学し得るのである。

　それゆえに、われわれはより多くを学ぶ必要がある。できれば、この伝統的な四大

第 19 章　体育哲学とその学問的足跡　　193

表 19-1　四大哲学と体育論

	観念主義 (Idealism)	実在主義 (Realism)	自然主義 (Naturalism)	実用主義 (Pragmatism)
世界観の構成原理	二元論（精神優位）	二元論（肉体優位）	一元論	一元論
教育の見方	本質主義 (Essentialism)	本質主義 (Essentialism)	進歩主義 (Progressivism)	進歩主義 (Progressivism)
理論類型	人格形成主義	身体形成主義	調和主義	人材育成主義
目的	真・善・美の客観的価値を認め、それを実現させるための個人の可能性を最大限に発達させ、人格の完成を期す。	身体の強さと身体適性とを高め、教育の中におけるこの領域の明確なる役割を果たす。	生徒の興味や要求に基づき、生得的な能力を自己表現的な経験を通じて調和的に発達させる。	社会の進歩発展を担い得る有用な人材の育成を目指す。
カリキュラム	知・情・意の三点が調和するよう配慮された固定的なカリキュラムが用意される。	体操、集団的行動、条件づけの練習などを含んだ鍛錬的なカリキュラムが用意される。	成長発達の程度を十分に考慮し、発達刺激として役立つ広範なる活動が用意される。	レクリエーション的活動を含み、生活に直結した諸活動が単元的、コア式、グループ活動に便なるように計画される。
指導と学習形態	思考作用を喚起し、判断力などを養い、生徒の個性と独創性とに訴える指導形態を重んずる。激励の技術がこのような意味で高く評価される。	協力よりも競争的な方法を重視し、等質集団による能力別グループによって、個人ならびに集団のレベルアップをはかる。	形式的な方法を出来るだけ排除し、遊戯や自然的なゲーム形式が取り入れられる。外部的な干渉を最小限に止め、自己活動をすすめる。	競争的方法を排除し、社会性の中で特に協力性を高めるように配慮する。異質集団によるグループ活動を推奨しメンバー相互の協力助言によってグループの能力を高める。
教師と生徒	教師は生徒の最大限の成熟に達するような援助に関心を払いながらも、両者の関係は教師中心である。それを可能とするためには、教師は生徒より模範にされるに値するモデルであるという前提が要求される。	教師の指導は、計画的で規則正しく順序よく組織的でなければならない。教師の大きな関心は個々の生徒に対するよりも、客観的事実の方に向けられる場合が多いために、時に非人格的に見える。両者の関係は教師中心である。	教師は生徒に対し、監督者であるよりも、生徒の個性の保護者、開発者であり、花壇の管理者ではなくてむしろ、園丁である。	生徒中心である。教師は相談相手、助言者、指導者にふさわしい性質と性格が要請される。彼は教化式の態度を避け、動機づけと刺激を与える技術とが必要である。
指導論	努力は興味に優先すべきである。伝統的な訓練形式を重んじ、しつけを重視し、生徒の自制 (self-restrain) を期待する。	ドリル形式の鍛錬法を採用する。体力や技術が高まるに従って、興味は後から生じてくる。	自然の法則は本来善である。この法則に違背した場合には、人間は自然から罰を受ける。	ドリルという概念を含めて独善的な方法を排除する。生徒の自己指揮 (self conduct) を期待する。
評価	教師中心の主観的評価が大きな比重を占める。高度な達成や記録をつくることなどには概して関心が払われない。	測定を重視し、等級づけを行なう。身体適性は評価の重要な概念で、国家的規準を是認する。	個人の発達の程度に基準がおかれる。他人との競争よりも、むしろ、自分自身との競争が形成される。	個人の進歩、特に集団内におけるメンバーの役割の達成に重点をおく。身体適性よりも全体適性により多くの関心を払う。
教育観念	人格教育 (character building) 道徳的感化 (moral influence) 個性 (individuality) の尊重 自制 (self restraint)	鍛錬 (training) 能力別グループ (ability group) 等級づけ (grading) ドリル (Drill) 随伴学習 (physical fitness) 条件づけ練習 (conditioning exercise)	児童の要求 (child need) 自己表現 (self expression) 自発性 (spontaneity) リードアップゲーム (lead up game) 全体練習 (whole method)	社会的要求 (social need) 自発性 (spontaneity) 全体適性 (total fitness) 社会的自己実現 (social self realization)

（吉沢宗吉「西洋体育哲学の比較考察（1968）」(24) をもとに作成）

194 第5部 体育哲学とその学問研究の展開

哲学以外の形式、つまりは実存哲学、哲学的人間学、言語分析、そして現象学等にも目を向け、その体育論としての可能性を探ってほしい。特に、実存哲学と現象学は、体育論の構成に対して重要な示唆を与えてくれるだろう。

3. 体育哲学とその思考活動における自戒 －そこに潜む甘美な罠－

これまで体育哲学の足跡を辿ってきた。ここでは、体育哲学における哲学的思考、あるいは思考活動全般に潜む危険について触れることで、それを体育哲学の自戒として提示しておきたい。それは「主義」という表現についてである。これまで、われわれは体育哲学の足跡を辿り、四大哲学の理論類型をみてきた。それらは観念主義、実在主義、自然主義、実用主義であった。

しかし、往々にして人々はこの「主義」という表現に対して、理性の武装を解除しようとする。ここでは、猪飼道夫の警告[46]に従い、その危険と愚かさに目を向けてみよう。

　　世の中には、主義というものが横行している。そして、声高々と主義が唱えられ、その主義を広めることに熱中している人もいる。それでは、主義とはいったい何であろうか。…主義とは、モノを見る角度の名称、あるいは場所の名称なのであろう。したがって、主義は常に複数である。しかし、なぜかそれらはお互いに相いれないような対立の様相を呈する。ある角度からモノを見ることはよいことであり、そうするより他に仕方がない。しかし、他の角度からも見る必要もある。そうした角度から見た所見も、また真実である。どれもこれも真実の一面である。それが、どうして相いれないというのであろうか。主義はいくつも生まれるはずであり、多ければ多いほど所見が豊かになる。そして、それらを総合する頭脳を用意しておくことが必要である。

しかし、人々は主義に寄りかかり、それに囚われ、わずか一つの主義で「頭脳を一杯にして」満足に浸り、排他的に他の主義を許容せず、嫌悪することが多い。これは、もう学問でも、哲学でもない。真理の探求とはほど遠い、愚者の振る舞いでしかない。ここからは何も生まれない。実は、体育の授業研究団体にも、このようなケー

スがみられるように聞く。これは悲しい事態である。何のための研究なのか。あるドクトリン doctrine をドグマチック dogmatic に墨守することが、そんなに大切なのであろうか。それこそが、まさに哲学性の欠如に他ならない。猪飼は、次のように述べる；

　　主義は便宜的にできたモノに過ぎないのであり、ある一つの進歩のために踏むべきステップを建設するための方便であると考えるならば、主義が人間に優先するはずはない。主義の方が高姿勢で横行するならば、それはどこか狂っているはずである。なぜ主義がいくつもわかれ、その中のどれか一つの主義によりたがるのだろうか。それは頭脳のアキレス腱が弱いためではないのか？

　おそらく、主義によりかかるのは楽なのである。主義を唱えていれば、自律的に思考しなくてもすむ。しかし、それは逃避でしかない。さらに、これによって、確実に思考の力は弱体化していく。目の前の体育的現実を多元的に見る視野が次第に狭くなり、そこから問題を汲み取るセンスも枯渇していく。もしかしたら、体育的現実を見る目も都合主義に堕するかも知れない。見えているのに見えないふりを、疑問がわいても、それを圧殺するかもしれない。

　そして、これによって自律的思考によって自らの解を導き出そうとする思考のエネルギーが枯れ果てていく。主義の妄信や無批判な依存、主義を唱えることによる思考停止が怖い。主義という表現には、甘美な罠が巧妙に仕掛けられている。

　従って、体育哲学の学問研究においてもしっかりと自分の頭で思考しよう。主義にもたれかかることなく、徹底的にその頭脳に汗をかいて欲しい。主義の思想的内実が悪いのではない。主義に対する無批判が決定的に忌避されなくてはならないのである。哲学的思考とは囚われへの道ではなく、むしろ囚われからの解放による真理への自由な接近なのである。

　体育哲学の学問研究においても、いわゆる主義に付きまとう甘美な罠に充分注意されたい。思考の自由、囚われのない自由な思考、これこそが体育哲学の力なのである。

196 第5部 体育哲学とその学問研究の展開

【引用及び参考文献】

（1） Osterhoudt, R.G. (1978) An introduction to the philosophy of physical education and sport, Stipes publishing company, p.77.

（2） Webster, R.W. (1965) Philosophy of physical education, WM.C. Brown Company, p.22.

（3） 哲学事典, 平凡社, p.282.

（4） Zeigler, E.F. (1964) Philosophical foundations for physical, health, and recreation education, Prentice-Hall, p.24.

（5） Zeigler, E.F., ibid, p.171.

（6） Osterhoudt, R.G., op.cit., (1), p.81.

（7） Webster, R.W., op.cit., (2), p.41.

（8） Green, T.M. (1955) A liberal Christian idealist philosophy of education, Modern philosophy and education, University Press of Chicago, p.105.

（9） Webster, R.W., op.cit., (2), p.32.

（10） Osterhoudt, R.G., op.cit., (1), pp.82-83.

（11） Osterhoudt, R.G. (1975) Toward an idealistic concept of physical education and sport, The physical educator, 32:178.

（12） Zeigler, E.F., op.cit., (4), p.199

（13） 阿部忍 (1984) 体育の哲学的探求, 道和書院, p.49.

（14） Webster, R.W., op.cit., (2), pp.45-46.

（15） Wild, J. (1955) Education and human society, Modern philosophies and education, University Press of Chicago, p.17.

（16） Osterhoudt, R.G., op.cit., (1), p.84.

（17） ド・ラメトリ：杉捷夫訳 (1969) 人間機械論, 岩波書店, pp.47-101.

（18） Hobbes, T. (1991:Tuck,R.ed) Leviathan, Cambridge University Press, p.9.

（19） Osterhoudt, R.G., op.cit., (1), p.86.

（20） 阿部忍 (1984) 体育の哲学的探求, 道和書院, p.50.

（21） 阿部忍, 同上書, p.51.

（22） Webster, R.W., op.cit., (2), pp.19-25.

（23） Webster, R.W., ibid, p.18.

（24） 稲富栄次郎 (1987) ルソオの教育思想, 学苑社, p.154.
ならびに、橋本大三郎 (1982) ルソーの教育思想研究, 明治図書, p.483.

（25） Osterhoudt, R.G., op.cit., (1), p.79.

（26） Rousseau, J.J.：原好男訳 (159) 人間不平等起源論, ルソー全集, 第4巻, 白水社, p.271.

（27） Rousseau, J.J.：樋口謹一訳(1984) エミール, ルソー全集, 第6巻, 白水社, p.17.

（28） Rousseau, J.J., 同上書, p.23.

（29） 橋本三太郎 (1982) ルソーの教育思想研究, 明治図書, p.470.

第 19 章　体育哲学とその学問的足跡　　197

(30) Zeagler, E. F., op. cit., (4), p. 77-78.

(31) Rousseau, J. J. : 樋口謹一訳 (1984) エミール, ルソー全集, 第 7 巻, 白水社, p. 471.

(32) Osterhoudt, R. G., op. cit., (1), p. 79.

(33) Osterhoudt, R. G., ibid, p. 80.

(34) Cowell, C. C. / France, W. L. (1963) Philosophy and principles of physical education, Prentice-Hall, p. 10.

(35) Webster, R. W., op. cit. (2), pp. 63-65.

(36) Webster, R. W., ibid, p. 65.

(37) Osterhoudt, R. G., op. cit., (1), pp. 86-88.

(38) Dewey, J. (1980) Democracy and Education, The middle works, 9, Southern Illinois University Press, p. 120.

(39) Webster, R. W., op. cit. (2), p. 74.

(40) Bucher, C. A. (1968) Foundation of physical education, The C. V. Mosby Company, p. 21.

(41) Osterhoudt, R. G., op. cit., (1), p. 89.

(42) Williams, J. F. (1959) The principles of physical education, 7th ed., W. B. Sanders, p. 265

(43) 阿部忍, 前掲書, (20), p. 50.

(44) Zeigler, E. F., op. cit., (4), p. 91.

(45) 吉沢宗吉 (1968) 西洋体育哲学の比較考察, 埼玉大学紀要, 17 : 114-115.

(46) 猪飼道夫 (1973) なぜ主義はいくつにも分かれるか, 猪飼道夫随筆集, pp. 24-26.

第20章　体育哲学とその学問研究の実際
―論文の作成と研究発表、そして議論―

　これまで、体育哲学を学問研究という側面から整理するために、まず体育哲学の哲学的態度、そして体育哲学の構造と方法に目を向け、さらに体育哲学のこれまでの知的蓄積を概観してきた。体育哲学の学問領域も一つの歴史的構成態であり、先人たちの学問的努力のうえに現在の水準があるのはいうまでもない。われわれは、その歴史的な過程に敬意を払わなくてはならない。そして、その学恩に報いるためにも、体育哲学の水準をさらに高めていかなくてはならない。そのためには、体育哲学の学問研究それ自体の基本を知っておく必要があるだろう。

　一般に学問研究とは、真理の探求といえるだろう。人類史において、これまで多くの研究者が真理を探求してきた。これからも多くの研究者がこの真理を探求すべく、学問研究に打ち込むことであろう。そもそも真理とは、つくられるものでなく、発見されるものである[1]。かのニュートン Newton, I. は、次のように述べる；

The great ocean of truth lay all undiscovered before me. [2]

　この発見 discover は、用語構成からすればカヴァーをはずすという意味である。真理はカヴァーにおおわれている。学問研究とは、いわばそのカヴァーをはずし、真理の女神の美しい姿を見ようとする営為であるといえよう。そして、これが学問研究の成果である。

　学問の世界は日進月歩である。まさに、いまこの瞬間にも、世界のどこかで新たな知見がこの世に誕生しているかもしれない。このようにして、また一つ真理の一側面が人類にその姿をあらわす。そして、このようにして、それまで人類に知られていなかったことが、少ずつ解き明かされていく。

　ただし、そのような研究成果は、それが公表されなければ、人類の知の発展に寄与することはできない。それが叡智と思索を尽くして到達した有意義な研究成果であっても、公表されなければ悲しいかな零に帰してしまいかねない。

第20章　体育哲学とその学問研究の実際　199

　だからこそ、学問の世界に身をおくものは、その研究成果を公表しなくてはならない。それが、たとえ小さな発見であっても、たとえ微細な解明であっても、人類の知の発展であることに他ならないのである。

Publish, or perish.

　これは、よく知られた言葉であるだろう。体育哲学の領域に身をおき、そこで学問研究を行う場合も、最後は、その研究成果を世界に向けて公表することが求められる。学問にとって、この研究成果の公表はとても重要なのである。

　さて、この研究成果の公表の方法は、概ね次の二つである。第一は、論文であり、第二は、学会等における研究発表である。ここでは、体育哲学における研究成果の公表の方法について整理しておきたい。

1．論文の作成方法とその実際

（1）論文とは何か

　学問研究における論文、とりわけ学術論文には、学位取得のために執筆する学位論文（卒業論文、修士論文、さらには博士論文）と、研究成果の発信のために学会誌・専門誌・紀要等に執筆する研究論文がある[3]。学術論文を作成し、それを公表していくことは、体育学の拡充と発展のために、とても重要なことである。ここでは、体育哲学の論文の作成に焦点をあてて、その基本を整理しておこう。

　さて、そもそも論文とは何であるのか。論文とは、「特定の主題」について書かれたものである[4]。これにくわえて、科学史研究者の八杉龍一は次のように述べる；

　　　論文は、それぞれの学問分野で専門の研究者によって書かれるもので、その著者が自分の研究で得た結果を報告し自分の意見を述べたものであり、それによってその学問分野に新知見をもたらすものである[5]。

　これによるならば、論文には、少なくとも次のような三つの要件がみられるだろう。

200　第5部　体育哲学とその学問研究の展開

①論文は、その学問分野の「専門研究者によって」、「専門研究者に向けて」書かれる。

②論文は、「特定の主題」に関する研究で得られた成果と、それについての専門研究者としての見解により構成される。

③論文は、その学問分野に対して「何らかの新知見」をもたらす。

　ここでは、論文とは何かを整理するために、「専門研究者」、「特定の主題」、「何らかの新知見」という表現に着目し、それぞれを順にみていこう。

（2）専門研究者と論文

　論文の書き手は、基本的には、その学問領域に身を置く専門研究者である。ここでの専門研究者とは、たとえば学位や職業を意味しているわけでなく、とりあえずその学問領域を専門とする研究者という意味で捉えてほしい。ただし、この専門研究者は、その学問領域の基礎的な鍛錬を経て一定の研究水準を備え、そしてそれを共有していなくてはならない。

　論文とは、この専門研究者が、その学問領域の発展のために、専門研究者に向けて書くものである。従って、論文には、常にその学問領域の専門研究者によって共有されている一定の研究水準が要請されることとなる。

（3）論文の作成と主題

　論文において「特定の主題」とは何であるのか。そもそも主題、つまりテーマの選定は、研究の起点であるだろう。そして論文を作成する際のテーマの選定において、何よりも参考になるのが、その学問領域の学術雑誌である。この学術雑誌の目次を通覧すれば、さまざまなテーマが映じてくるだろう。それは、多くの場合、次のような形式であるだろう；

　　「AにおけるBのCに関する一考察　－D学派におけるEのF概念に基づいて－」

　このように、テーマはメインテーマをサブテーマによって限定するような形式で構成

されている。つまり、論文のテーマは壮大なものではなく、多くの場合、限定的であるということに気づかれるであろう。斉藤は次のように述べる；

> テーマがあまりに大きすぎ、しかも限られた分量の中で論述しなければならないとなると、どうしても考察が浅薄になります。そして、自分が得た新しい知見がオリジナルなものである所以を説明できなくなります。…深く考えるためには、どうしてもテーマを狭く限定するほかありません[6]。

それゆえに、言語哲学者のエコ Eco, U. が示す次の言葉は、研究活動におけるテーマ決定の原則となるだろう；

> 範囲を狭めるほど、仕事は良くなり、基礎がしっかりする[7]。

これを踏まえたうえで、それでは、研究活動において、どのようなテーマを選ぶべきであるのだろうか。実は、テーマを選ぶためには、少なくとも、次の三点を考慮に入れる必要がある[8]。

①自分の興味・関心・問題意識を大切に
　体育哲学の学問研究においても、その研究のために自分の情熱を傾けることのできるようなテーマ、自分のエネルギーを注ぐに値するようなテーマを選ぶことが大切である。テーマにはもちろん流行がある。しかし、自分が選んだテーマが、流行の波に乗っているかどうかではなく、そのテーマを選んだ自分の理由をはっきりと自覚し、そしてそれを大切にすることが重要である。生化学者の江上は、次のように言われたようである。

> 人がおもしろいと言うことや、今おもしろいことはやるな。自分で考えたテーマをおもしろくせよ[9]。

②テーマに接近するための物理的事情を冷静に把握すること
　そのテーマを究明するうえで必要な素材が得られなければ、研究は不可能である。体育哲学

202 第5部 体育哲学とその学問研究の展開

の領域においては、何よりも文献の入手が鍵となる。それは、書籍から学会の機関誌、大学等の紀要等、その範囲は膨大である。従って、研究を行ううえでは、自分のテーマに関連する文献等についての入手可能性を、周到に吟味することが重要である。特に洋書等の外国語文献については、さらに慎重を期したい。

③自分の事情を謙虚に弁えること

　研究において、興味・関心・問題意識があり、それについての文献が入手可能であっても、それを消化し得るだけの準備状況あるいは能力が整っていなければ、やがて暗礁に乗り上げることとなる。外国語文献を分析しなくてはならない場合は、一定の語学力が必要となるだろう。もちろん、外国語文献を自由に読み深めることはできなくとも、良質の邦訳書によってそれを補うことはできる。邦訳書は大いに活用すべきであるだろう。

　しかし、一般的に見て、自分の側の条件に、何らかのハンディキャップがある場合は、自分の現状の能力と事情に応じたテーマに調整する必要がある。この方が、長い目でみれば、自分の力を養うことになるのである。

　この三点を踏まえたうえで、自分のテーマを模索してほしい。いずれにせよ、流行などに惑わされることなく、自分が知的に「気になること」から出発したほうが無難である[10]。「よくわからないこと」、「ひっかかること」、「ほかのものとの関連を知りたくなること」等、そのような知的関心が喚起されるときに、われわれはテーマと出会う Begegnung。テーマは与えられるものではなく、出会うものである。

　ただし、一般的に、自分が好きなものは論文の対象になりにくいようである。小林は次のように述べる；

　　好きだからこそ語りたい。しかし「好き」から出発した言説は、分析的で、論理的で、普遍的であるべき論文の文章にはそぐわないのです。愛は、普遍的な論理を正当化しません。論文は「好き」から出発してはいけない[11]。

　小林に倣い、ロラン・バルト Barthes, R. の言葉を押さえておこう；

　　　　　　　　　人は愛するものを語りそこなう[12]。

第 20 章　体育哲学とその学問研究の実際　203

（4）論文の作成と新知見

　論文のもたらす「新知見」とは、どのようなものであるか。これについては、主に次の四点がおおよその目安となるとなるだろう[13]。

　　①発見
　　　新しい現象や事実の「発見」についての公表
　　②発明
　　　ある現象や事実についての新しい解釈や、説明理論の「発明」による新たな理解の提示
　　③総合・関連
　　　新旧のさまざまな現象や事実、さまざまな解釈や説明理論等の「関連・総合」による新たな理解の提示
　　④批判・再解釈・基礎付け
　　　上記の「発見」、「発明」、「総合・関連」についての批判、評価、説明、解析、意味付与、再解釈あるいは基礎付けによる、認識・理解の拡充

　従って、論文には、特定の主題についての、「発見」、「発明」、「総合・関連」、「批判・再解釈・基礎付け」等のいずれかの要素が含まれていなくてはならない。それによって、その学問分野に、「何らかの新知見」をもたらしてくれるのである。それゆえに、次のようなものは、論文に該当しないこととなる[14]。

　　①ある論文や書物の要約
　　②他人の見解の無批判な繰り返し
　　③引用の羅列
　　④証拠立てられない私見
　　⑤他人の業績の無断使用（＝plagiarism 剽窃）

（5）論文の書き方

　さて、論文は、その学問領域の専門研究者によって「書かれた」文章であった。この基本的な事実は、ことのほか重大なのである。そして、この重大さは、会話と文

204 第5部 体育哲学とその学問研究の展開

章表現との相違に起因する。かの清水幾多郎は、次のように述べている；

> 　会話においては、話し言葉がたくさんの協力者に取り囲まれ、むしろ、これと融けあっ
> て働いているのであるが、文章においては、書き言葉が、孤立無援、ひとりで何もかも
> 行わなければならぬ。会話なら、相手が頷いてくれれば、世話の焼ける証明の手続きを
> 省いて、そのまま次に進むことができるけれども、文章では、さまざまの考え方を持つ不
> 定限の相手に向かって、事柄をいちいち言葉によって証明していかねばならぬ。同じ言
> 葉といっても、話すのと書くのとでは、言葉の機能が全く違っている[15]。

　つまり、論文を「書く」とは、相手あるいは読み手の了解をとりつけるために、言
葉による証明を一つ一つ着実に紡いでいくことに他ならない。つまり、そこには論証
性が要請される。この論証性こそが、論文の合理的な根拠付けの条件である[16]。そ
れゆえに、論文においては、その論証の過程が正しく書かれなくてはならない。

　従って、論文作成においては、その書き方において一定の専門的な体裁が要請さ
れることとなる。この専門的な体裁とは、一般的に承認された用法に誤りなく従うこ
とによって確保される[17]。そこで、論文作成における「文章」、「構成」、そして「専
門的な体裁」について整理していきたい。

（6）論文の作成と文章

　まず、論文は、文章によって表現される。もっとも、それは文学作品ではないため、
美文である必要はない。ただし、論文である以上、その作成においては一定の客観性、
明晰性、簡潔性、そして一意性が求められる[18]。従って、論文作成の際の文章表現
においては、最低限の一般的な原則を踏まえておく必要があるだろう。そこで、その
主な項目をみていこう[19]。

　①文体は、口語体の常体を用いること
　　文章表現には、文語体と口語体があるが、論文の文体は、この口語体の常体、つまり「A
はBである」という様式の文章によって表現されるのが一般的である。

第 20 章　体育哲学とその学問研究の実際　205

②用語の意味を正確に用いること

　論文作成においては、用語を注意深く選択し、その意味を正確に用いる必要がある。文章表現における不用意な用語は、予期せぬ誤解等を招くばかりでなく、論文そのものの評価にまで影響しかねない。

③主語と述語の関係を正確に書くこと

　論文作成においては、主語と述語の対応関係に留意する必要がある。論文の文章表現においては、主語を省略することなく、「論理の伝達」を重視しなくてはならない。

④修飾語や比喩をできるだけ使用しないこと

　論文作成においては、できるだけ情緒的な表現を避けることが望ましい。日常会話に頻出する「ものすごい…」や「すばらしい…」、あるいは「脅威的な…」等の表現は、読み手の感情が喚起されるが、やはり再現性に乏しく、厳密性を欠いているため、論理の客観性が損なわれる恐れがある。一定の客観性を確保するためには、過度の修飾語は用いないほうが無難である。

⑤できるかぎり短い文章を書くこと

　論文作成においては、基本的には「長文を避ける」ことが望ましい。一つの文章に副文がたくさんあると、論点がぼやけてくる。文章が長い場合には、文章を分割したうえで、接続詞（「そして」、「従って」、「それゆえに」など）を利用しながら、明快な表現を心がけたほうが無難である。

さらに、これらに加えて、次の点も注意が必要であるだろう[20]；

⑥助詞「の」の濫用は控えること

　論文作成においては、助詞の「の」の連発・乱用は控える必要がある。助詞の「の」は、文法上、いろいろな格になりえるため、誤解を招きやすい。したがって、文章の意味するところを厳密に規定するためにも、助詞「の」を別の助詞、あるいは別の表現（たとえば、必要に応じて「…における」や「…についての」等）に置き換えるよう努める必要がある。

⑦人称は、基本的には第三人称を用いること

206 第5部　体育哲学とその学問研究の展開

　論文はオリジナリティーが要求される一方で、客観性を備えていることが必要である。従って、著者の主観や先入観を離れて、客観的に推論していかなくてはならない。それゆえに、主観的な表現（たとえば「私はこう思う」等）は避け、できるだけ指示代名詞の主格を用いたうえで、受動的表現（「それは、…ように思われる」、「それは、…ように解釈される」等）を用いるほうが無難である。また、主格表現（主語）においてどうしても第一人称を用いなくてはならない場合は、「本研究者」あるいは「筆者」などを使用する。

⑧断定表現には典拠を示すこと

　論文作成においては、断定表現には、その根拠を示すことが必要である。これを典拠という。断定表現を用いる際には、社会的に信頼できる文献に記載された学術情報等を根拠とする必要がある。この場合、文中に、「…の研究によれば」という文章で断定表現を補ったり、あるいは脚注等に典拠情報を示す必要がある。これについては、注記法のところで確認しよう。

⑨段落の長さに注意すること

　論文作成においては、文章のまとまりに留意して、読み手のわかりやすさを助けるため、適当なところで段落を設けることが望ましい。あくまで文章のまとまりが単位であるため、ひと段落あたりの適切な文章量を規定することは難しいが、できるかぎり「長すぎず、短すぎず」を心がける必要がある。

　これまで、論文作成における文章の書き方の主な留意点をみてきた。体育哲学の領域における論文作成は、いずれにせよ論理の構成に従って、一つ一つの文章を重ねていくことに尽きるが、その論理の客観性を担保してくれるのが、まずは一つ一つの文章の適切性である。それは、先にも述べたように、美文や名文である必要はないが、正しい文章である必要がある。論文作成において、この文章の正しさこそが、命綱であるだろう。次の文章は、体育哲学の論文作成においても、なるほど示唆的である；

　　生きた文章は簡明 concise である。文には不必要な単語を、段落には不必要な文章を含んではならない。それは、ちょうど絵画には不必要な線が、機械には不必要な部品が含まれないのと同様である。ただ、このことは、短い文章を書くことを、あるいは細かいことを省略して概要のみを述べることを求めているわけではない。一つ一つの単語がそ

第20章　体育哲学とその学問研究の実際　207

れぞれを教えてくれるような文章を求めているのである[21]。

　体育哲学の領域における論文においても、一つ一つの文章はそれぞれの代替不能な役割を担っているはずである。われわれは、正しく、そして生きた文章を書く必要があるだろう。これについては、ちょうどスポーツにおける技能向上においてもそうであるように、もう繰り返し鍛錬を積むしかない。

　それでは、これらを踏まえた上で、論文作成の実際について立ち入ることとしたい。

（7）論文の基本構成

　まず、論文を作成しようとする場合、その構成はとても重要である。それは、家屋建築の設計図のようなもので、これを精緻に起案しないことには始まらないし、これを誤れば論文の完成度は著しく低減し、ことによっては失敗する。ここでは、論文の構成の基本的な原則について整理していこう。

　一般的に、物語の構成には、「序・本・結」、「起・承・転・結」、あるいは「序・破・急」等の流れがあるだろう。おおよそ体育哲学の領域における論文は、他の人文科学系の論文と同様に、「序論」、「本論」、「結論」から構成されるのが一般的である。従って、論文においては、この「序論」、「本論」、「結論」の三部構成によって、推論と論証の過程が正しく「書」かれていくこととなる。そこで、「序論」、「本論」、「結論」の役割をみていこう。

①「序論」

　ここでは、論文における問題設定とその理由、さらにはそれを研究していくことの意味や意義について整理したうえで、そのための方法と手順、さらにはその問題についての先行研究の動向と、それに対する当該研究の位置づけを論述する。当該研究で設定した問題の意味や重要性を読み手に共有してもらえるよう、独善を慎みながら、冷静にそして丁寧に書くことが重要である。

208 第5部 体育哲学とその学問研究の展開

②「本論」

　ここでは、問題設定から問題解決に至る一連の推論・論証過程を、論理の飛躍がないように段階を追って周到に論述する。「章」、「節」、「項」等のまとまりを統制しながら、全体としての論理性、客観性、そして問題設定に対する整合性を確保することが重要である。

③結論

　ここでは、序論において提示した問題設定と、本論において提示した問題解決の流れをまとめ、当該研究によって明らかにされた知的内実を示したうえで、今後の課題等を提示する。

　さて、論文の作成においては、この三部構成に加えて、注（註）や参考文献表が必要となる。注（註）とは、引用の出典を示したり、当該文章の論理展開を妨げることなく、その論理展開の傍証をあげたり、他にあり得る論理への反駁を示すなど、論文の作成においては重要な役割を果たしてくれる[22]。これについても「注記法」のところで説明しよう。

　また、参考文献表とは、論文の作成において、あるいは当該研究における問題設定の構成や推論・論証の構成において用いられた文献に対して感謝と敬意を込めて、その全ての書誌的事項を明示するものである。そもそも「オリジナリティーは情報の真空地帯には発生しない」[23]。多くの学術情報を知ることを通して、ようやく「自分らしい」思考が生まれてくるのである。従って、参考文献を欠いて論文はあり得ないだろう。「何らかの学究的な主張をもつ論文なら、参考文献表をつけずに、完全なものとならない」[24] のである。これについては「参考文献表」のところで説明しよう。

　これまで、論文の基本構成の基本的な原則についてみてきた。論文は、最低限、「序論」、「本論」、「結論」という論理の流れに、注（註）や参考文献表を補うことによって構成されるのである。

　なお学位論文の場合、「序論」、「本論」、「結論」という論理の流れを前提としたうえで、それぞれのまとまりにおける論理の過程に従って、「章」や「節」、「項」を設けるのが一般的である。特に「本論」は、それぞれのまとまりを「章」としたうえで、それぞれの「章」のもとに「節」、「節」のもとに「項」、「項」のもとに「漢数

字」（以下、省略）の順で、構成されることとなる。

　これらを踏まえたうえで、体育哲学の領域における学位論文は、およそ次のような構成が標準的であるだろう[25]　；

序論
　　第一節　研究の目的
　　　　第一項　…
　　　　第二項　…
　　　　第三項　…
　　第二節　先行研究の検討（＝項等の設定は同上）　…
　　第三節　研究の方法（＝項等の設定は同上）　…
本論
　第一章　…
　第一節　…
　　　　第一項　…
　　　　　　一　…
　　　　　　二　…
　　　　　　三　…
　　　　第二項（＝項以下の設定は同上）
　　　　第三項（＝項以下の設定は同上）
　　第二節（＝項等の設定は同上）　…
　　第三節（＝項等の設定は同上）　…
　第二章（＝節・項等の設定は同上）　…
　第三章（＝節・項等の設定は同上）　…
結論
　　第一節　研究の概要
　　第二節　研究の結論的な提起あるいはまとめ
　　第三節　今後の課題
参考文献表

　これが、体育哲学の領域における論文についての、およその基本的な構成である。

210 第5部 体育哲学とその学問研究の展開

もっとも、上掲のように漢数字を用いた「章」、「節」、「項」等の様式以外にも、アラビア数字によるポイントシステム[26] で構成することもあり得る。ただ、学位論文の場合は、「章」形式が一般的あるだろう。なお、学位論文の場合は、上掲の構成に、表題紙、目次頁を付すこととなる。

（8）論文の基本的な体裁

　ここでは、体育哲学の領域における論文の体裁等をみていくこととなる。学位論文の場合、それぞれの所属大学・大学院によって、研究論文の場合は、それぞれの所属学会等において、特有の仕様が定められているはずである。学位論文であれ、研究論文であれ、その体裁の基本原則はほぼ同じである。従って、研究論文を作成する場合も、基本的には、特有の体裁や細かな部分を除いて、学位論文の作成方法に準ずるため、ここでは学位論文の作成の標準的な仕様[27] を整理しよう。

　また、学術論文においては、注記も参考文献表も重要な意味を持つため、その方法についても理解を深めておく必要がある。そこで、学位論文の作成について、論文の仕様、注記法、参考文献表の順で整理していこう。

（8−1）論文の仕様について

　ここでは、学位論文の基本的な仕様について整理していく。重ねて述べるが、学位論文は、所属大学・大学院において特有の体裁が定められているため、それに従って作成しなくてはならない。ここに示された体裁は、学位論文作成における、単なる物理的な要件についての標準的な仕様である。所属大学・大学院において特に定めがない場合には、参考にされたい。

　①用紙
　　用紙は、白色で無地のＡ４版を用い、縦置き横書きとする。

　②文字
　　原則としてコンピューターのワードプロセッサーソフトを使用し、本文については、1頁あ

たり、12 ポイントで、34 文字×30 行（1020 字）で作成する。

③余白（マージン）

　余白（マージン）については、ヘッダー、フッターを含め、左余白は 35mm、右余白および上下余白は 30mm をとる。

④表題紙（タイトルページ）

　表題紙（タイトルページ）については、独立した頁とし（ただし、頁数には含めない）、「卒業論文」、「修士論文」、あるいは「博士論文」等を 16 ポイント、論文題目（タイトル）を 20 ポイント、提出年度を 16 ポイント、所属を 16 ポイント、氏名を 18 ポイントで記載する。

⑤目次

　目次については、1 頁あたり 30 行で作成し、見出しと頁数との間を点線リーダーで結ぶ。また、目次の頁数については、本文とは独立させ、ローマ数字とする。

⑥中扉

　目次と本文との間に、表題のみを記した中扉を挿入する。ここには頁数は記入しない。

⑦本文の構成と見出し

　本文の構成については、原則として、「章」「節」「項」を用いることとするが、場合によっては、「章」以上の大項目として「部」を用いてもよい。

　「項」以下の項目についての見出しが必要な場合は、さらに「漢数字」「アラビア数字」「片括弧付きアラビア数字」の順で見出しをふる。

　改頁については「章」ごとに行うこととし、「節」や「項」については記述を連続させて、改頁をしない。

　また、「章」の見出しは 18 ポイントとして上下それぞれ 2 行分、「節」の見出しは 16 ポイントとして上下それぞれ 1 行分、さらに「項」の見出しは 14 ポイントとして上 1 行分を空けることとする。

⑧表・図

　「表」については、言及がなされている本文の最も近い位置に挿入し、当該の「表」上部

212 第5部　体育哲学とその学問研究の展開

に、「表1　タイトル」のように、アラビア数字の通し番号と見出しをつける。

「図」についても同様であるが、通し番号と見出しは「図」の下につける。

⑨本文の頁数（ページナンバー）

　　本文以下の頁数については、本文第1頁から最終頁に至るまで、アラビア数字による通し番号をフッター中央に挿入する。

（8－2）注記法（註）について

　論文において、注（註）の役割はとても重要である。そもそも論文を書くということは、現場の思考が持っているダイナミックな可能性を、リニアな線状性、線的な明晰さへと整えていくことである[28]。従って、論文において、できるかぎりこの線状性を一貫して保持していくためには、それにかかわる複線や必要な情報等を、本文ではなく注記で補う必要がある。注（註）のない論文など考えられない[29]。以下、注記の方法について整理しよう。

①注記の種類

　　注記には、主に以下の四種類がある。

　　［1］文献・資料からの直接引用の典拠を示す場合（図表や統計なども含む）

　　［2］文献・資料からの要約の出典を示す場合

　　［3］他者によって提起された意見・見解の出典を示す場合

　　［4］本文に入れると叙述を妨げるが、本文の理解に役立つ補足的な説明、あるいはコメント等

②注記の仕方

　　上記のいずれの場合も、自分自身の文章と明確に区別できるように記述し、それぞれの当該箇所の字句や文章の後に注を通し番号で付して、その出典等を明示する。この場合、上付きの番号表記が一般的である。

　　なお、引用した文献の書誌的事項の詳細については「参考文献表」において掲載する。

　　注記の形式は、原則として、各頁の下部に挿入する「脚注 footnote」形式とする。その場合、注番号は、基本的には頁ごとの通し番号とし、記述については10ポイントを使用する。

　　脚注形式をとれない場合は、「尾注 endnote」形式とし、各章ごとに通し番号を付し、各

第 20 章　体育哲学とその学問研究の実際　213

章の最後にまとめて記載する。その場合、記述については 10 ポイントを使用し、 1 頁あたり 30 行とする。

③引用の仕方：直接引用と間接引用

　論文の作成において、引用は重要な役割を担う。引用の仕方には、直接引用と間接引用がある。直接引用とは、参考文献からある程度まとまった部分を、直接、本文に抜き置く引用方法である。この場合には、上下を 1 行分空けるとともに、左側を 1 文字分下げて記述する。引用箇所の最終文字に通し番号を付して注記する。

　間接引用とは、他者の意見や考えなどを要約によって、本文に表記する引用方法である。この場合にも、当該箇所が特定できるようにしたうえで、通し番号を付して注記する。

　なお、翻訳書からの引用にあたっては、原書にあたっておくことが必要である。もし当該引用箇所が誤訳等であった場合は、この引用によって論旨に問題が発生する危険がある。もし誤訳が判明した場合は、注記において翻訳書の当該頁を示したうえで、原書を確認のうえ、自分の訳によった旨を記すこととなる[30]。

　あわせて、翻訳書の活用や参照は、先行する業績の尊重という点でも重要であることも申し添えておきたい[31]。

④出典の提示

　出典の提示については、詳細な書誌的事項は「参考文献表」に譲り、文献が特定できる情報、すなわち、著者名（出版年）書籍題名（あるいは論文題名）の略記名 short title, 頁数をあげる。なお、当該頁が単頁であれば「p. 」、連続して複数頁にわたる場合は「pp. 」の後に、当該頁数を記す。

　　例：佐藤臣彦（1993）身体教育を哲学する, p. 253.
　　　　Osterhoudt, R. G. （1978）An Introduction to the philosophy of physical education and sport, pp. 53-56.

また、出典の提示において、同一文献を示す場合は、次の表記を用いることとなる。なお、外国語文献の場合は、当該国の言語表記を用いることが慣行となっている[32]。ここでは、さしあたり和・英の表記を見ていこう。

214 第5部 体育哲学とその学問研究の展開

①前に掲げた文献に連続している場合は、次の表記の後にカンマを入れ、当該頁数を記す。

「同上書（和）」 例：同上書，p.56.

「ibid.（英）」 例：ibid.，p.56.

②前に掲げた文献と連続していない場合は、著者名の後に、次の表記を記したうえで、頁数を記す。

「前掲書（和）」 例：佐藤臣彦，前掲書，p.253.

「op. cit.（英）」 例：Osterhoudt, R.G., op. cit., p.56.

なお、同一著者の文献複数が出現し、著者名のみでは特定できない場合は、上記の表記の後に、当該文献の初出に付された番号を記すこととなる。

「前掲書（和），（初出番号）」 例：佐藤臣彦，前掲書，(5)，p.253.

「op. cit.（英），（初出番号）」 例：Osterhoudt, R.G., op. cit.,(6),p.56.

（8－3）参考文献表について

①参考文献表の作成

利用・参照した文献については、必要な書誌的事項を提示した網羅的な一覧表を作成し、本文の後ろに、参考文献表として掲載する。

ここでは、原則として、筆頭著者 first author のアルファベット順とするが、通し番号は付さないのが一般的である。

また、参考文献表において、参照した文献を分類して記載する必要がある場合も、各分類内での掲載順は同様となる。

なお、「当該研究課題に関する網羅的な文献表の提示」といった特別な場合を除いて、利用しなかった文献についての書誌的事項は掲載しない。

②参考文献表に記載する書誌的事項

書誌的事項に提示する情報は、原則的に、次の通りである。

［1］著者名

［2］発行年（西暦による。なお、同一年に複数の文献がある場合は、西暦に a, b, c…を付

第 20 章　体育哲学とその学問研究の実際　215

　　加する）
　［3］タイトル（書名・論文名）
　［4］出版社
　［5］総頁数

その書式は、原則的に、次の通りである。

　　著者名（利用した版数の発行年/初版の発行年）書名（版数），出版社，総頁数.

なお、学会の機関誌や定期刊行物に掲載された論文等については、原則的に次の通りである。

　　　　　著者名（発行年）論文題目，機関誌名，巻－号：掲載頁.

例：佐藤臣彦（1999 / 1993）身体教育を哲学する（3 版），北樹出版，Pp. 324.
　　Osterhoudt, R. G. (1978) An Introduction to the philosophy of physil education
　　　and sport, Stipes publishing company, Pp. 260.
　　佐藤臣彦（1999）体育哲学，スポーツ哲学へのプロレスティコス，体育・スポーツ哲学
　　　研究，13-2：100-111.
　　Osterhoudt R. G. (1975) Toward an idedistic concept of physical education and
　　　sport, The phystcal educator, 32-1：167-178.

　なお、細部に及んでは、共著文献、編集・監修文献の一部分、翻訳書等の場合について別
に原則的な定めがあることを付記しておく。

2．研究発表の方法とその実際

　ここでは、体育哲学の領域における研究発表の方法を整理していこう。研究発表
は、おおよその場合、口頭発表とポスター発表があるが、体育哲学の領域においては、
口頭発表が一般的であるだろう。口頭発表においては、基本的には、発表資料を配布
したうえで、発表原稿を読み上げることとなる。もっとも、口頭発表においてはプレゼ
ンテーションソフトウェア等による視覚情報の提示を併せた発表もないわけではない。

216 第5部 体育哲学とその学問研究の展開

　ただ、ここでは、前者の様式に焦点をあてて、研究発表の方法を整理していくこととしたい。

（1）口頭発表とは何か

　学会等における口頭発表は、専門研究者が専門研究者に対して研究成果や学術情報を発信し、それをめぐって専門研究者同士が議論するアクチュアルで創造的な場である。さらには、口頭発表は、専門研究者が専門研究者に対して行う社会的な行為であるため、聴衆（専門研究者）に対しては一定の責任を負っていることを認識する必要がある。

　従って、そこはただの自己アピールの場ではなく、フロアの聴衆（専門研究者）の貴重な時間を頂戴しながら、なおかつ聴衆（専門研究者）の知性の助けをかりながら、学問を深化していく場である。

　それゆえに、口頭発表においては、聴衆（専門研究者）の知的エネルギーを浪費するような「時間の無駄」は許されない。そのために、口頭発表にも、やはり最低限度の作法がある。その主なものは、次の三点である[33]。

　　①正しさ
　　　口頭発表においては、研究成果を正確に伝えなくてはならない。
　　②わかりやすさ
　　　口頭発表においては、研究成果をできるだけわかりやすく伝えなくてはならない。
　　③時間厳守
　　　口頭発表においては、与えられた発表時間を厳守しなくてはならない。時間は自分だけのものではない。聴衆（専門研究者）の貴重な時間をお借りしていることを弁える必要がある。

　これらの三点のポイントは、やはり聴衆の立場に立って「他人本位」で発表を行うことに他ならない[34]。口頭発表は、相手がいて成立する社会的な行為であるため、相手を正しく尊重する必要があるだろう。「他人本位」に全力を傾けることこそが、優れた口頭発表につながる[35]。

第 20 章　体育哲学とその学問研究の実際　217

　それでは、口頭発表において、この聴衆を、どのように捉えたらよいのだろうか。
もちろん、彼らは全くの無批判な支持者ではないし、かといって決して敵対者などで
はない。われわれは、どのような認識で、「他人本位」に全力を傾けることができるの
だろうか。ここで、「デルブリュックの教え」[36] に従い、次の二つの原則をお示ししたい。

　　①聴衆は、当該テーマについて完全に無知であると思え。
　　②聴衆は、発表者を凌ぐ高度な知性を持つと考えよ。

（2）口頭発表の実際
　体育哲学の領域においては、おおよその場合、発表資料を配布し、それに基づい
て作成された発表原稿に従って口頭で発表を行う。そして、発表後には、発表内容
をめぐって議論が行われる。ここでは、発表資料、発表原稿、そして議論の各々に
ついて整理していきたい。

（2－1）発表資料の作成方法
　発表資料は、論文（フルペーパー full paper）に準じて作成する場合と、その概
要・骨子等の提示によって作成する場合とがある。前者は、論理構成が正確に表現
されるが、文字情報の分量が膨大であるため視覚的に圧迫感があるだろう。後者は、
視覚的にわかりやいが、推論の過程を正しく担保することが難しい。もちろん発表資
料の作成方法は、発表内容の特徴に応じて、適切な選択をするべきであるだろう。
ただ、ここでは、前者について整理していきたい。
　発表資料の作成は、基本的には、論文の作成方法と同様であり、その構成は、序
論・本論・結論・参考文献表の順番が一般的であるだろう。注記も脚注あるいは尾
注によって整備する必要がある。ただ、与えられた発表時間を勘案し、発表資料の
分量を調整しなくてはならない。従って、発表資料を作成する場合は、発表時間に
応じた分量を定めたうえで、構成の配分を調整することをお勧めしたい。
　発表資料に全てを網羅しきれない場合は、重要度が低いところから割愛すること
なる。これについての判断は難しいが、論理の線状性を意識したうえで、複線部分を

218 第5部　体育哲学とその学問研究の展開

注記にまわすなど、本文の情報量を精査する必要があるだろう。

　発表資料は、口頭発表の基本的な論理の流れを文字情報によって把握し得る重要な補足手段である。言いっ放しで散漫な口頭発表は、聴衆にとって迷惑であるだろう。口頭発表においては、聴衆に対する礼儀として発表資料を周到に準備することが重要である。発表資料は、つとめて謙虚な気持ちで作成するべきである。

（2－2）発表原稿の作成方法

　発表原稿は、発表資料に対応して作成する必要がある。この場合、発表資料の構成に従って、口語体の敬体、つまり「AはBです（あります等）」という様式の文章で作成するのが一般的である。そして、その構成は、基本的には、発表資料に従い、序論・本論・結論の順序となる。ただし、発表資料の分量が多い場合は、与えられた発表時間に収まるよう、調整が必要となる。それでは、発表原稿の分量は、どの程度が適切であるのだろうか。

　聴衆が聞き取りやすい話し言葉の速度は、文字数に換算して1分あたり300字程度といわれている[37]。それでは、たとえば20分の発表時間に対応する文字数はどの程度になるだろうか。おおよその文字数を割り出したうえで、全体として無理のない発表原稿を作成してほしい。

　なお、時間的な制約によって全てを網羅しきれない場合は、重要度が低いところから割愛することとなる。これについての判断も難しいが、情報量を抑制してでも、何よりも論理の線状性の確保が優先されなくてはならない。あわせて発表時間の関係から、やむなく発表資料の特定部分を割愛せざるをえない場合は、その旨を聴衆に説明する必要がある。

　口頭発表においては、与えられた発表時間を効率的に使うためにも、聴衆に対する礼儀として発表原稿を周到に準備することが重要である。発表資料同様に、発表原稿もつとめて謙虚な気持ちで作成するべきであるだろう。

（2－3）議論の仕方

　口頭発表においては、発表の後に、議論の時間が設けられている。これは発表内

容をめぐる聴衆（専門研究者）との議論を通じて、その学術的成果を洗練していく場である。従って、これは学問の発展において、とても重要な時間である。それ故に、発言する側と応答する側に、最低限のマナーがある。

　まず、発言する側のマナーについてみていこう。議論の時間は限られているうえに、それはそこに臨席する全ての参加者が共有している。共有しているということは、それに対して等しく権利を有し、その議論が有意義になるよう尽力する責任も負っていると考えるべきであるだろう。従って、時間の不当な占有や生産性の乏しい発言は控えなくてはならない。一般的にみて、発表者に対する発言の内容は、主に次の十点であるだろう。

　　①質問
　　②意見
　　③提案
　　④関連付け
　　⑤確認
　　⑥補足
　　⑦論点の整理
　　⑧論点の拡大
　　⑨批評
　　⑩コメント・感想等

　発言者は、発表者に敬意を払ったうえで、要点を絞って、できるだけ簡潔に発言することを心がけるべきである[38]。また、発言内容が複数にわたる場合は、その旨を冒頭で述べたうえで、司会者あるいは座長の了解のもと、順序だてて手際よく発言することが大切である。

　次に、応答する側のマナーについてみていこう。応答する側は、発言者に敬意を払ったうえで、発言者の発言内容を正しく把握し、それに対して的確に答える努力が必要である。発言内容が正しく把握できない場合は、勝手な推測で答えることなく、発言者とやりとりをしながらその内容を整理したうえで、応答に入るべきである。

220 第5部　体育哲学とその学問研究の展開

　なお、提起された質問等に応答できない場合は、「知ったかぶり」することなく、正直にその旨を述べるべきである。議論においても、正直であることは、とても大切である。

Honesty is the best policy. (Benjamin Franklin)
Honesty is the first chapter of the book of wisdom. (Thomas Jefferson)

　さて、これまで、発言側と応答側のマナーをみてきた。重ねて強調しなくてはならないのは、議論の時間は発表内容をめぐる聴衆（専門研究者）との議論を通じて、その学術的成果を洗練していく場であるという点である。従って、口頭発表は学術的成果の発信ではあるが、極端に言えば、この議論のために存在するといっても過言ではない。それゆえに、そこに臨席する参加者の全てが、この議論を有意義なものにしていくための責任を負っていることを失念してはならない。

　研究発表は、研究者の知的エネルギー、ことによってはその生命エネルギーの全てを傾注してようやく獲得した成果である。このような研究発表をただの学術的成果の提示に終わらせないためにも、この議論の時間を大切にしたいものである。

3．体育哲学における学問研究と知的照度の高まり －明るさと喜び－

　これまで、体育哲学の学問研究における、研究成果の公表の方法について、論文の作成方法と学会等における研究発表に焦点をあてて整理してきた。そうはいっても、学問研究とその成果の公表には、やはりそれなりの苦しみが伴う。小林は次のように述べる；

　　論文を書くことは苦しい。しかし、その苦しさを通して勝ち得られたわずかな「明らかなこと」こそ、人間存在にもたらされた「明るさ」です。そこに知の根拠がある。実は、知の共同体のなかにいる人間が、これから入ろうとする人間に対して教えなければならないことは、その「明るさ」へと至る共同の手続き、そしてそれが得られたときの「喜び」以外のなにものでもありません。専門知識などは、それに比べれば枝葉末節です。表現の苦しみを通じて得られたこの「明るさ」の経験だけが、－制度ではなく－行為に

よって規定された知の共同体に属する条件であるのです[39]。

　このことは、論文の作成だけに留まらず、口頭発表において同様である。口頭発表も、やはり苦しい。ただ、体育哲学においても、その学問研究に従事する一人一人は、知性をとことん行使した研究の苦しみの、その先にあるこの「明るさ」や「喜び」の経験に開かれている。自分の問題設定を大切にしながら、その解を求めて、その知性をとことん行使しよう。

　ここで、この知性という用語に着目したい。医学者オリバー・ホームス Oliver, W. H. Sr. は、人間の知性を次の三つに分類しているという[40]。

　①「一階建ての知性」：事実を集める知性
　　事実を集めるだけ（ファクト・コレクター）で、その事実の背後にあるものを見ようとしない段階。

　②「二階建ての知性」：一般化する知性
　　事実を比較したり、一般化したりすることを試みる能力を備えた段階。

　③「三階建ての知性」：理論化する知性
　　天窓つきでイマジネーションがあり、理論を完成する能力を備えた段階。

　おそらく、学問研究は、この知性のありように応じて、三つの階層に分類され得るだろう。体育哲学においても、その学問研究は、理論化の方向への要求に付されているが、一つ一つの個別研究が、「三階建て」であることは、やはり容易ではない[41]。もちろん、それは単なるファクト・コレクトに留まってはならない。少なくとも、研究は、「一階建て」から「二階建て」へ進む必要がある。ここで、ようやく知識が生みだされる。

　そして、ここから先は、「天窓」を開けて、「外」を眺望しなくてはならない。「天窓」を開けた時の、光に照らされた「明るさ」こそが、それを可能にしてくれるだろう。

　光に照らされた「明るさ」は、広い視界をもたらしてくれる。そのようにして開か

222 第5部 体育哲学とその学問研究の展開

れた眼で世界を眺めるとき、それまでと異なった世界のありようが見えてくるはずである。見えなかったものが見える。なんとも神秘的な表現ではあるが、学問のもたらす知のありようは、本当は、そのようなものかも知れない。

これは、まさに知的照度の高まりによる、視界の拡大である。これによって、一つの知識は世界において相対化され、特有の位置価 Stellenwert を得て、理論化の道を歩んでいく。

われわれは、知識を生み出すとともに、あの「明るさ」の享受を求めていかなくてはならない。ここで、次のことばが連想させられる。

Veritas lux mea.
真理は光

ここに、学問の「喜び」がある。体育哲学の学問研究において得られる「明るさ」。体育哲学の学問研究において体験する「喜び」。

体育哲学の領域においても、知の共同体に属するということは、そのようなことなのである。この「明るさ」と「喜び」を、体育哲学の学問研究において愉しんでほしい。そして、それが体育哲学の水準を高めてくれることとなるだろう。

【註および参考・引用文献】

(1) Simmel, G. (1922) Lebensanachauung, Duncker & Humblot, S. 186.

(2) Westfall, R. S. (ed. 1980) Never an Rest- A bibliography of Isac Newton-, Cambridge University Press, p. 863.

(3) 古郡廷治 (2006) 論文・レポートの文章作成技法, 日本エディターズスクール出版部, p. 176.

(4) 船曳建夫他 (1994) 表現の技術, 知の技法, 東京大学出版会, p. 215.

(5) 八杉龍一 (1971) 論文・レポートの書き方, 明治書院, pp. 16-17.

(6) 斉藤孝・西岡達裕 (2006) 学術論文の技法, 日本エディターズスクール出版部, p. 17.

(7) Eco, U. : 谷口勇 (1995) 論文作法, 而立書房, p. 17.

(8) 斉藤孝・西岡達裕 前掲書, (6), pp. 19-22.

(9) 井川洋二編 (1999) ロマンチックな科学者, 羊土社, p. 159.

(10) 小林康夫 (1998) 知の表現と創造, 新・知の技法, 東京大学出版会, p. 247.

(11) 小林康夫, 同上書, p. 247.

第 20 章　体育哲学とその学問研究の実際　223

(12) Barthes, R. : 浜崎浩平 (1987) テクストの出口, みすず書房, pp. 141-151.

たとえば, 「言語活動に対する懐疑は, 愛の過剰から生ずる失語症と合流します。(p. 151.)」という一文は示唆的であるだろう。

(13) 船曳建夫他, 前掲書, (4), pp. 211-222.

(14) Roth, A. J. (1966) The Research Paper, Form and Content, Wadsworth Publishing Company, pp. 8-10.

(15) 清水幾多郎 (1959) 論文の書き方, 岩波書店, pp. 127-128.

(16) 船曳建夫他, 前掲書, (4), p. 220.

(17) Kent, S. : 宮崎信彦訳 (1973) 歴史研究入門－論文をどう書くか－, 金沢文庫, p. 115.

(18) 古郡廷治, 前掲書, (3), p. 50.

(19) 斉藤孝・西岡達裕, 前掲書, (6), pp. 106-111.

(20) 波多野義郎 (1981) 実例リポート・論文の書き方, 泰流社, pp. 149-155.

(21) Strunk Jr., W. / White, E. B. (2000) The elements of style, Longman, p. 105.

(22) 小林康夫, 前掲書, (10), p. 253.

(23) 遥洋子 (2000) 東大で上野千鶴子にケンカを学ぶ, 筑摩書房, p. 144.

(24) Kent, S. 前掲書, (17), p. 164.

(25) 樋口聡 (2012) 学びを考察するための研究法, 教育の思想と原理, 共同出版, p. 290.

(26) 「章」, 「節」, 「項」等のかわりに, 数字表記を用いる様式。例えば, 1., 2., 3., …1. 1., 1. 2., 1. 3., …1. 1. 1., 1. 1. 2, 1. 1. 3., …といった構成となる。

(27) 「筑波大学体育科学系 (1999) 博士論文 (人文・社会系) 仕様規定」による。

本書掲載にあたっては, 佐藤臣彦氏 (筑波大学体育科学系名誉教授) の許可を頂いた。

(28) 小林康夫, 前掲書, (10), p. 252.

(29) 小林康夫, 同上書, p. 253.

(30) 当該箇所は, 佐藤臣彦氏 (上掲) のご教示による。

(31) 当該箇所は, 佐藤臣彦氏 (上掲) のご教示による。

(32) 斉藤孝・西岡達裕, 前掲書, (6), p. 127.

(33) 酒井邦嘉 (2006) 科学者という仕事, 中公書房, pp. 159-160.

(34) 酒井邦嘉, 同上書, p. 160.

(35) 酒井邦嘉, 同上書, p. 161.

(36) 井川洋二編 (1999) ロマンチックな科学者, 羊土社, p. 195. なお, デルブリュック Delbluck, M. L. H. は, 生物物理学者であり, ウイルス遺伝学研究によって 1969 年にノーベル賞を受賞した。

(37) 長谷川寿一 (1994) 口頭発表の作法と技法, 知の技法, 東京大学出版会, p. 234.

(38) 長谷川寿一, 同上書, p. 249.

(39) 小林康夫, 前掲書, (10), p. 256.

(40) 井川洋二, 前掲書, (36), p. 186.

(41) 井川洋二, 同上書, p. 190.

224 第5部 体育哲学とその学問研究の展開

終章 体育哲学の道 －解は自らが探求するもの－

1. 体育哲学の到達点とそこからの道

「体育とは何か？」 この書においては、基本的には、この原理論的問題設定に対する解と、その構成を求めて検討を進めてきたことを想い起こしてほしい。そして、この到達点は、体育の本質の人文主義的な構成であり、その基本的な論理形式が原型理論としての体育学的人間形成論であった。

さて、ここに到達点に立ったとき、そこからさらに次の道がひろがっていることに気がつかれるだろう。われわれは、この人文主義的な原型理論に基づいて、自らの体育についての認識を、体育教師としての責任において、より具体的に、そしてより実践的に構成していかなくてはならない。

ここからは、それぞれに次なる問いが立ち現れてくる。この次なる問いも、体育教師としての自分自身にとっての問いである。実は、問いは与えられるものではない。われわれは、自分の問いと出会うのである。

問いとの出会い、これは幸せなことである。体育に誠実に向き合っていれば、かならず問いは立ち現れる。それは誰の問いでもない、自分の問いに他ならない。そして、この問いに対する一つの解は、また次なる問いを呼び起こす。まさに不断の前進的な歩みである。

これが体育哲学の道である。そして、この道をその先へと歩みを進める力こそが思考であり、まさに哲学的熟慮以外のなにものでもない。人々は訝しく思うかもしれない。それは現実的感性を欠いた単なる観想であると。

もちろん、この哲学的熟慮は、そこに何ら具体的な処方を与えるものではない。さらには、それによって導き出された解が、あたかも特効薬のようにそのままよき体育授業実践を保証するものではないだろう。しかしながら、フリットナーは次のように述べる；

終章　体育哲学の道　－解は自らが探求するもの－　225

　　哲学的熟慮 philosophische Besinnung はそれ自体、実際には最終的な確実さを与
　えてくれないとしても、それはあやまった予言者たち Propheten から身を守り、真に形
　成的な力に対して目を開かせてくれる[1]。

　まさに徹底した思考や哲学的熟慮は、世に浮遊する多くの浅薄な力学から体育を
保護するとともに、体育教師にその体育授業実践の確かな拠点を与え、その教育的
努力の向かうべき道を明示してくれるだろう。体育教師にもそのような徹底した思考
や哲学的熟慮が要請されるのである。

　目の前の児童・生徒に対する体育の授業の教育的内実は、専門職としての体育教
師が決定する。国ではない、教育委員会ではない、学校管理職ではない、ほかならぬ
一人一人の体育教師である。だからこそ、体育に関わる自分自身の問いに向き合い、
それについての解を求めてとことん熟慮を重ねてほしい。

　体育教師は、つねにこのような体育哲学の道にある。

２．体育哲学の道　－開かれた道－

　さて、体育教師はつねに体育哲学の道にある。ただし、この道は自分の足で歩まな
くてはならない。これに対する解は自らが探求するもの。体育教師は、この道を自ら
の思考の力によってその先へと歩み進むのである。だれも教えてはくれない。そこで、
われわれはその道の途上で多くの哲学的教養を利用しながら、それらを歩みの力へと
かえていくことができる。われわれには、人類の歴史において蓄積されてきた知の宝
庫がある。それらは、必ずやその歩みを勇気づけてくれるだろう。

　しかし、それらはあくまで思考の力を強化してくれる有効な道具であって、自らの
問いに対する最終的な解そのものではない。やはり、解は自らが探求するもの。やは
り、だれも教えてはくれない。ジンメル Simmel, G. は、ある寓話をひきよせながら、
次のように述べている。；

　　あるひとりの農夫が亡くなるときに子ども達に対して、その田畑に宝が埋められている
　と話した。そのあと、子ども達は田畑を掘りかえし、田畑のいたるところを深く掘って

226 第5部 体育哲学とその学問研究の展開

みたが、宝はみつからない。しかし、翌年には、このようにして掘り耕された土地が三倍もの実り Frucht をもたらしたのだった。…われわれには宝を見つけられないだろう。しかし、それを求めて掘り進んだ世界は、われわれの精神に三倍もの実りをもたらしてくれるのである[2]。

　われわれが知の宝庫を開け、そこに宝を探し、そして読み進めていく努力は、あたかもあのように田畑を掘り耕す努力に似ている。だから、われわれは何らかの解を求めて、たとえばカントを読み、ヘーゲルを読もうとする。その知の数々は、われわれの思考を整理し、大いなる力を与えてくれるだろう。

　しかし、それらをどこまで掘り進めようとも自分にとっての宝は、結局、見つけられないかもしれない。それは何も不勉強だからではない。われわれの問いは、当然のことではあるが、カントやヘーゲルにとっての直接的な問いではなかったからである。おそらくカントはカントにとっての、ヘーゲルはヘーゲルにとっての自分自身の問いを追求した。そして、彼らはそれによって耕された精神世界によって自らの解に到達し、偉大な知をうみだしたのである。

　従って、われわれは知をうみだす田畑を掘り耕す努力を始めなくてはならない。まずは知の宝庫を開け、自分の問いに関連する知をとことん追求し、それを徹底的に読み深めていくことである。躊躇する必要はない。そこが扉なのである。そして宝を求めて掘り進んだ世界こそが、われわれの精神に数倍もの実りをもたらしてくれる。それによって耕された精神世界によって、ようやく自らの解がみえてくるだろう。

　徹底的に読み、徹底的に思考すること。体育哲学の道は、これに尽きるかも知れない。もちろんそれが全てではないにせよ、そこでは天才的な閃きよりは、凡庸ではあっても自らの問いに対する愚直なまでのこだわりと、それをとことん追求しようとする努力の継続こそが求められる。これは希有な知の巨人のみに許される特別な道ではなく、誰にでも開かれた道なのである。

3．体育哲学とその謙虚さ ―畏敬―

　体育教師はつねに体育哲学の道にある。それはかつて「哲学学」philosophiologie[3]

終章　体育哲学の道　－解は自らが探求するもの－　227

と揶揄されたような、ただの「ものしり」としての体育哲学ではないのは言うまでもない。体育教師として、自らの体育を誠実に想うがゆえに、体育に関わる自分自身の問いに付され続けていくのである。

　そして、その問いは観念的であるにもかかわらず、つとめて実践的な規定性を有する。より限定的にいえば、それについての解は、自らの体育のありかたを原理的に規定することとなる。ここで、考えてみよう。日々の体育において、児童・生徒は具体的な生をおし進めている。体育教師は、日々の体育において、彼ら一人一人の生と、その将来にさえも介入しているのである。児童・生徒一人一人の人間存在や生、さらには生成の歩み、そしてその未来に対する体育の責任の、何と重大なことか。体育に関わる自分自身の問いとその解は、その実践において必然的に彼ら一人一人の生と、その将来に関与するのである。体育哲学も、体育教師とともに、このことを弁えなくてはならないだろう。

　しかし、次の文章を目にするとき、少なからず戸惑いを覚えざるを得ない。それは、当時の学校教育において亢進するマス化による個別的人格性の無視、あるいは物理的な実用主義の信奉、さらには浅薄な標準化の方向性を危惧したランゲヴェルド Langeveld, M. J. の吐露である；

　　「学校」について顧みますと、私は恥ずかしさで身の縮む想いがします。と、同時に、だからといってもはや意気消沈してばかりはおれない気持ちに駆られます。われわれがまず第一に恥を自覚せねばならないのは、子どもに対してであります。けだし子どもは、自ら乞うて生命を得たのではないにもかかわらず、「人間」という名に値する一個の成熟した人格へと成長すべく生まれてきているからであります。そして、そのようなわが子の成長を真剣に助成してゆくことこそ、人の親たるものの義務であり、それが親と子の「出会い」ということなのであります。してみれば、そのような両親の務めは、同時にわれわれ教育者の任務でもあるわけで、「真に人間らしい人間への助成」ということに関して、もしも両親との間に齟齬があるとするならば、われわれ教育者は両親たちに対しても大いに恥じ入らねばなりません。またもし、われわれの教育者としての行動が、人間の尊厳の確立を第一義的に目指すものでないとすれば、全人類に対して誠に申し訳ない限りといわねばなりません（和田修二他訳）[4]。

228　第5部　体育哲学とその学問研究の展開

　はたして、体育はこれまで児童・生徒たちを幸せにしてきたのか。体育は、彼ら一人一人の生を暖めてきたのか。そして、このようなことを問うとき、体育は、制度的な問題としてではなく、そして指導技術的な問題としてではなく、むしろその本質を問うような形で不断に検討に付されていく必要を痛感する。このランゲヴェルドの吐露を想う時、体育哲学は、体育に関わる自分自身の問いに対する解の健全性を願わずにはいられない。

　それでは、この解の健全性は何によって保たれるのであろうか。その一端は、少なくとも思考する側の、人間という存在に対する謙虚さにあるだろう。いかなる知も、それが人間という存在やその尊厳に不遜であったら、児童・生徒一人一人を不幸にしてしまいかねない。世間様の、そして人様の大切な子どもをお預かりし、彼ら一人一人の生と、その将来にさえも介入していくことの重大さを想うとき、自らの問いと向き合い、そしてその解を導いていく推論過程においてさえも謙虚さを失念してはならないのではないだろうか。

　ここで、先にみた三つの畏敬を再び想起して欲しい。これは、体育哲学の学問的営為においても基底的に妥当するだろう。従って、体育哲学の道においても、やはり謙虚さが要請される。そしてこの謙虚さの源泉は、さしあたりあの三つの畏敬に従って、次のように示されるだろう。

　　　児童・生徒一人一人の人間存在や生、そして生成に対する畏敬
　　　身体運動文化の、文化としての価値や意味に対する畏敬
　　　体育の、教育としての責任の重大さに対する畏敬

　体育哲学の道においても、われわれは謙虚であらねばならない。

4．体育哲学と、もうひとつの謙虚さ　—慎み—

　体育哲学の道、体育教師はどこまでもこの道を歩み進む。解は自らが探求するものであった。われわれはどこまで到達できるのだろうか？その解が体育教育の発展、

終章　体育哲学の道　−解は自らが探求するもの−　229

ひいては人類の幸福に寄与し得るものと信じるならば、とにかくわれわれはその歩み
を進めなくてはならない。これは、体育哲学の前進主義 Meliorismus といえよう。

　ただし、自分自身の問いと向き合い、そして自らの思考によって探求し、ようやく
解に到達しようとする、まさにその時に、できればもう一つ踏みとどまってほしいこと
がある。

　体育哲学において到達した解は体育論の形式をとり、そこにおいて多くの崇高な理
念や意味豊かに輝く概念を掲げることであろう。そして、われわれはそれらをその論
理構成の正当性を前提として承認し、それによってもたらされる体育哲学の認識領
域の拡充と深化をよろこぶ。

　しかし、ここで改めて考えてみたい。体育の対象は人間である。この人間は、人間
一般ではなく、さまざまな状況に身をおく、あるいは身をおかざるを得ない一人一人
の個々人に他ならない。

　体育哲学の原理論的な探求においてはどうしても捨象せざるを得ない具体的な個々
人の状況的差異が、体育授業実践の現場においては直面せざるを得ない具体的な対
象として不可避に立ち迫ってくる。原理論的な探求は、裏を返せば、そのような個々
人の状況的差異の一般化によって合理性を確保しようとすることでもある。

　そして、それはそこに掲げられた崇高な理念や意味豊かに輝く概念が、あたかも全
ての人々にとって妥当するかのような、無批判で無責任なオプティミズム
Optimismus でもあり、それはある種の独善や傲慢、さらには不遜へ傾く危険もある
だろう。水島恵一は、次のように自問する；

　　　自己実現や自己超越の意味を問うていくとき、とくに忘れてはならないのは、食うや
　　食わずの人々、偏見や差別の中にある人々、その他不幸な運命を担った人々の実存で
　　ある。彼らはその運命との闘いに精一杯なだけでなく、幸福な自己実現、いや苦悩と闘
　　う強い人々さえうらやまないではいられない。それと比べたら自分がなおのこと惨めになっ
　　てしまう。人に劣り、ろくに働けもせず、役立たず、疎外され、存在する価値さえない
　　ような無価値観の中にいる。そうした中での「自己実現」や「自己超越」とはいったい
　　何なのか[5]。

230 第5部 体育哲学とその学問研究の展開

　たとえば、本書においても、「体育とは何か？」という原理論的問題設定に対する解に多くの崇高な理念や意味豊かに輝く概念を掲げてきた。しかし、それらが、全ての児童・生徒たちにとって、全く自動的に有意味であり得るなどと、なるほど無思慮に言い切れないではないか。人間一般を前提とした論理構成は、最終的な解を確定する段階において、少なからずこのような躊躇を覚えるだろう。

　われわれが体育論の構成において、たとえば文化の享受や文化の創造、そして価値体験や豊かさへの高まり、さらには卓越や自己実現等を声高に唱えるとき、その頭脳の片隅において、この自問を想起する必要があるだろう。少なくとも体育哲学の学的営為における体育授業実践への接続においては、もしかしたらそのような高邁な認識がそこにもたらしかねない知的な独善や傲慢、さらには不遜を避け、つとめて慎み深く語られなくてはならない。ここに、もうひとつの謙虚さがある。

　体育哲学は、これを一つの戒めとするべきではないだろうか[6]。真摯に問い、とことん読み深め、どこまでも考え、そして慎み深く語る。われわれは、やはりどこまでも謙虚であらねばならない。

【引用及び参考文献】

（1） Flitner, W. (1950) Allgemeine Pädagogik, Ernst Klett, S. 167.

（2） Simmel, G. (1919) Philosophische Kultur, Alfred Krner Verlag, S. 5-6.

（3） Langeveld, M. J. : 和田修二他訳 (1974) 教育と人間の省察, 玉川大学出版部, p. 152.

（4） 哲学事典, 平凡社, p. 976.

（5） 水島恵一 (1994) 人間の可能性と限界, 大日本図書, p. 85.

（6） 林忠幸 (2006) 現代ドイツ教育学の思惟構造, 東信堂, p. 228.

索 引

人 物

【あ行】

阿部忍…30

アーノルド Arnold, T. …35

アリストテレス Aristoteles…3, 10, 12, 13, 14, 54, 85, 169, 171, 173, 174, 175

猪飼道夫…194

ヴァンダーズワッグ VanderZwaag, H. J. …42, 128

ヴィドマー Widmer, K. …100

ウィリアムス Williams, J. F. …31, 76, 191

ウェブスター Webster, R. W. …74, 76

ヴェンカート Wenkert, S. …124

エコ Eco, U. …201

エチュルバート・タルボット Talbot, E. …135

オーバートイフェル Oberteuffer, D. …43

オスターハウト Osterhoudt, R. G. …178, 187

【か行】

ガーディナー Gardiner, E. N. …33

ガーバー Gerber, E. …140

カイヨワ Caillois, R. …104, 106, 107, 108, 144

ガウルホーファー Gaulhofer, K. …43

カッシーラー Cassirer, E. …41

川村英男…75, 83

カント Kant, I. …3, 170, 174, 175, 226

岸野雄三…33

キーティング Keating, J. W. …128

木村真知子…126

キャシィディ Cassidy, R. …42

ギューリック Gulick, L. H. …67

クセノパネス Xenophanes…82

グーツムーツ GutsMuths, J. C. F. …34

クーベルタン Coubertin, P. …130, 136

グットマン Guttmann, A. …130, 131

久保正秋…53

グリーン Green, T. M. …187

グルーペ Grupe, O. …43

クルム Crum, B. …144

ゲーテ Goethe, J. W. …94, 164, 166

ゲーレン Gehlen, A. …85

小林則子…54, 86

コウエル Cowell, C. C. …190

近藤鎮三…40

近藤義忠…44

【さ行】

斉藤慶典…174

佐伯聰夫…24, 26

佐藤臣彦…10, 44, 180, 181

サルトル Sartre, J. P. …85

シーデントップ Seidentop. D. …64, 143, 144

ジェイムス James, W. …190

清水幾多郎…204

霜山徳爾…133

シュトライヒャー Streicher, M. …43

シュプランガー Spranger, E. …134, 159, 161,
165, 166, 167

シュミット Schmit, J. F. …128

シュミット Schmidt, F. A. …43

シュミット Schmitz, J. N. …43

庄司他人男…156

シラー Schiller, J. C. F. …103, 109

ジレ Gillet, B. …100, 101, 130

シンガー Singer, R. N. …63, 68

ジンメル Simmel, G. …225

ソクラテス Sokrates…3, 8, 9, 84, 132, 182

【た行】

高橋健夫…61

滝沢文雄…148, 182

田中美知太郎…9

丹下保夫…142

タレス Thales…189

ディースターヴェーク Diesterweg, F. A. W. …62

ディーム Diem, C. …99

デカルト Descartes, R. …172

デモクリトス Demokritos…188

デップフォアヴァルト Döpp-Vorwald, H. …188

トーマス Thomas, C. …54

朝永振一郎…176

【な行】

中村敏雄…22, 23, 24, 145

永井康宏…44

ナハテガル Nachtegall, F. …34

ニクソン Nixon, E. W. …42

ニュートン Newton, I. …198

西周…7

【は行】

ハーグ Hagg, H. …72

パース Peirce, C. B. …190

パスカル Pascal, B. …85

バセドウ Basedow, J. B. …34

バロワ Barrow, H. M. …42

林竹二…149, 153

バン・カーム Van Kaam, A. …125

ビューチャー Bucher, C. A. …141

フィロン Philon…33

フィンク Fink, E. …108, 109

ピンダロス Pindaros…136

ブックワルター Bookwalter, K. W. …42

プラトン Platon…3, 4, 8, 9, 12, 49, 169, 173,
174, 175

フランシス・ベーコン Francis Bacon…12

フランス France, W. L. …41, 190

フリットナー Flitner, W. …84, 224

ヘーゲル Hegel, G. W. E. …3, 174, 175, 181,
182, 184, 226

ヘザーリントン Hetherington, C. W. …37

ペスタロッチ Pestalozzi, J. H. …189

233

ヘラクレイトス Herakleitos…8, 10, 190

ヘンリー Henry, F. M. …68

ベンヤミン Benjamin, W. B. S. …109

ホイジンガ Huizinga, J. …104, 105, 106, 107, 108, 131, 132, 144

ホッブス Hobbes, T. …188

ホワイト White, D. A. …118

【ま行】

マイヤー Meier, K. V. …125

前川峯雄…44

前田幹夫…51

マザー・テレサ Mother Teresa…154

マッキントッシュ MacIntosh, P. C. …97, 98, 99, 143

舛本直文…52, 54

水島恵一…229

ミッチェナー Michener, J. A. …133

ミル Mill, J. S. …174

森知高…156

モルフォード Morford, W. R. …119

【や行】

八杉龍一…199

ヤーン Jahn, F. L. …34, 35

ユヴェナーリス Juvenalis, D. J. …133

ユークリッド Eukleides…78, 131

【ら行】

ラ・メトリ La Mettrie…188

ラリック Rarick, G. L…67, 72

ラングラン Lengrand, P. …147

ランゲヴェルド Langeveld, M. J. …227, 228

リーバーマン Lieberman, M. …59

リング Ling, P. H. …35

ルソー Rousseau, J. J. …33, 34, 189, 190

ロイ Loy, J. R. …96

ロイス Royce, J. …114

ローレンツ Lorenz, K. …120

ロック Locke, J. …33

ロラン・バルト Barthes, R. …202

【わ行】

ワイス Weiss, P. …117, 118

和田修二…227

事　項

【あ行】

アゴン…107
ア・プリオリ…178
アスレティシズム…35
アレア…107
畏敬…118, 166, 226, 228
生きられた身体…124
意味事象…183
イリンクス…107
運動文化…44, 52, 61, 69, 79, 80, 87, 94, 95,
　129, 143, 144, 149, 154, 155, 156, 160, 162,
　166, 228
運動文化論…46, 142
エートス…161
エピステーメ…8
演繹法…180, 181, 183
応用科学…70
横断科学…71
おもしろさ…104, 105, 107, 108

【か行】

解釈学的方法…181, 183
概念…4, 31, 40, 41, 42, 44, 45, 46, 58, 68, 69,
　70, 78, 79, 95, 99, 100, 101, 103, 105, 106,
　120, 128, 129, 131, 138, 139, 140, 141, 162,
　163, 169, 172, 174, 181, 182, 183, 189, 191,
　200, 229, 230

学習指導要領…144, 150, 151
価値＝意味探求的な生…88
価値体験…88, 89, 152, 157, 160, 230
価値自由…63
価値負荷…63
価値論…104, 178, 179
カテゴリーミステイク…45
神の似姿…84
カロカガティア…32
考える葦…85
関数論的定義…45, 46, 48, 83, 94, 138, 169
観念主義…186, 187, 189, 191, 192, 194
間接的競争…115, 116
記述的学問…182
機能概念…44, 45
帰納法…180, 181, 182
ギムナスティーク…34
ギュムナスティケー…32, 49
ギュムナスティコス…49
記録を追求…131
競技スポーツ…54, 97, 130
競技性…100, 101, 112, 113, 116, 117, 128,
　129, 130, 132
教育的瞬間…152, 153, 160
教育的身体運動…34
教師論…46, 55, 57
教練…36, 37, 40
形而上学…178, 179
欠陥動物…85, 120
現象学的方法…181, 182
現存在…90

原理…3, 4, 9, 10, 29, 53, 70, 74, 75, 76, 77, 78, 79, 80, 81, 82, 84, 85, 92, 151, 164, 178, 189, 192, 227, 229

原理論的問題設定…29, 44, 45, 46, 79, 81, 169, 224, 230

行為としての哲学…170

高貴…129, 130, 134, 135, 164, 165

克服スポーツ…97, 98

国民体育…34, 35, 36, 37, 40, 66, 138

コンテスト…112, 113, 117

【さ行】

錯覚的騎士道…132

三育思想…40

自覚的・系統的哲学…172

思考の徹底性…172

思考の批判性…172

自然主義…186, 189, 190, 191, 192, 194

実在原理…74

実在主義…186, 188, 191, 192, 194

実証…71, 96, 180, 182, 184

実証知…180

実践原理…77, 78

実存哲学…186, 194

実体概念…45

実用主義…186, 190, 191, 192, 194, 227

事物・事象…31, 74

思弁…178

市民体育…34, 35, 40, 66

社会的動物…85

術語学…183

使用言語の精確性…172

生涯スポーツ…129, 142, 143, 145, 146, 147, 160

商業主義…133

勝利至上主義…53, 132, 133

自立…54

ジレの定義…100, 101

人格的可能性…89, 90, 152, 164

人格的実存…91

人材育成…142, 157, 162, 165, 192

新体育…140

新体育運動…37

身体運動（スポーツ）の教育…138, 142, 146

身体運動文化…44, 46, 52, 61, 69, 79, 80, 87, 94, 95, 129, 149, 154, 155, 156, 160, 162, 166, 228

身体活動性…101, 120, 121, 122, 123, 124, 125, 127, 128, 129

身体教育…146

身体存在…123, 124, 125, 126

身体の教育…138, 139, 140, 142, 146

身体の経験…123

身体文化…94

身体蔑視…33

身体保有…123, 124

進歩主義…192

真理…62, 71, 75, 76, 77, 81, 82, 175, 176, 182, 184, 187, 194, 195

推論の妥当性…173

スポーツ教育論…142, 145, 146

スポーツ・スノッブ…54, 133, 165

スポーツ的身体性…121, 122, 123, 124, 125, 126

スポーツマンシップ…114

スポーツ・フォア・オール…98, 129

数量化…130, 131

生成…146, 152, 153, 154, 155, 157, 161, 162, 163, 164, 165, 166, 183, 227, 228

生成的存在…153, 154, 160

生物学的合目的性…86, 120

生物的次元…86, 87, 88, 90, 91, 162, 163

聖職者論…57, 58

精神的次元…87, 88, 89, 90, 91, 129, 134, 151, 152, 155, 156, 160, 162, 163, 187

精神の生…104, 196, 197

前進主義…229

全心的理解…157

専門科学化運動…68

専門職者論…58

専門性…25, 26, 27, 28

総合科学…71, 74

ソフィア/ソピア…7

存在形成…90, 91

【た行】

体育科…71

体育学的アクチュアリティー…151, 152, 153

体育学的人間形成…161, 162, 163, 164, 224

体育学的人間理解…85, 86, 87, 89, 91, 92, 151, 163

体育可能論…79

体育教育者…167, 190

体育対象論…79

体育内容論…80

体育の原理論…70, 74, 78, 81, 82

体育評価論…80

体育方法論…80

体育本質論…79, 81

体育目標論…80

体験…22, 88, 89, 118, 123, 152, 155, 157, 183, 222, 230

体術…36, 40

体操科…49

体操教師…48, 50, 51, 52

体操伝習所…40

体力章検定…36, 81

卓越性…115, 116, 117, 118, 119

楽しい体育論…170, 171, 172

チャンピオンシップ・スポーツ…129

調整的活動…98

直接的競争…115, 116

慎み…165, 166, 207, 228, 230

ツルネン…35

哲学すること…167, 169, 170, 171, 175, 182

哲学的教養…73, 76, 77, 78, 79, 203

哲学的古典…175

哲学的態度…70, 74, 82, 169, 172, 173, 176, 178, 181, 198

統合原理…77, 78

闘技スポーツ…97

【な行】

ナイキの女神…119

内的価値世界…89, 152, 155, 157, 162, 164

ナショナリズム…34, 133

認識原理…74, 75, 77

認識論…178, 179

人間運動…42

人間学的完全性…164

人間学的基点…153, 154

人間学的原理…92

人間学的問題設定…83, 84, 85

人間機械論…85, 188

人間形成…28, 43, 44, 156, 161, 162, 163, 164, 165, 224

人間像…77, 151

人間理解…46, 77, 83, 84, 85, 86, 87, 89, 91, 92, 105, 106, 151, 163

【は行】

否定的遊戯観…103

パブリック・スクール…35

表現運動…97

ファシズム…36, 37, 38, 138

physical educator…7, 37, 56, 64, 65, 68, 69, 76, 140, 213, 215

フェアプレイ…53, 114

ピロス…7

ピロソピア…7

副次的専門科学…70, 71, 74, 78

分析的方法…181, 183

分化…57, 71, 78, 107

文化…6, 26, 31, 44, 45, 52, 61, 86, 87, 96, 97, 106, 129, 133, 134, 135, 136, 143, 144, 166, 228, 230

文化運動…128, 129, 130, 134, 135

文化責任…135

文化的次元…86, 87, 88, 90, 162, 163

兵式体操…36

弁証法…180, 181, 182

ホモ・ルーデンス…85, 133

ホモ・ログエンス…85

本質主義…192

本質知…180, 181, 184

本能的哲学…171, 172

本来的実存…89

【ま行】

三つの畏敬…166, 228

ミミクリー…107

ミリタリズム…36, 37, 38, 138

みんなのスポーツ…142

ムーシケー…32

名辞…4, 31, 40, 41, 45, 99

明示的ルール…113, 114

黙示的ルール…113, 114

【や行】

野外活動…95, 98

有意義性…28, 80, 94

優越性の追求…116

遊戯する人間…104, 105, 106

遊戯性…101, 103, 104, 108, 109, 110, 128, 129

238

遊戯の機能論…104, 110

有用性の論理…142, 151, 152, 159, 161, 165

ヨーロッパ・スポーツ・フォア・オール憲章
　…98

【ら行】

理性…10, 12, 15, 26, 27, 34, 172, 178, 194

理性的動物…84

理念論的問題設定…29

レジャー・スポーツ…129

労働者論…58

論争的学問…182

論理学…178, 179

論理性…173, 208

論理的方法…180

【著者紹介】

阿部 悟郎（あべ　ごろう）　博士（体育科学）、　教育学修士

東海大学　体育学部・大学院体育学研究科博士課程　教授

日本体育・スポーツ哲学会　副会長

日本体育・スポーツ・健康学会体育哲学専門領域　運営委員等

研究領域：体育哲学、体育思想、スポーツ哲学等

【主な著作】

体育の概念（不昧堂：共著）

体育哲学原論（不昧堂：共著）

体育の哲学（不昧堂：編集・共著）等

体 育 哲 学
― プロトレプティコス ―
Ⓒ 2018　G. Abe.

平成 30 年 4 月 30 日　初版発行	**定価（本体 2,200 円＋税）**
令和 7 年 4 月 12 日　3 版発行	

著　者

阿 部 悟 郎

発 行 者　　　　　　　　　印 刷 所

宮 脇 陽一郎　　　　**日 新 印 刷（株）**

発行所　**（株）不昧堂出版**　〒112-0012 東京都文京区大塚 2-14-9
　　TEL 03-3946-2345　FAX 03-3947-0110　振替 00190-8-68739

ISBN978-4-8293-0512-6　　E-mail:fumaido@tkd.att.ne.jp　　Printed in Japan